suhrkamp taschenbuch 2035

Das Frühwerk Kafkas ist noch kaum erforscht. Lange ging die Kafka-Forschung von der Unterstellung aus, erst mit dem *Urteil* sei Kafka der »Durchbruch« gelungen, wie die irreführende und verräterische Metapher lautete. Konsequenterweise wurden daher die literarischen Anfänge vernachlässigt.

Der vorliegende Band versucht dagegen zu zeigen, wie sich die spezifische literarische Thematik und Technik Kafkas entwickelt haben, wie sehr die Motive des späteren Werks im frühen schon angelegt und ausgebildet sind. Untersucht wird das Frühwerk bis hin zum Erzählzyklus *Betrachtung* von 1912. Die wichtigsten Texte und Anreger (Flaubert, Freud) werden monographisch behandelt.

# Der junge Kafka

*Herausgegeben von Gerhard Kurz*

suhrkamp taschenbuch
materialien

Suhrkamp

suhrkamp taschenbuch 2035
Erste Auflage 1984

Satz: Georg Wagner, Nördlingen
Druck: Nomos Verlagsgesellschaft, Baden-Baden
Printed in Germany
Umschlag nach Entwürfen von
Willy Fleckhaus und Rolf Staudt

1 2 3 4 5 6 – 89 88 87 86 85 84

# *Inhalt*

*Gerhard Kurz*

# Einleitung: Der junge Kafka im Kontext

In der doch so kontroversen Kafka-Forschung gibt es eine Übereinkunft, sogar in der Terminologie: mit dem *Urteil* von 1912 sei Kafka der »Durchbruch« gelungen. Von dieser militärischen Metapher hielt Kafka selbst nicht viel. Ende 1917 bemerkte er zu einer schwierigen Situation, in der sich Max Brod gerade befand: »Das Ganze ist doch fast ein Kriegsspiel, aufgebaut auf der berühmten Durchbruchsidee, eine Hindenburgangelegenheit.« (Br 192)[1]

Dieser Band will Anregungen dazu geben, aus dem *Urteil* keine Hindenburgangelegenheit zu machen, dem Frühwerk den Ruch des Vorläufigen zu nehmen. Ohnehin wird dieser Ruch durch den Erzählzyklus der *Betrachtung* widerlegt. Wohl war die Zeit zwischen 1909 und 1912 entscheidend. Dieser Eindruck rührt allerdings auch von der Quellenlage her: Umfangreiche Tagebucheintragungen sind von 1909 an erhalten, die Korrespondenz mit Felice Bauer beginnt 1912. Vor 1909 ist die Quellenlage ungünstiger. Die Tagebücher, die der junge Kafka führte, hat er selbst vernichtet, ebenfalls die literarischen Texte, mit denen er unzufrieden war. Die Quellen zum jungen Kafka sind erforscht worden in Klaus Wagenbachs Buch *Franz Kafka. Eine Biographie seiner Jugend* (1958, von dem eine revidierte Ausgabe für 1984 angekündigt ist) und in Hartmut Binders Darstellung im ersten Band seines *Kafka-Handbuchs* (1979). Beide Veröffentlichungen sind Grundlagen für die Forschung. Eine kritische Würdigung des Quellenwerts der Erinnerungen von Max Brod steht noch aus.

Die Jahre zwischen 1909 und 1912 bilden eine literarisch produktive Phase. Zur gleichen Zeit beginnt Kafka, intensiv über die Möglichkeit der Literatur und über seine Identität als Jude nachzudenken. Seine schriftstellerische und seine jüdische Existenz stellen für ihn ein untrennbares Problem dar. Die Tagebücher offenbaren, wie sehr ihm die Traditionen des jüdischen Glaubenslebens fremd geworden sind, wie intensiv er sie sich aneignet. In der Assimilation hatte sich das jüdische Prag von diesen Traditionen gelöst. In der Nacht vom 22. zum 23. September 1912, einen Tag nach dem Jom-Kippur-Fest, schreibt er in einem Zug die Erzählung *Das Urteil.* Dieses Schreiben »in einem Zug« war schon das Ideal des jungen Kafka.

Die erste Veröffentlichung Kafkas ist der Erzählzyklus *Betrachtung.* Er ist 1908 in der Zeitschrift ›Hyperion‹ erschienen, dann, erweitert, als Buch 1912. Die Beiträge des vorliegenden Bandes befassen sich mit dem literarischen Werk des jungen Kafka einschließlich dieser Veröffentlichung. Sie zeigen, daß es keinen »Durchbruch«, sondern einen Übergang, eine Entwicklung vom frühen zum späteren Werk gibt. Im Kern sind viele Erzählmuster und Erzählmotive der späteren in den ersten Texten konstitutiv schon angelegt. Jost Schillemeit analysiert die Konzeption und komplizierte Komposition von Kafkas erstem (erhaltenen) größeren Werk, *Beschreibung eines Kampfes*, das in zwei Fassungen vorliegt, deren Entstehung Schillemeit neu datiert. Aus dem Vergleich der narrativen Struktur beider Fassungen gewinnt Schillemeit neue Aufschlüsse über die Entwicklung von Kafkas Stil. Walter H. Sokel untersucht in *Narzißmus, Magie und die Funktion des Erzählens in Kafkas ›Beschreibung eines Kampfes‹* die Funktionen des Erzählens: eine narzißtische und eine erotische. Sokels Beitrag verweist dabei auf die Nähe des jungen Kafka zu Freud. Charles Bernheimer erhellt die Bedeutung Flauberts für den jungen Kafka am Beispiel einer ›psychopoetischen‹ Analyse der *Hochzeitsvorbereitungen auf dem Lande* (1907 entstanden). Dem Erzählzyklus *Betrachtung* und dem strukturbildenden, für Kafkas Erzählungen konstitutiven Motiv des Doppelgängers widmet James Rolleston eine detaillierte Untersuchung.

Inspiriert von den klassischen Untersuchungen von Malcolm Pasley (z. B. *Kafka's semi-private games*, Oxford German Studies 1971/72), haben die in den Texten enthaltenen literarischen Selbstreflexionen starkes Interesse gefunden. Die Beiträge von Sokel und Bernheimer zeigen bereits die Bedeutung dieser literarischen Selbstreflexion. In *Der buchstäbliche Körper* thematisiert Hans-Thies Lehmann diese Selbstreflexion schon in den frühen Texten. Wolf Kittler weist in *Brief oder Blick. Die Schreibsituation der frühen Texte von Franz Kafka* nach, wie Kafkas »Schreiben« seiner Korrespondenz entspringt. Er zeigt, wie im *Urteil* diese Schreibsituation kulminiert. Das Verhältnis von Brief und literarischem Text steht auch im Mittelpunkt der Untersuchung von Gerhard Kurz *Schnörkel und Schleier und Warzen. Die Briefe Kafkas an Oskar Pollak und seine literarischen Anfänge.* Untersucht werden die ersten überlieferten Briefe Kafkas im Hinblick auf ihre literarischen Muster und Motive.

Die zeitgenössische Kritik hatte Schwierigkeiten mit Kafka – wie wir heute noch. Verglichen wurde er mit Robert Walser, mit Jules Laforgue. Bernhard Böschenstein ist dem Vergleich mit Walser nachgegangen in *Nah und fern zugleich*. Er betont eher die Differenz zwischen Walser und Kafka, bei offenkundigen Gemeinsamkeiten.

Hans-Gerd Koch beachtet in seiner *Chronik zum jungen Kafka* vor allem das kulturelle Leben im zeitgenössischen Prag. Prag war keine kulturelle Insel, wie man oft lesen kann.

Im folgenden werden einführende, knappe Hinweise zum kulturellen Kontext des jungen Kafka gegeben. Stichworte sind: Prag, Hofmannsthal und die Literatur der Jahrhundertwende, Flaubert, Freud, Der Lyriker.

## *Prag*

Zwischen 1880 und 1910 stieg die Bevölkerung Prags von 263 000 auf 442 000. Die Zahl der deutschsprachigen Prager sank dabei von 38 600 auf 32 300, also auf 7,3%.[2] Wegen der Binnenwanderung nach Prag stieg die Zahl der Juden 1910 auf 28 000, also auf 6,3% der Stadtbevölkerung. Die Deutschen Prags bildeten eine homogene Gruppe in der Mittel- und Oberschicht. Sie schlossen sich ab gegen die Tschechen, gegen die unteren Schichten, auch gegen die deutsche Unterschicht, was einer der Gründe dafür war, daß die Deutschen Prags politisch und ethnographisch immer schwächer wurden; aber sie schlossen sich nicht ab gegen die Juden, es sei denn, es waren die Juden der Unterschicht. Im Unterschied zu anderen Zentren Österreich-Ungarns blieb das liberale deutsche Bürgertum Prags lange resistent gegenüber dem Antisemitismus. Prag war ein liberales Fossil in Böhmen. Bis zum Ausbruch des ersten Weltkriegs galt ein Satz des Prager Ordinarius für Philosophie Friedrich Jodl von 1885: »Nur zwei Dinge sind obligat: Kein Liebäugeln mit dem Slaventum und keine Feindseligkeit gegen das Judentum. Beides sind Existenzbedingungen der hiesigen deutschen Gesellschaft.«[3]

Die soziale und politische Polarisierung zwischen Tschechen und Deutschen schlug seit Ende des 19. Jahrhunderts auch auf die Lage der Prager Juden durch. Sie konnten sich dieser Polarisierung nicht entziehen, sie standen auf der Seite der Deutschen und wurden von den tschechischen Nationalisten als Komplizen der Deutschen behandelt. Der von Anfang an im tschechischen Nationalismus virulente Antisemitismus trieb die politische und kulturelle Assimilation der Juden an die Deutschen noch weiter.[4] Seit den 80er Jahren kam es in Prag immer wieder zu antisemitischen Ausschreitungen. Zwischen 1867 und 1914 gab es eine Welle von Ritualmordprozessen gegen Juden; einer dieser Prozesse betraf Kolín, wo Franz Kafkas Onkel Philipp lebte. Dennoch erfahren wir nichts über eine mögliche Reaktion Kafkas aus den erhaltenen Briefen und Tagebüchern, in denen er sich mit seiner Jugend befaßt. Dies deutet weniger auf Unwissen als auf Traumatisierungen.

Im ›Deutschen Casino‹, dem gesellschaftlichen und politischen Zentrum der deutschen Gesellschaft Prags, waren 1907 48% der Mitglieder Juden. Eng verbunden mit dem ›Casino‹ war die ›Lese- und Redehalle der deutschen Studenten in Prag‹, mit einem reichen Angebot an Zeitschriften der deutschen kulturellen Avantgarde. 1901 war Kafka ihr beigetreten. Er beteiligte sich aktiv an der literarischen Sektion.

Zwar veränderte sich seit 1890 das politische Zugehörigkeitsgefühl der Prager Juden, vor allem der mittleren und unteren Schichten. Im Zensus von 1890 deklarierten 73,8% der Juden Deutsch als Umgangssprache, im Zensus von 1900 nur noch 45,3%. Im Zensus von 1910 gab Hermann Kafka für seine Familie Deutsch als Muttersprache und, mit Ausnahme von Franz, Tschechisch als Umgangssprache an. Franz Kafka sprach gleichwohl tschechisch, mit seiner Schwester Ottla nahm er zudem Privatstunden in tschechisch. Die Zahlen des Zensus deuten auf eine Veränderung der politischen, nicht jedoch auf eine Veränderung der kulturellen Orientierungen hin. Bis 1913 sank der Prozentsatz jüdischer Schüler an deutschen Grundschulen nie unter 85% aller Schüler. 1912 heißt es in der zionistischen Zeitschrift ›Selbstwehr‹, daß die urbane deutsche Kultur Prags von einer »geschlossenen jüdischen Intelligenzschicht erfüllt« sei und eine gleichsam »jüdische Atmosphäre« besitze.[5] Die Juden Prags lebten nicht in einem doppelten Ghetto, wie viele Formulierungen, verführt vom literarischen Mythos Prag, lauten, ausgeschlossen von den Tschechen und Deutschen.

Dennoch ist das Paradigma der Assimilation wenig geeignet, die Situation der Prager Juden zu beschreiben, wenn darunter ein eindimensionaler Prozeß der Übernahme fremder kultureller Werte und Lebensformen verstanden wird.[6]

In der politischen und kulturellen Sphäre verkehrten Juden und Deutsche zwanglos miteinander, in der privaten Sphäre blieb man unter sich. In Prag kam es kaum zu Konversionen, im Unterschied etwa zu Wien; es kam kaum zu Mischehen, im Unterschied zu Deutschland, wo 1914 30% der jüdischen Ehen Mischehen waren.[7] Kafka und Max Brod trugen große Bedenken, als seine Schwester Ottla einen christlichen Tschechen heiratete (vgl. O 65 und 68 f.). Die beiden Frauen, mit denen Kafka selbst eine Heirat erwog, Felice Bauer und Julie Wohryzek, waren Jüdinnen, Milena Jesenská, mit der er 1920 ein quälendes Verhältnis einging, dagegen nicht, aber gerade von ihr forderte er die Einsicht, daß seine Lebensprobleme untrennbar mit seinem westjüdischen Schicksal zusammenhingen. Wenn er mit einer Frau glücklich war, dann mit Dora Dymant, einer Ostjüdin. Mit ganz wenigen Ausnahmen hatte Kafka nur jüdische Freunde. Wie Kafka bewahrten die Juden Prags eine selbstverständliche, wenn auch wenig glaubensintensive jüdische Identität neben einer ebenso selbstverständlichen deutschen kulturellen und bürgerlichen.

Prag wurde in den ersten Jahrzehnten dieses Jahrhunderts als ein literarischer Mythos kreiert, als Ort unheimlicher, nächtlicher Phantasien, mit mystischen und gespenstischen Traditionen. Diese Mythisierung ist nicht nur ein Produkt Prager Schriftsteller, die Prag freiwillig oder gezwungen verließen, sondern entsteht schon im Prag der Jahrhundertwende. Neuerdings hat Claudio Magris die Geschichte dieser Mythisierung Prags dargestellt.[8] Literarisches Thema wird Prag schon bei Rilke (*Larenopfer*, 1896, *Zwei Prager Geschichten,* 1899) bei Hadwiger (*Abraham Abt*, 1912), Kisch (*Dragotin Podravič, der Slovene*, 1906), Leppin (*Severins Gang in die Finsternis*, 1914), Meyrink (*Der Golem*, 1915). »Prag läßt nicht los, Uns beide nicht. Dies Mütterchen hat Krallen. Da muß man sich fügen oder –. An zwei Seiten müßten wir es anzünden, am Vyšehrad und am Hradschin, dann wäre es möglich, daß wir loskommen.« Dies schreibt Kafka am 20.12.1902 an seinen Freund Oskar Pollak. Kafka hat Prag gehaßt, verflucht. Er hat versucht, sich von Prag zu lösen. Erst gegen Ende seines Lebens gelang es ihm, mit Dora Dymant in Berlin, vom September 1923 bis zum März 1924. Prag war für Kafka eine unheilvolle moralische und religiöse Lebensform.

Im Prag der Jahrhundertwende entwickelte sich eine einzigartige literarische Aktivität. Die weltliterarische Bedeutung Prags beruht auf dem Namen Kafka. In Prag liegen aber auch die literarischen Anfänge Rilkes und Werfels, wenngleich beide Prag früh verließen (1896 bzw. 1912).

Sensationell wirkte Max Brods Rezitation von eigenen und von Gedichten Werfels am 16. Dezember 1911 in Berlin, dem zweiten Autorenabend der ›Aktion‹.[9] Im Dezember 1911 erschien auch Werfels Lyrikband *Der Weltfreund*. Von den anderen Autoren der beiden expressionistischen Jahrzehnte Prags sind heute nur noch Gustav Meyrink, Paul Kornfeld, Willy Haas, Egon Erwin Kisch und Ernst Weiß bekannt; nur Spezialisten kennen noch die Namen von Paul Leppin, Victor Hadwiger, Camill Hoffmann, Oskar Wiener, Oskar Baum, Franz Janowitz, Ludwig Winter, Otto Pick. Die meisten dieser Dichter wurden zwischen 1880 und 1890 geboren. Fast ausschließlich entstammen sie dem jüdischen Prag. Jenseits der Prager Szene, dies sei doch nicht übergangen, schrieb Bertha von Suttner, die ihre Heimatstadt Prag früh verließ, ihr pazifistisches Buch *Die Waffen nieder* (1899), für das sie 1905 den Friedens-Nobelpreis erhielt.

Aus Prager Sicht hatte sich 1912 ein literarischer Kreis um den agilen Max Brod und um die ›Herder-Blätter‹ gebildet, das Organ der Jugendorganisation der jüdischen B'nai B'rith-Loge ›Bohemia‹. Willy Haas, Norbert Eisler und Otto Pick gaben sie heraus (1911-1912). Zu diesen jungen Prager Dichtern zählen neben Max Brod Oskar Baum, Norbert Eisler, Rudolf Fuchs, Willy Haas, Franz und Hans Janowitz, Franz Kafka, Paul Kuh, Otto Pick, Felix Weltsch, Ernst Popper. Regelmäßig traf man sich in Cafés oder in Privaträumen. Was sie verband, war kein literarisches Programm, kein Manifest, daher ist auch der von Max Brod inaugurierte Begriff des ›Prager Kreises‹[10] fragwürdig, verbindet man damit ein gemeinsames Programm. Für den von Brod so genannten »engeren Kreis«: Brod, Kafka, Felix Weltsch und Oskar Baum, gab es jedoch eine gemeinsame Erfahrung: den Widerstand gegen die Welt der assimilierten jüdischen Väter, die, wie Kafkas Vater Hermann, in Prag eine bürgerliche Karriere machten und darüber ihre jüdische Identität verloren. Hermann Kafka war den Weg vieler Landjuden gegangen. Er hatte sich vom ›Dorfgeher‹ in der südböhmischen Provinz zum wohlhabenden Händler in Galanteriewaren in Prag hochgearbeitet. Kafkas ›Bar-mizwah‹, die Feier des 13. Lebensjahres, hatte der Vater als »Confirmation« angekündigt. Er war einer der ›Vier-Tage-Juden‹, so genannt, weil sie nur an den drei höchsten jüdischen Feiertagen und am Geburtstag Franz Josephs in die Synagoge gingen. Im *Brief an den Vater* heißt es: »Du gingst an vier Tagen im Jahr in den Tempel, warst dort den Gleichgültigen zumindest näher als jenen, die es ernst nahmen.« (H 198)

Die Auseinandersetzung mit ihren Vätern führte die Söhne in eine tiefe Identitätskrise, aus der heraus sie eine neue religiöse Verbindlichkeit suchten: im Zionismus, wie Max Brod, in der Suche nach einer neuen, vom Ostjudentum inspirierten Religiosität, wie Franz Kafka. Oskar Baum hat später diese westjüdische Jugend der Jahrhundertwende ein »Endprodukt« genannt.[11]

Emanzipationsbewegungen gegen die offizielle Prager deutschliberale Kultur und Gesellschaft gab es schon vorher. ›Jung-Prag‹ nannte sich 1898 eine Gruppe um Oskar Wiener. 1906 versuchte Paul Leppin eine, schnell gescheiterte, kulturelle Gegenbildung. Die Abwanderung der Intellektuellen aus Prag nahm von da an zu.

Zwischen 1900 und 1910 bildete Prag keineswegs eine kulturelle Insel, wie man häufig lesen kann. Der Kreis um Brod unterhielt vielfältige Kontakte mit anderen literarischen Zentren und Personen, mit Berlin und Wien, mit Hugo von Hofmannsthal, Karl Kraus, Albert Ehrenstein, Berthold Viertel, mit Kurt Hiller, Ernst Blass, mit der Innsbrucker Zeitschrift ›Der Brenner‹, mit Franz Blei, Alfred Kubin, Heinrich Mann.[12] Die deutschsprachige Gesellschaft Prags pflegte intensive kulturelle Aktivitäten (vgl. die Dokumentation Kochs in diesem Band).

In der ›Lese- und Redehalle der deutschen Studenten in Prag‹ lagen die wichtigsten kulturellen Zeitschriften aus, ebenso in den Caféhäusern, vor allem im Café Arco, das von 1908 an ein literarisches Zentrum bildete. Hier hielt man ständig die ›Weißen Blätter‹, die ›Aktion‹, den ›Sturm‹, die ›Fackel‹, die ›Waage‹, den ›Kunstwart‹, die ›Neue Rundschau‹, das ›Litterarische Echo‹, also die wichtigsten Zeitschriften der kulturellen Avantgarde.[13]

1910 und 1911/12 waren wichtige Jahre. Auf Einladung des

zionistischen ›Bar Kochba-Vereins jüdischer Hochschüler in Prag‹ hielt 1909/1910 Martin Buber seine drei Reden über das Judentum; 1911 wurden sie veröffentlicht. Sie initiierten eine intensive Diskussion unter den jüdischen Intellektuellen über ihr Verhältnis zum Judentum. Anfang 1910 hielt Brod seine erste Vorlesung im Berliner Literaturverein ›Der neue Club‹, Ende 1910 Karl Kraus in der ›Lese- und Redehalle‹ die erste seiner insgesamt 57 Vorlesungen; 1911 erschien Werfels *Der Weltfreund*; 1911/12 erschienen die ›Herder-Blätter‹. Der Kreis um Brod nahm die neue tschechische Literatur ernst, im letzten Heft der ›Herder-Blätter‹ schrieb Otto Pick über *Neue tschechische Dichtkunst*. Rudolf Fuchs übersetzte in diesem Heft einige der populären *Schlesischen Lieder* von Petr Bezruč. Die Aufgeschlossenheit gegenüber der tschechischen Kultur war ein Merkmal dieses Kreises.

In dieser Zeit wurde sich Kafka seines Judentums bewußter, er empfand diese Jahre als eine Art Neubeginn. 1909/10 setzen die erhaltenen Tagebücher ein. Die Tagebucheintragungen zeigen, wie sehr ihm einfachste Formen des religiösen jüdischen Lebens fremd geworden waren, wie intensiv er sich jetzt die jüdische Tradition aneignete. Das Verhältnis seiner Generation zu ihrer jüdischen Herkunft wurde ihm ein Schlüssel zum Verständnis ihrer Lage insgesamt.

Ende 1911 erlebte er das jiddische Theater im Café Savoy. Mit dem Schauspieler Jizchak Löwy schloß er Freundschaft. An diesem ostjüdischen Theater und seinen Schauspielern, von der Prager Gesellschaft als Schmierentheater abgelehnt und gesellschaftlich verpönt, entdeckte er für sich ein Stück authentisches Judentum, das er als Westjude verloren hatte. »Bei den ersten Stücken konnte ich denken, an ein Judentum geraten zu sein, in dem die Anfänge des meinigen ruhen und die sich zu mir hin entwickeln und dadurch in meinem schwerfälligen Judentum mich aufklären und weiterbringen werden.« (T 234) Für Löwy arrangierte er einen Rezitationsabend jiddischer Literatur. Er leitete ihn selbst ein mit einer Rede über die jiddische Sprache, die abschätzig »Jargon« genannt wurde. Unter dem Eindruck dessen, was er von Löwy über das ostjüdische Leben erfahren hatte, stellte er Überlegungen über »kleine Literaturen« an, d.h. über Literaturen kleiner Völker und Gruppen wie die tschechische Literatur und die jiddische Literatur Warschaus. In solchen kleinen Literaturen sah Kafka die

»Veredlung und Besprechungsmöglichkeit des Gegensatzes zwischen Vätern und Söhnen, die Darbietung der nationalen Fehler in einer zwar besonders schmerzlichen, aber verzeihungswürdigen und befreienden Weise.« (T 206 ff.)

Die Aneignung seiner Situation als Prager Jude, an der Grenze zwischen Ostjudentum und Westjudentum, gab ihm die Möglichkeit, sein Verhältnis zur Mutter und sein ablehnendes, im Grunde aber verehrendes und liebendes Verhältnis zum Vater begreifen zu lernen, oder besser: für die Schwierigkeiten dieser Verhältnisse Gründe zu finden. Auch der tyrannische Vater erscheint, so gesehen, als Opfer der westjüdischen Assimilation. Für seine Lebensprobleme machte Kafka seine Familiensituation, für diese die Lage der Westjuden verantwortlich. In ihr sah er endlich die schärfste Verkörperung der existentiellen Unsicherheit des Menschen.

## *Hofmannsthal und die Literatur der Jahrhundertwende*

Es handelt sich um folgendes: Ich saß einmal vor vielen Jahren, gewiß traurig genug, auf der Lehne des Laurenziberges. Ich prüfte die Wünsche, die ich für das Leben hatte. Als wichtigster oder als reizvollster ergab sich der Wunsch, eine Ansicht des Lebens zu gewinnen (und – das war allerdings notwendig verbunden – schriftlich die anderen von ihr überzeugen zu können), in der das Leben zwar sein natürliches schweres Fallen und Steigen bewahre, aber gleichzeitig mit nicht minderer Deutlichkeit als ein Nichts, als ein Traum, als ein Schweben erkannt werde. Vielleicht ein schöner Wunsch, wenn ich ihn richtig gewünscht hätte. Etwa als Wunsch, einen Tisch mit peinlich ordentlicher Handwerksmäßigkeit zusammenzuhämmern und dabei gleichzeitig nichts zu tun, und zwar nicht so, daß man sagen könnte: »Ihm ist das Hämmern ein Nichts«, sondern »Ihm ist das Hämmern ein wirkliches Hämmern und gleichzeitig auch ein Nichts«, wodurch ja das Hämmern noch kühner, noch entschlossener, noch wirklicher und, wenn du willst, noch irrsinniger geworden wäre.

Aber er konnte gar nicht so wünschen, denn sein Wunsch war kein Wunsch, er war nur eine Verteidigung, eine Verbürgerlichung des Nichts, ein Hauch von Munterkeit, den er dem Nichts geben wollte, in das er zwar damals kaum die ersten bewußten Schritte tat, das er aber schon als sein Element fühlte. Es war damals eine Art Abschied, den er von der Scheinwelt der Jugend nahm, sie hatte ihn übrigens niemals unmittelbar getäuscht, sondern nur durch die Reden aller Autoritäten ringsherum, täuschen lassen. So hatte sich die Notwendigkeit des ›Wunsches‹ ergeben.

Dieser Text stammt aus dem Jahr 1920, aus der Aphorismenreihe *Er*. Es sind Aufzeichnungen über sich selbst, in der verfremdenden dritten Person, eine in der Geschichte des Aphorismus nicht seltene Form.

Der Text reicht wohl zurück bis etwa zur Jahrhundertwende, als Kafka schon zu schreiben begonnen hatte. 1903 berichtet er seinem Freund Oskar Pollak von »Kindersachen« (Br 18). Der Text erwähnt die Grundstimmung der Trauer in seiner Jugend. Die ersten Briefe zeugen denn auch von Melancholie, Trauer und Müdigkeit, so oft, daß diese Stimmungen schon wie übernommen oder zitiert erscheinen. Die Wendung auf das Selbst, die Konzentration auf Stimmungen, vor allem auf Müdigkeit und Trauer, stellen zwar charakteristische Tendenzen der Literatur der Jahrhundertwende dar, beim jungen Kafka findet sich aber keine Zelebrierung dieser Stimmungen wie häufig in der Literatur dieser Epoche; er hat sie ironisch und grotesk gebrochen. Melancholie, Müdigkeit und Trauer werden später zur Signatur seiner Helden gehören.[14]

Die zweite Hälfte des Textes demonstriert die für Kafka so charakteristische Geste der Selbstkritik, des Hinterfragens. Rückblickend erklärt er diesen Wunsch aus der Scheinwelt der Jugend, die, wie er sofort hinzufügt, ihn nicht unmittelbar täuschte. Sie brachte ihn dazu, das Nichts, das er schon als sein Element fühlte, zu »verbürgerlichen«. Dennoch lag in diesem Wunsch eine Anerkennung und Bejahung dieses Nichts; daher war der Wunsch ein Abschied von der Scheinwelt der Jugend. Der Wunsch als solcher wird auch nicht angezweifelt, der Autor zweifelt sich als den Wünschenden an. Er zweifelt sich an, diesen Wunsch nicht radikal genug gewünscht zu haben.

Dieser von allen seinen Lebenswünschen wichtigste und reizvollste war der Wunsch nach einer Schriftstellerexistenz: eine bestimmte Ansicht des Lebens zu gewinnen und die anderen davon »schriftlich« zu überzeugen. Seine Ansicht des Lebens; es ist ein natürliches, schweres Fallen und Steigen – er schreibt nicht: Steigen und Fallen, wie die übliche Wendung lautet –, zugleich aber, mit nicht minderer Deutlichkeit, ein Nichts, ein Traum, ein Schweben.

Die Perspektive auf das »Leben« ist charakteristisch für die Literatur der Jahrhundertwende.[15] Nicht zuletzt Nietzsche hat dieses Lebenspathos inspiriert. Das »Leben« ist eine zentrale Idee dieser Epoche. In ihr konvergieren die unterschiedlichsten Strömungen. Charakteristisch ist auch, daß das »Leben« absolut gesetzt wird, frei von teleologischen Bestimmungen, als Bewegung in sich, als Rhythmus, eben als »natürliches schweres Fallen und Steigen«, als eine Totalität, die alles umfaßt, Schaffen und Zerstören, Werden und Vergehen, Sein und Nichts.

Dieser Zusammenhang von Sein und Nichts wird von Kafka radikalisiert. Das Leben soll nicht als ein Rhythmus von Werden und Vergehen angesehen werden, sondern als Gleichzeitigkeit von Sein und Nichts. Das Leben soll auch nicht einfach als Nichts, sondern als wirkliches Leben und zugleich als Nichtigkeit erkannt werden, als sinnvoll und zugleich als sinnlos, als Schwere und zugleich als Traum, als Schweben: eine bis zum »Irrsinn« führende paradoxe Ansicht. Handeln angesichts des Nichts erhöht die Intensität dieses Lebens, macht es zu einer ästhetischen Qualität (»wirklicher«), verleiht ihm ein dezisionistisches Moment (»kühner«, »entschlossener«). In dieser ästhetischen Ansicht wird das Leben zugleich bestätigt und entwirklicht: es ist etwas, und es ist nichts.

Die Schärfe, mit der im Rückblick dieser Wunsch expliziert wird, sucht ihresgleichen. (Es wäre interessant, der Nähe dieser Lebensansicht zu Nietzsches Gleichsetzung von Welt und Nichts nachzugehen, der eine ästhetisch-heroische Ansicht des Lebens entspricht.) Übersetzt in ein literarisches Programm, müßte diese Ansicht eine suggestive Simultaneität von schwerer, widerständiger Wirklichkeit und Traum und Schweben, von Beschreibung und subjektivem Entwurf, von Außenwelt und Innenwelt in der Darstellung bedeuten. Ein solches Programm läßt sich ablesen an den *Hochzeitsvorbereitungen auf dem Lande* und an den beiden Fassungen der *Beschreibung eines Kampfes*. Sie können verstanden werden als Einübungen in die genannte Darstellungsabsicht: charakteristisch hierfür die Verschränkung von Realität und Traum, z. B. in der Figur des Bekannten in *Beschreibung eines Kampfes*, einer zugleich projektiven und realen Figur, und die Hinfälligkeit alles Wirklichen, die Nichtigkeit des Bestehenden. Diese Verschränkung von Außenwelt und Innenwelt, von Wirklichkeit und »Abstraktionen«, wie er anläßlich des *Urteils* sagt

(F 396 f.), wird Kafka integrieren in eine zunehmend dramatische Inszenierung seines Erzählens. Eine weitere Übung auf diesem Weg ist ein Text, der kaum bekannt ist, weil man ihn selten als einen poetischen Text liest. (Paul Raabes Edition der *Sämtlichen Erzählungen* enthält ihn bezeichnenderweise nicht.) Es ist aber ein wunderbarer poetischer Text, *Die Aeroplane von Brescia* von 1909, die evokative Beschreibung eines realen Ereignisses, des Fallens und Steigens während eines Flugmeetings; zugleich erzählt er dieses Ereignis als ein Schweben, als Nichts. Man lese nur die Schlußsätze:

> Max machte die sehr richtige Bemerkung, daß man etwas Ähnliches wie hier auch in Prag veranstalten könnte und sollte. Es müßte ja kein Wettfliegen sein, meinte er, trotzdem auch das sich lohnen würde, aber einen Aviatiker einladen, das wäre doch sicher eine Leichtigkeit, und kein Beteiligter würde es zu bereuen haben. Die Sache wäre ja so einfach; jetzt fliegt Wright in Berlin. Man müßte also die Leute nur zu dem kleinen Umweg überreden. Wir zwei andern antworten nicht, da wir erstens müde sind und zweitens auch sonst nichts einzuwenden hätten. Der Weg dreht sich, und Rougier erscheint so hoch, daß man glaubt, seine Lage könne bald nur nach den Sternen bestimmt werden, die sich gleich auf dem Himmel zeigen werden, der sich schon dunkel verfärbt. Wir hören nicht auf, uns umzudrehen; gerade steigt noch Rougier, mit uns aber geht es endgültig tiefer in die Campagna.

Dieser Text, der von den »Wendungen« (nicht »Drehungen«) der Propeller redet und einen Piloten mit einem Herrn »an einem Schreibtisch« vergleicht, ist passagenweise auch lesbar als Allegorie der Hoffnungen und Mühen dichterischen Schreibens.[16]

In der Poetik der Jahrhundertwende und vor allem bei Hugo von Hofmannsthal spielen die auch von Kafka verwendeten Begriffe des »Traums«, des »Schweren« und des »Schwebens« eine wichtige Rolle, ebenso die Überzeugung von der Nichtigkeit des Lebens[17], jedoch nicht in dieser paradoxen Schärfe wie bei Kafka.

Vermutlich hat Kafka Hofmannsthal schon sehr früh rezipiert. Er hat wohl Max Brod auf Hofmannsthals *Ein Brief*, den berühmten ›Chandos-Brief‹, bereits kurz nach dessen Erscheinen im Berliner ›Tag‹ (1902) hingewiesen.[18] Hofmannsthals Sprachskepsis kam eigenen Überzeugungen Kafkas entgegen. 1900 hatte er in einer Albumeintragung geschrieben, daß Worte »schlechte Bergsteiger und schlechte Bergmänner« seien. »Sie holen nicht die

Schätze von den Bergeshöhn und nicht die von den Bergestiefen« (Br 9). Ganz sicher hat er den *Brief* in Hofmannsthals *Das Märchen der 672. Nacht und andere Erzählungen* von 1905 kennengelernt. Der *Brief* konnte daher noch auf die Niederschrift der *Beschreibung eines Kampfes* wirken (vgl. den Beitrag von Kurz, S. 75 ff., und den Beitrag von Schillemeit, S. 116 ff., zu anderen Wirkungen Hofmannsthals auf diesen Text). In der Zeitschrift ›Der Kunstwart‹ von 1900 (2. Juniheft, S. 219-228) erschien Hofmannsthals *Der Tod des Tizian*. Motive dieses lyrischen Dramas kamen ebenfalls eigenen Überzeugungen Kafkas entgegen: der Dichter als Schauspieler selbstgeschaffener Träume, die bedingungslose Hingabe des Künstlers an sein Werk, die Müdigkeit, die Kritik der Stadt, die Sinnlosigkeit der Worte vor epiphanischen Erfahrungen.

Die Zeitschrift ›Der Kunstwart. Halbmonatsschau über Dichtung, Theater, Musik, bildende und angewandte Künste‹, gegründet (1887) und herausgegeben von Ferdinand Avenarius, hatte Kafka wohl durch die Vermittlung von Oskar Pollak kennengelernt und von 1900/01 bis 1904 abonniert. Klaus Wagenbach schätzte den Einfluß des ›Kunstwarts‹ auf den jungen Kafka sehr hoch ein und behauptete sogar, er sei der Sprache des ›Kunstwarts‹ kritiklos erlegen.[19] Dies läßt sich nun nicht halten (vgl. in diesem Band S. 71 f.). Hartmut Binder hat zudem darauf hingewiesen, daß es kein einheitliches Stilideal des ›Kunstwarts‹ gab.[20]

›Der Kunstwart‹ war ein zentrales Organ der Kulturreformbewegung und propagierte eine bessere ästhetische Kultur, auch in den angewandten Künsten, besonders im Handwerk und in der Architektur. Die ›Kulturarbeiten‹ von Paul Schultz-Naumburg stellten z. B. geglückte und mißglückte Beispiele ästhetischer Kultur gegenüber und bewerteten sie nach den Kriterien der Natürlichkeit, Funktionalität und Tradition. (Einen Vortrag von Schultz-Naumburg in Prag über Moden hörte sich Kafka an.) Der ›Kunstwart‹ verband kulturreformerische mit deutschnationalen Tendenzen. Nietzsche hat ihm daher vorgeworfen, daß er ins »deutschtümelnde Horn« blase.[21] Die deutschnationale Orientierung des ›Kunstwarts‹ hält sich aber von Ressentiment und Penetranz vergleichsweise frei. Die informative Rubrik ›Literarischer Ratgeber‹ empfiehlt z. B. ältere und zeitgenössische, deutsche und ganz selbstverständlich Bücher der europäischen Moderne. Stark sind die Autoren der Heimatkunstbewegung vertreten, sie werden aber nicht unkritisch vorgestellt. Bezeichnenderweise mußte sich einer der Mitarbeiter, Adolf Bartels, der in dieser Zeit schon verbissene antimoderne und antisemitische Arbeiten verfaßte, im ›Kunstwart‹ offenbar zurückhalten. Ähnliches gilt für den protestantischen Theologen Arthur Bonus, den Kafka übrigens schätzte (vgl. Br. 286 f.). Noch später hat Kafka dem ästhetischen und kulturpolitischen Programm des ›Kunstwarts‹ und seines Herausgebers Avenarius Aufmerksamkeit geschenkt. Diesem Programm entsprach auch das Bild, das in einer ›Kunstwart‹-Reproduktion in seinem Studierzimmer hing, Hans Thomas *Der Pflüger*. Die Autoren, auf die im ›Kunstwart‹ immer wieder hingewiesen wurde, Hebel, Mörike, Thomas Mann, Fontane, Keller, Hofmannsthal, Stifter, Goethe, Ebner-Eschenbach z. B., zählten zu Kafkas Lieblingsautoren.

Kafka liebte keineswegs ›kafkaeske‹ Literatur. Denkt man an die Autoren, die stilistisch für Kafka vorbildlich waren, Flaubert, Kleist und Goethe, dann schätzte er die Verbindung einer klassisch-elaborierten Literatursprache mit der Kunst des Subkutanen, der leisen Andeutungen und Brüche, der »calculs du dessous« (Flaubert), der Worte »unter den Worten«, wie eine Figur im *Schloß* sagt. Diese subtile Verflechtung eines verborgenen Textes in den Text ist überhaupt charakteristisch für den europäischen Realismus des 19. Jahrhunderts. Im verborgenen Text wird eine radikale moralische und seelische Tiefenanalyse betrieben. Dies gilt gerade auch für Flaubert, Kleist und Goethe. Es sind, nach einer Formulierung des jungen Gottfried Keller, »Verräter«, welche »aus der Schule schwatzen« (an Freiligrath, 5. 2. 1847). Diese literarische Tiefenanalyse hat entscheidend zur Entstehung der Psychoanalyse beigetragen.

Hofmannsthals Gespräch *Über Gedichte* (1904 in der ›Neuen Rundschau‹ erschienen) muß auf Kafka einen tiefen Eindruck gemacht haben. Max Brod erinnert sich, daß Kafka dieses *Gespräch* mit Begeisterung gelesen habe.[22] Brod gegenüber zitierte Kafka daraus die Wendung vom »Geruch feuchter Steine in einer Hausflur«, um zu demonstrieren, was er für gelungene Literatur hielt.[23] Das *Gespräch* setzt ein mit einem Gespräch über Gedichte aus Stefan Georges *Jahr der Seele* (1897). Der Vers aus dem Gedicht *Wir schreiten auf und ab im reichen flitter*: »Die reifen früchte auf den boden klopfen« hat offenbar einen Satz aus der *Beschreibung eines Kampfes* inspiriert: »Von den Obstbäumen schlugen unreife

Früchte irrsinnig auf den Boden.« (BK 58)

In Hofmannsthals *Gespräch* werden die Grenzen von Innen und Außen, von Ich und Welt prinzipiell in Frage gestellt. Die zitierte Passage »Der Geruch feuchter Steine in einer Hausflur« redet von einer Erfahrung, in der die Grenzen von Subjektivität und Welt nicht mehr angebbar sind. Selbstbewußtsein ist auch kein fester Zustand, sondern eine diskontinuierliche Folge epiphanischer, aber flüchtiger Erfahrungen. Das »Selbst« ist nicht eine Stimme, sondern ein Gewirr von Stimmen, ein »Taubenschlag«. Hofmannsthals Überzeugung ist die allgemeine Überzeugung der Wiener Intellektuellen. Ernst Machs Diktum vom unrettbaren Ich hatte diese Überzeugung auf eine einprägsame Formel gebracht. Sie konnten sich auch auf Nietzsche berufen, der das »sogenannte Ich« als eine Fiktion verhöhnte. Daß wir unser Selbst nicht besitzen, ist freilich schon eine elementare Erfahrung der Romantik. Auch die Psychoanalyse Freuds geht in diesem Wiener Kontext davon aus, daß das Ich nicht Herr im eigenen Haus ist.

> Sind nicht die Gefühle, die Habgefühle, alle die geheimsten und tiefsten Zustände unseres Inneren in der seltsamsten Weise mit einer Landschaft verflochten, mit einer Jahreszeit, mit einer Beschaffenheit der Luft, mit einem Hauch? Eine gewisse Bewegung, mit der du von einem hohen Wagen abspringst; eine schwüle sternlose Sommernacht; der Geruch feuchter Steine in einer Hausflur; das Gefühl eisigen Wassers, das aus einem Laufbrunnen über deine Hände sprüht: an ein paar tausend solcher Erdendinge ist dein ganzer innerer Besitz geknüpft [. . .][24]

Kafkas *Beschreibung eines Kampfes* bezeugt die Erfahrung, daß das Ich sein Selbst nicht besitzt. Nicht nur die Sicherheit des Selbstbewußtseins, auch die Sicherheit des Körpers ist hier aufgelöst (vgl. den Beitrag von Schillemeit S. 110 ff.).

1907 erschien in der ›Neuen Rundschau‹ Hofmannsthals *Der Dichter und diese Zeit*. Darin kommen Bemerkungen zum »dichterischen Wesen« vor, die Kafka treffen mußten, denn sie entsprachen seinem eigenen Verständnis. Der Dichter wohnt unerkannt im eigenen Haus, »unter der Stiege, im Dunkel, bei den Hunden; fremd und doch daheim als ein Toter, als ein Phantom im Munde aller«. Er ist tot und doch ein »Lebendiger«. Er ist da und wechselt »lautlos seine Stelle«.[25] Das Wesen »Odradek«, dem die »Sorge des Hausvaters« in Kafkas gleichnamiger Erzählung gilt und der lebendigtote Jäger Gracchus sind Verkörperungen dieses Dichters.[26]

Verwandt mußte Kafka auch das Kunstverständnis in Thomas Manns *Tonio Kröger* erscheinen.[27] Kafka erwähnt diese Erzählung in einem Brief an Brod von 1904 (?) und vermerkt dabei das »eigentümliche nutzbringende Verliebtsein in das Gegensätzliche« (Br 31). Gemeint ist wohl das »Gegensätzliche« von Kunst und Leben, wie Hans Hansen und Tonio Kröger es verkörpern. Das Gegensätzliche, nicht den Gegensatz, wie Kafka betont. Von Tonio Kröger wird im Gespräch mit Lisaweta Iwanowna die Kunst als ein Kampf dargestellt, als ein Fluch, ein bedingungsloses Arbeiten (also als »Leben«). Man muß gestorben sein, um ganz ein Schriftsteller, ein »Schaffender« sein zu können: »Gott will nicht, daß ich schreibe, ich aber, ich muß«, schreibt Kafka 1903 an Pollak (Br 21). Brod erinnert sich, daß ihm Kafka am Anfang ihrer Freundschaft eine Novelle von Thomas Mann zeigte, deren Anfangssatz Kafka besonders gefiel:

> Der Satz lautete: »Still! Wir wollen in eine Seele schauen.« Immer wieder wiederholte er diesen Satz, legte dabei jedesmal pantomimisch den Finger an seine Lippen, ließ die Melodie nachklingen. Von der Erzählung selbst sagte er nichts, und ich habe sie erst Jahrzehnte später gelesen. Sie führt den Namen ›Ein Glück‹ und trägt das Entstehungsdatum 1904.[28]

Thomas Manns Novelle *Ein Glück* war im Januar-Heft der ›Neuen Rundschau‹ von 1904 erschienen. Hier, wie auch in Hofmannsthals »der Geruch feuchter Steine in einer Hausflur« hat ihn wohl die lyrische Qualität dieser Sätze fasziniert, ihre evokative Kraft und ihr Rhythmus. Kafka hat Thomas Mann stets verehrt. 1917 schreibt er: »Mann gehört zu denen, nach deren Geschriebenem ich hungere.« (Br 182)

Neben solchen Motiven des Kunstverständnisses muß man vor allem Hofmannsthals Erzähltechnik nennen. Kafkas charakteristischer Stil, sein »einsinniges« (Beißner) Erzählen, dessen Entwicklung ablesbar ist an den *Hochzeitsvorbereitungen auf dem Lande* und den beiden Fassungen der *Beschreibung eines Kampfes*, die Technik der erlebten Rede, in der der Erzähler (fast) nur aus der Perspektive der Hauptfigur erzählt; die Darstellung der Außenwelt als Darstellung von Innenwelt, die Einsetzung signifikanter Details, all dies sind auch Merkmale von Hofmannsthals narrativer Technik. Der Traum liefert für sie das narrative Modell. Erzählt wird so, daß Realität und Traum ununterscheidbar werden; das dargestellte Äußere ist zugleich das dargestellte Innere. Jüngst hat Dorrit Cohn gezeigt[29], wie Hofmannsthals *Märchen der 672. Nacht* (1895) als eine Traumerzählung konzipiert ist: das Innere wird in Äußeres, in visuelle Gegenständlichkeit gewendet; das Fremde enthüllt sich als das verdrängte Eigene; das Unabsichtliche, Indiz äußerer Realität, als das Beabsichtigte, Gewünschte. In seiner *Traumdeutung* von 1900 hat Freud diese narrativen Verfahrensweisen des Traums eingehend behandelt. Von analoger Traumstruktur ist auch Hofmannsthals *Reitergeschichte* (1899). Monoperspektivische Erzähltechnik, die Auflösung der Grenzen von Traum und Realität finden sich auch in Leopold von Andrians Erzählung *Garten der Erkenntnis* (1895), die Hofmannsthals *Märchen der 672. Nacht* beeinflußt haben dürfte. In Andrians Erzählung wird zudem vorgeführt, wie ein Ich sich spaltet in ein Ich und einen Anderen als die Spiegelfigur dieses Ich. In Hofmannsthals *Reitergeschichte*, in der *Beschreibung eines Kampfes* und in den *Hochzeitsvorbereitungen auf dem Lande* werden ebenfalls solche Ich-Spaltungen dargestellt (vgl. auch den Beitrag von Rolleston). Auch Richard Beer-Hofmanns *Der Tod Georgs* (1900) ist konzipiert als Durchdringung von Realität und Traum, realer Zeit und Phantasiezeit.

Auffällig an der Prosa der Jahrhundertwende ist eine Tendenz zur kurzen, lyrischen Prosaform, zum Prosagedicht. »Geschichten«, »Skizzen«, »Novellen«, »Novelletten« werden als Titel für diese Prosaform gebraucht. Rilke (z. B. *Am Leben hin*, 1898; *Die Weise von Liebe und Tod des Cornets Christoph Rilke*, 1904); George (*Sonntage auf meinem Lande*, 1893/94; *Tage und Taten*, 1893-1903; *Träume*, 1893/94), Dehmel (*Lebensblätter*, 1895) und Walser (*Fritz Kochers Aufsätze*, 1904) sind Beispiele (vgl. auch den Beitrag von Böschenstein).[30] Der Expressionismus folgt dieser Tendenz und bevorzugt die kurze, dem Gedicht nahe Erzählung. Der zweiten Auflage von *Wie ich es sehe* (1898) stellt Peter Altenberg als Motto ein Zitat aus Huysmans *A rebours* (1884) voran. Hier ist im 14. Kapitel von den poetischen Möglichkeiten des Prosagedichts die Rede. Das Prosagedicht ist ein konzentrierter Roman, daher ist seine Bedeutung »tout à la fois précis et multiple«. »En un mot, le poème en prose représentait l'huile essentielle de l'art.«[31] Solche kleinen, lyrischen Prosastücke sind auch Kafkas

Erzählungen, »à la fois précis et multiple« an Bedeutung. »Novellen« und »Geschichten« sind seine eigenen Gattungsbezeichnungen. Die Versuche, Romane zu schreiben, scheitern. Sie bleiben Fragmente. Längere Erzählungen wie die *Beschreibung eines Kampfes* enthalten in sich wieder Erzähleinheiten, die vom ursprünglichen Ort gelöst und veröffentlicht werden können: *Kinder auf der Landstraße*, *Der Ausflug ins Gebirge*, *Kleider* und *Die Bäume*.

Im Brief vom November 1903 erwähnt Kafka die Lektüre von Fechner und Eckehart. »Manches Buch wirkt wie ein Schlüssel zu fremden Sälen des eigenen Schlosses.« (Br 20) Mit Fechner ist der damals sehr einflußreiche Psychologe Gustav Theodor Fechner gemeint und vielleicht dessen Buch *Elemente der Psychophysik* (2 Bde., zuerst 1860), das von Phantasmen, Halluzinationen und Erinnerungsbildern u. a. handelt. (Kafka selbst hatte eine intensive hypnagogische Begabung.) »Eckehart« meint den Mystiker. Dies ist ein Beleg dafür, daß Kafka sich schon früh für mystische Schriften interessierte. Für die Jahrhundertwende kann man von einer Renaissance der Mystik sprechen. Sprachkritik und Hinwendung zu Texten mystischer Erfahrung gehen häufig zusammen.

Ab 1903 erscheint die einflußreiche – Alfred Rosenbergs »deutsche Religion« wird sie später noch verwerten – Übersetzung der Schriften Meister Eckeharts von Hermann Büttner im Eugen Diederichs Verlag; 1903 erscheint auch Gustav Landauers *Meister Eckharts mystische Schriften*. Eine bedeutende Mittlerfigur sowohl der deutschen als auch der jüdischen Mystik ist Martin Buber, der nach eigenem Eingeständnis seit 1900 unter dem Einfluß der deutschen Mystik von »Meister Eckhart bis Angelus Silesius« stand.[32] In diesen mystischen Texten lagen Paradigmen bereit, die in den expressionistischen Jahrzehnten zur Analyse menschlicher Existenz verwendet wurden: Abgeschiedenheit, Fremde, Wüste, Entfremdung, Verworfenheit, Verlorenheit. Wie Jochen Schmidt in seiner wichtigen Studie über *Eigenschaftslosigkeit. Eine Erläuterung zu Musils Grundbegriff* (Tübingen 1975) gezeigt hat, muß die *Beschreibung eines Kampfes* auch im Kontext dieses neuen Interesses an der Mystik und an der Religion verstanden werden. Auch Maeterlinck und Tolstoi, die Kafka in seiner Studienzeit neben Hamsun las, gehören in diesen Kontext.

Vielleicht hat Kafka keinen Schriftsteller so bewundert und verehrt wie Gustave Flaubert, gewiß gilt dies bis 1912. Flauberts Wirkung auf die deutsche Literatur der Jahrhundertwende ist noch kaum erforscht. Nicht nur Kafka und Brod, auch Thomas und Heinrich Mann, René Schickele, Hugo von Hofmannsthal, Robert Musil, Hermann Bahr, Ernst Hardt und Jakob Wassermann gehörten zu den frühen Bewunderern Flauberts. Heinrich Mann gab bei Georg Müller 1907-1909 die ›erste deutsche Gesamtausgabe‹ heraus; zur gleichen Zeit erschien im J. C. C. Bruns Verlag eine ›autorisierte‹ zehnbändige Ausgabe.

Der (unvollständigen) Liste seiner Handbibliothek ist zu entnehmen, daß Kafka Flauberts *Lettre a sa nièce Caroline* (Paris 1909), *L'Education sentimentale* (Paris 1910) und *Madame Bovary* (Bd. 1 der Ausgabe bei Bruns) und die Briefe über seine Werke (Bd. 7 der Ausgabe bei Bruns) besaß. Von Flaubert hat er aber wohl alles Erreichbare gelesen. Am Anfang ihrer Freundschaft verwies Kafka Brod schon auf Flaubert. Gemeinsam lasen sie *L'Education sentimentale*, die *Tentation du Saint Antoine*. Die *Education sentimentale* bewunderte Kafka am meisten, mehr als *Madame Bovary*, wie nach ihm auch Marcel Proust. Sie begleitete ihn auf seinen Reisen, sie lag auf seinem Schreibtisch.[33]

Max Brod schrieb mehrere Essays über Flaubert (*Metamorphose*, 1908; *Gustave Flauberts nachgelassene Werke*, 1910; *Flaubert*, 1910; *Bei Flaubert*, 1910; *Bei der Nichte Flauberts*, 1909, anläßlich des Besuchs von Caroline Commanville in Prag). Kafka hatte ihm auch René Dumesnils' Biographie *Flaubert. Son hérédité, son milieu, sa méthode* (Paris 1905) geschenkt.

Brod berichtet, daß Kafka von einer Stelle der ›Souvenirs intimes‹ von Caroline Commanville besonders bewegt war. Flaubert der der »littérature« alles opferte, begegnet auf der Straße einer Familie mit Kindern. »Ils sont dans le vrai.« Diesen Satz, berichtet Brod, zitiert Kafka oft.[34] An Felice Bauer schreibt Kafka einmal: »Du warst und bist im Richtigen.« (F 637)

In der Sammelschrift *Das jüdische Prag* von 1917 vergleicht Brod Flaubert mit Kafka:

> Wunderbar scharf hat Flaubert im Helden seiner *Education sentimentale* den Zustand des einsamen Durchschnittsmenschen beschrieben.

> Dieser Herr Frédéric ist nämlich durchaus kein bedeutender Mann und gerade auf seinem Dilettantismus, seiner Gewöhnlichkeit beruht der eigentümlich melancholische Zauber dieses Meisterwerkes [...] Dieser egozentrischen Selbstgefälligkeit steht während der ganzen vieljährigen Romanhandlung, die den Helden in die verschiedenartigsten Beziehungen zu seinen Nebenmenschen bringt, nicht die geringste Leistung gegenüber. – Und daß der Dichter dieses Mißverhältnis nirgends ausspricht, überall aber fühlen läßt, gibt dem Roman jene traurige Gloriole allermenschlichster Ironie, die wir weinend bewundern. Mit derselben zarten Ironie schildert Franz Kafka die Diskrepanz zwischen Selbstgefühl und Tat des einsamen Menschen in seiner *Betrachtung*: »Meine Verdienste erscheinen mir und überwältigen mich, wenn ich mich auch nicht sträube.«[35]

Flauberts Erzähltechnik ist gekennzeichnet durch die irritierende Abwesenheit eines identifizierbaren Erzählerstandortes, durch die »impersonnalité« des Erzählens, und durch seine Charakterisierung der Erzählfiguren; es sind flache Figuren. Kafka hat Flaubert als seinen »Blutsverwandten« angesehen (F 460). Ende 1912 schreibt er an Felice Bauer: »Die *Education sentimentale* aber ist ein Buch, das mir durch viele Jahre nahegestanden ist, wie kaum zwei oder drei Menschen; wann und wo ich es aufgeschlagen habe, hat es mich aufgeschreckt und völlig hingenommen, und ich habe mich dann immer als ein geistiges Kind dieses Schriftstellers gefühlt, wenn auch als ein armes und unbeholfenes.« (F 95 f.) Harold Blooms kühne These (*The anxiety of influence*, 1973), daß jeder bedeutende Dichter in einem agonalen Verhältnis mit einer gewählten dichterischen Vaterfigur seine eigene künstlerische Identität erringen müsse, könnte für solche Sätze den Bezugsrahmen abgeben.

Kafkas ganzes Werk wäre noch auf seine Intertextualität mit Flauberts Werk hin zu untersuchen. So trägt z. B. eine der Figuren der Erzählung *Ein Brudermord* den Namen Schmar. Der Name spielt auf Flauberts Jugenderzählung *Smarh* an.

An Flaubert faszinierte Kafka seine literarische Kunst und seine Kunstauffassung, seine absolute Hingabe an die Obsession »écrire« (an Gourgaud-Dougazon, 22. 1. 1842). Vor der Alternative Ehe oder Literatur wählte auch Flaubert die Literatur. Eine Ehe erscheint als »apostasie«, das einzige Ziel ist »la littérature«. Sie ist sein Leben: »Un livre est pour moi une manière spéciale de vivre.« Der Literatur muß man alles opfern: »Le Beau n'arrive que par le sacrifice.« Wie der Gott der Juden nährt sich die Kunst von Opfertieren, »d'holocaustes«.[36] Zugleich gilt aber auch für Flaubert wie für Kafka: Leben ohne Schreiben ist eine Unmöglichkeit, das Schreiben als Leben jedoch nicht minder. Aus diesem Dilemma führt kein Ausweg. 1912 notiert Kafka in sein Tagebuch: »Jetzt lese ich in Flauberts Briefen: ›Mein Roman ist der Felsen, an dem ich hänge, und ich weiß nichts von dem, was in der Welt vorgeht.‹ – Ähnlich wie ich es für mich am 9. Mai eingetragen habe.« (T 280) Damals hatte er geschrieben: »Wie ich mich gegen alle Unruhe an meinem Roman festhalte, ganz wie eine Denkmalsfigur, die in die Ferne schaut und sich am Block festhält.« (T 277) In Flauberts Zitat ist der »Felsen« doppeldeutig: er meint Rettung und Katastrophe zugleich.

Auch der Erzähler erzählt aus der Perspektive der Figuren heraus. Erzählertext in der dritten Person und Personentext werden ununterscheidbar, sie interferieren in der erlebten Rede (style indirect libre). Dies wird Kafkas Erzähltechnik werden. Die Figur des Erzählers wird dadurch nicht ausgelöscht, sie wird omnipotent. Sie beherrscht alles, auch den Leser: »Madame Bovary n'a rien de vrai. C'est une histoire totalement inventée; je n'y ai rien mis ni de mes sentiments ni de mon existence. L'illusion (s'il y en a une) vient au contraire de l'impersonalité de l'oeuvre. C'est un de mes principes, qu'il ne faut pas s'écrire. L'artiste doit être dans son œuvre comme Dieu dans la création, invisible et toutpuissant; qu' on le sente partout, mais qu'on ne le voie pas.« (an Leroyer de Chantepie, 18. 3. 1857)

Jonathan Culler hat den irritierenden und verunsichernden Effekt dieser Erzähltechnik Flauberts hervorgehoben.[37] Flauberts Texte wirken nicht wie gesprochen, sondern wie geschrieben. Sie sind eine Folge von Sätzen, die die Frage nach dem, der spricht, unbeantwortet lassen.

Für den jungen Flaubert wie für den jungen Kafka war es ausgemacht, daß Literatur, soll sie wahr sein, verletzen, unglücklich machen muß. Diese Wirkungsabsicht haben beide nie aufgegeben. Flaubert: »Je ne ferai que dire la vérité mais elle sera horrible, cruelle et nue.« Er nennt sich einen »démoralisateur« (an Ernest Chevalier, 24. 2. 1839). Und der junge Kafka: »Wir brauchen aber die Bücher, die auf uns wirken wie ein Unglück, das uns sehr schmerzt, wie der Tod eines, den wir lieber hatten als uns, wie wenn wir in Wälder verstoßen würden, von allen Menschen weg, wie ein Selbstmord, ein Buch muß die Axt sein für das gefrorene Meer in uns.« (Br 27 f.)

Eine Tagebucheintragung Kafkas von 1921 erhellt den Hintergrund dieser gemeinsamen Überzeugung. Ihn kann man auch für den jungen Kafka unterstellen. Kafka vergleicht dort das Ende der Bücher Moses mit dem Ende der *Education sentimentale*: »Nicht weil sein Leben zu kurz war, kommt Moses nicht nach Kanaan, sondern weil es ein menschliches Leben war. Dieses Ende der fünf Bücher Moses hat eine Ähnlichkeit mit der Schlußszene der *Education sentimentale*.« (T 545) Die Schlußszene dieses Romans stellt das Leben als eine unaufhebbare Banalität und Nichtigkeit dar, als ein Leben im Exil: Frédéric und Deslauriers erinnern sich einer gemeinsamen Episode ihrer Kindheit. Sie hatten es gewagt, nach vielen Umwegen, in ein Bordell zu gehen, flohen aber, weil sie glaubten, daß man sie verspotte:

> On les vit sortir. Cela fit une histoire qui n'etait pas oubliée trois ans après.
> Ils se la contèrent prolixement, chacun complétant les souvenirs de l'autre; et, quand ils eurent fini:
> – C'est là ce que nous avons eu de meilleur! dit Frédéric.
> – Oui, peut-être bien? C'est là ce que nous avons eu de meilleur! dit Deslauriers.

Diese Schlußszene entspricht Flauberts Überzeugung, daß man das Leben beschreiben müsse als eine »blague supérieure«, d. h. so, wie Gott es sehe (an Louise Colet, 8. 10. 1852). Darauf antwortet eine Passage aus einem Brief Kafkas an Pollak vom November 1903. Die Menschen müßten froh sein, wenn jemand auf den Mond kletterte, um sie anzusehen, »denn dieses Bewußtsein, von einer solchen Höhe und Ferne aus betrachtet zu werden, gäbe den Menschen eine, wenn auch winzige Sicherheit dafür, daß ihre Bewegungen und Worte und Wünsche nicht allzu komisch und sinnlos wären, solange man auf den Sternwarten kein Lachen vom Monde her hört« (Br 19).

Malcolm Pasley hat die überzeugende These vertreten, daß Flauberts Vorbild auch leitend war für Kafkas Aufzeichnungen seiner Reisen zwischen 1909 und 1912.[38] 1909 reiste er mit Max Brod und dessen Bruder Otto nach Riva am Gardasee, 1910 mit ihnen nach Paris, 1911 mit Max Brod nach Lugano und Paris und 1912 nach Weimar.

In Paris versäumte man es übrigens nicht, in das »Kinematographentheater« zu gehen. Der junge Kafka war ein leidenschaftlicher Kinogänger, wenngleich er dem Kino das Panorama vorzog. Bei einem Besuch des Kaiserpanoramas in Friedland notierte er: »Die Bilder lebendiger als im Kino, weil sie dem Blick die Ruhe der Wirklichkeit lassen. Das Kino gibt dem Angeschauten die Unruhe seiner Bewegung, die Ruhe des Blicks scheint wichtiger.« (T 593)

Ganz anders Brod. Über die gemeinsamen Kinobesuche in Paris verfaßt er einen Bericht in einer fast futuristischen Begeisterung:

> Gerade an dem Abend, den wir nach so vielen nächtlichen Mühseligkeiten zum Rastabend bestimmt hatten, zu einem bescheidenen Nachtmahl zwischen Hotelwänden und Früh-zu-Bette-Geh'n, gerieten wir auf dem Boulevard an ein mit Glühlämpchen besetztes Portal und einen nicht eben eifrigen Ausrufer, dessen Mützenaufschrift uns aber magischer anzog als alle seine Worte es gekonnt hätten: Omnia Pathé. Hier also standen wir an der Quelle so vieler unserer Vergnügungen, wieder einmal im Zentrum eines Betriebes, dessen Ausstrahlungen so heftig die ganze Welt überleuchten, daß man beinahe an das Vorhandensein eines Zentrums nicht mehr glauben will: ein Gefühl übrigens, das für unsere Pariser Stimmung typisch war; denn mit überraschender Gewalt bestürmen hier gewaltige Zentralfirmen (wie Pneu Michelin, Doucet, Roger Gallet, Clement Bayard u. a.) das Herz des Neulings. Wir verzichteten auf den Rastabend wieder einmal (verdammte Stadt!) und gingen hinein.
>
> Einem verdunkelten Saal kann es nur schwer gelingen, sich von anderen verdunkelten Sälen zu unterscheiden. Uns aber, die wir immer fest entschlossen sind, in allem Pariserischen etwas Besonderes und etwas Besseres als anderswo zu finden, fällt schnell die Geräumigkeit auf – nein, das ist noch nichts – dann, daß die Leute durch eine dunkle Türe im Hintergrunde verschwinden und daß ein kühler Luftzug diese stetige Bewegung des Publikums zu regulieren scheint – nein, so ist es ja auch bei uns, ununterbrochene Vorstellungen, eine Eingangs- und eine Ausgangstüre – jetzt aber fassen wir schon festeren Fuß: Diese Freiheit der Leute, sich überallhin stellen zu dürfen, wo eben Platz ist, auch in den Gang zwischen den Bankreihen, auch auf die Stiege, die im Hintergrund zum Apparat hinaufführt, ja auch neben den Apparat, ist entschieden etwas Republikanisches, das würde eine andere als die Pariser Polizei nicht billigen. Ebenso republikanisch ist freilich die Freiheit der zahlreichen Säulen im Saal, den Zuschauern die Aussicht beliebig verstellen zu dürfen ...

Ein Mädchen in der Uniform eines Operettenmilitärs, auf der Mütze die diesmal übeldeutige Inschrift »Omnia«, geleitet uns auf unsere Sitze, verkauft uns ein (nach gut Pariser Sitte ungenaues) Programm. Und schon sind wir von der blendend weißen zitternden Bildfläche vor uns verzaubert. Wir stoßen einander an. »Du, es wird hier besser gespielt als bei uns.« Natürlich, in Paris muß ja alles besser sein. Obwohl offenbar hier genau dieselben Films wie bei uns abgewickelt werden, nur vielleicht als Premièren hier: es wird ebenso offenbar besser gespielt. Sollte sich auch ein Film bei der Première, vor den Rezensenten, besonders zusammennehmen? Zuerst behaupten wir es, dann glauben wir es, mit jener ironischen und doch so wahrhaftigen Bewunderung, die wir für Paris hegen. Unser Glauben ist nämlich von einem Nichtglauben kaum zu unterscheiden und doch grundverschieden; plötzlich seh'n wir überrascht, daß sogar etwas Wahres an unserer Bemerkung war ... Der Film spielt wirklich besser, er wird nämlich rascher abgerollt. Und nun begreifen wir den romanischen Schwung dieser ganzen Vorführung, ihren edlen Stil, der sie mit so richtiger Erkenntnis von jedem Naturalismus distanziert. Alles überstürzt sich, alles amüsiert, jeder Schauspieler hat Nerven und Muskeln für drei. Hier ist der wahre Kinema-Stil gefunden, da haben wir also doch etwas Neues gelernt. Das Tempo, das bei uns nur vorsichtig akzeleriert wird, ist hier absichtlich zur erdfernen Raserei gesteigert. Eine Expedition englischer Damen, die phlegmatisch zu einem Trip über die Seen Neuseelands aufbricht, stürmt hier außer sich wie der Chor eines großen Opernfinales in den Vordergrund, dabei alle lachend, fast unbeteiligt, noch am schnellsten Abspielen ihrer Bewegungen sieht man die Behaglichkeit, mit der diese Bewegungen in Wahrheit ausgeführt wurden, hier aber braut der Kinematograph aus Lässigkeit und Leidenschaft eine ganz neue Mischung zusammen, etwas marionettenhaft Erstarrtes in jeder Zuckung, die Gesichter vergrößern sich zum Erschrecken, werden rissig und, wenn sie in das kurze Dunkel vor dem nächsten Bilde endlich zergangen sind, behält man sie noch lange wie Mienen erzürnter Sibyllen im Gedächtnis, ja man sieht sie, den Kreisen hinter einem Stein im Wasser ähnlich, gespensterhaft zart über die nächste helle Begebenheit hin sich immer noch erweitern ... Und all das entstanden aus den armseligen Wangen einer faden Miß!

O, wir Provinzkenner des Kinematographen, wir fanden hier genug zu bestaunen. Die Erhitzung und Aufstachelung der Bilder schlägt zu schönen Leistungen empor.[39]

In diesen Jahren beschäftigten sich Brod und Kafka intensiv mit Reiseliteratur, mit Fontane und Hebbel, Goethe und Flaubert. Weimar und Paris benennen ja Lebenssphären von Goethe und Flaubert. Von den Reisen nach Lugano/Paris und Weimar fertigte

Kafka Reiseaufzeichnungen an (T 589 ff.). Kennzeichnend für den Stil dieser Aufzeichnungen sind kurze, oft verblose Sätze, knappe Nennungen von charakteristischen Details, selten eingesetzte, dafür umso eindringlichere Metaphern. Die Reiseaufzeichnungen sind Einübungen in die Kunst, subjektive Sicht und Erfassung der Wirklichkeit einander durchdringen zu lassen. Ein Beispiel ist die Eintragung vom 28. August 1911:

> Montag 28. August. Mann in hohen Stiefeln frühstückt an der Wand. Dampfer zweiter Klasse. Luzern am Morgen. Schlechteres Aussehen der Hotels. Ehepaar liest Briefe von zu Hause mit Zeitungsausschnitten über Cholera in Italien. Die schönen Wohnsitze nur sichtbar von einer Seefahrt aus, man fährt auch auf ihrem Niveau. Wechselnde Gestalt der Berge. Vitznau, Rigibahn. See durch Blätter gesehen, südlicher Eindruck. Überraschung durch die plötzliche Ebene des Zuger Sees. Heimatliche Wälder. Bahn fünfundsiebzig erbaut, nachschauen im alten »Über Land und Meer«. Historischer englischer Boden, hier gingen sie noch kariert und mit Favoris. Fernrohr. Jungfrau weit, Rotunde des Mönches, schwankende heiße Luft bewegt das Bild. Hingelegte Handfläche des Titlis. Durchschnittener Brotlaib eines Schneefeldes. Von oben wie von unten falsche Beurteilung der Höhen. Unentschiedener Streit über die schräge oder ebene Lage des Bahnhofs von Arth-Goldau. Table d'hôte. Schwarze Frau, ernst, scharfer Mundanfang, schon unten neben dem Waggon gesehen, sitzt in der Halle. Englisches Mädchen bei der Abfahrt, jeder Zahn ringsherum gleich. Kleine Französin steigt in das Nebencoupé, erklärt mit ausgestrecktem Arm unser volles Coupé für nicht »complet« und treibt ihren Vater zum Einsteigen und ihre unschuldig und dirnenhaft aussehende ältere kleine Schwester, die mich mit ihren Ellbogen an den Hüften kitzelt. Mehr mit den Zähnen gesprochenes Englisch der alten Dame rechts von Max, für das man den Namen einer Grafschaft sucht. Fahrt Vitznau-Flüelen, Gersau, Beckenried, Brunnen (lauter Hotels), Schillerstein, Tellplatte, ausgelassenes Rütli, zwei Loggien in der Axenstraße (Max dachte sich hier mehrere, weil man auf Photographien immer diese zwei sieht), Urner Becken, Flüelen. Hotel Sternen.

1911 begannen Kafka und Brod aus ihren Reiseerinnerungen heraus ein gemeinsames Buch zu schreiben, *Richard und Samuel*, ein Buch, das die Gattungen des Reiseberichts und des Romans verbinden sollte (T 61 ff. ist das erste Fragment abgedruckt). Eine Idee der Konzeption gibt vielleicht die Idee der Reiseaufzeichnungen nach Lugano/Paris: »Gleichzeitig Beschreibung der Reise und der innerlichen Stellungnahme zueinander die Reise betreffend.« (T 597) Schon hier nennt er diese Idee »schlecht«. Das Projekt scheiterte schließlich an Kafkas zunehmendem Widerwillen. Immerhin wurde das erste Kapitel fertig und erschien in den ›Herder-Blättern‹ unter dem Buchtitel *Richard und Samuel – Eine kleine Reise durch mitteleuropäische Gegenden.*

Nun konnte Kafka aus Dumesnils' Buch über Flaubert wissen, daß Flaubert seine Reisebeschreibungen auch als Einübung in die Kunst des genauen Beobachtens, in die Wahrnehmung des signifikanten Details verstanden hatte. Gemeinsam mit Maxime Du Camp hatte er eine Beschreibung ihrer Wanderung durch die Bretagne im Jahr 1847 verfaßt. Posthum ist diese Beschreibung unter dem Titel *Par les champs et par les grèves* erschienen. Flauberts Vorbild konnte Kafka anregen, sich durch Beschreibung seiner Reisen zum Romanschriftsteller auszubilden. Anfang 1912 schrieb Kafka 200 Seiten einer nicht erhaltenen ersten Fassung des Romans *Der Verschollene.* – Die Bedeutung Flauberts für Kafka zeigt beispielhaft Bernheimers Abhandlung.

## *Freud natürlich*

»Gedanken an Freud natürlich«, steht am 23. September 1912 in seinem Tagebuch. Er hat dort beschrieben, wie *Das Urteil* in einer Nacht entstand (T 294). Freud wird von Kafka zum ersten Mal im Tagebuch der Reise nach Weimar 1912 erwähnt. Auch hier kann man aus der lakonischen Wiedergabe von Gesprächsthemen: »Koedukation, Naturheilkunde, Cohen, Freud« (T 668), schließen, daß »Freud« ihm »natürlich« bekannt und vertraut war.

Nichts hindert zu vermuten, daß Kafka mit der Psychoanalyse Freuds schon länger vertraut war.[40] Die Gründungsschriften der Psychoanalyse waren schon erschienen, *Studien über Hysterie* (1895, zusammen mit Breuer); *Die Traumdeutung* (1900); *Zur Psychopathologie des Alltagslebens* (1901); *Der Witz und seine Beziehung zum Unbewußten* (1905), *Drei Abhandlungen zur Sexualtheorie* (1905).

Gewiß wurde Kafka durch die Psychoanalyse Freuds, die er später in ihrem »therapeutischen Teil« (M 246) kritisierte und als Symptom der Lage seiner westjüdischen Generation analysierte (H 278), tief beeinflußt. Kafka hat sich aber nicht als der literarische Übersetzer Freuds verstanden. Vielmehr sah er die Psychoanalyse und seine Literatur auf gleicher Ebene, als Tiefenanalysen der modernen menschlichen Existenz. Hier wie dort die gleiche Tiefenanalyse, das Fragen nach unbewußten Motiven. In dieser Hinsicht war Nietzsche für beide wichtig.[41] Die Betonung der Macht der Familiensituation und der Sexualität, die Aufklärung über die Steuerung des bewußten Lebens durch unbewußte Motive, das Modell der Verdrängung, diese fundamentalen Denkstücke der Psychoanalyse Freuds, sind auch fundamentale Motive und Strukturen in Kafkas Werk. Man muß hinzufügen, daß sich Freud nicht zuletzt deswegen so vergleichsweise schnell durchsetzen konnte, weil die Literatur der Jahrhundertwende selbst tiefenpsychologisch orientiert war[42] (vgl. den Beitrag von Kittler in diesem Band).

Für Freud wie für Kafka ist das Äußere, gerade auch das Unscheinbare, nur die Spitze, die Abbreviatur eines größeren Reiches impliziter Bedeutungen und Motive. Eine kleine Geste, das stumme Hinfahren des kleinen Fingers über die Augenbrauen (*Entschlüsse*) oder das stumme Vorübergehen eines schönen Mädchens (*Die Abweisung*) stellen solche Abbreviaturen dar. Diese Struktur findet sich jedoch schon vorgebildet in einem Brief an Pollak von 1903: »Irgendwo hab ich einmal die Frechheit aufgeschrieben, daß ich rasch lebe, mit dem Beweis: ›Ich sehe einem Mädchen in die Augen und es war eine sehr lange Liebesgeschichte mit Donner und Küssen und Blitz‹, denn ich war eitel genug, aufzuschreiben: ›Ich lebe rasch.‹« (Br 22)

Nicht zuletzt war Freud von Bedeutung als Sprachtheoretiker, wie seine Abhandlungen zum Witz und zur Psychopathologie des Alltagslebens zeigen. Jede einzelne Äußerung ist in ihrem Sinn mehrfach determinierbar und determiniert, daher prinzipiell mehrdeutig. Gegen die Intention des Sprechenden können beim Sprechen unbewußte Triebregungen die Wahl der Formulierung bestimmen. Sprachliche Fehlleistungen sind dafür spektakuläre Beispiele. Die Form der Sprache, dies ist eine elementare methodische Unterstellung der Psychoanalyse, verrät alles. Noch in der Form des Verbergens kehrt das wieder, was verborgen werden sollte (vgl. auch den Beitrag von Kurz, S. 78).

Schon für die *Beschreibung eines Kampfes* in der Fassung A kann man eine produktive Auseinandersetzung mit Freuds Lehre annehmen (vgl. auch den Beitrag von Sokel in diesem Band). Die durchgängige unterschwellige erotische Bedeutung des »Kampfes« verweist auf Freud. Freilich geht die Amalgamierung von Religiosität und Sexualität (vgl. z. B. BK 78: »Aber erst nach einer Stunde stand er auf, schlug ein sorgfältiges Kreuz und ging stoßweise zum Becken«) auch über Freud hinaus. Der »Kampf« wird nicht auf eine sexuelle Bedeutung reduziert. – Schließlich »es«, Freuds berühmtes Personalpronomen für das Unbewußte, das er Nietzsche verdankte. Kafka verwendet es später an wichtigen Stellen für die Manifestation des Unbewußten (z. B. E 124 in der Erzählung *Ein Landarzt* und E 32 im *Urteil*: »Aus dem Tor sprang er, über die Fahrbahn zum Wasser trieb es ihn«), aber auch schon in der *Beschreibung eines Kampfes*. In der Fassung B wird die Doppelgängerfunktion des neuen Bekannten durch das Verb »erscheinen«, durch die adverbiale Bestimmung« aus der Ordnung geraten« und durch »es« signalisiert: »Da sah ich meinen neuen Bekannten ein wenig zerrauft und aus der Ordnung geraten an dem Türpfosten eines Nebenzimmers erscheinen, aber ich wollte wegsehen, denn es ging mich nichts an.« (BK 11)

## *Der Lyriker*

Der junge Kafka schrieb nicht nur Prosa. Er zeichnete auch und schrieb Gedichte. Von seinen Zeichnungen schrieb er 1913 an Felice Bauer, daß sie ihn damals mehr befriedigten als irgend etwas anderes (F 294). Sie stellen kräftige, ins Karikaturistische überdehnte Figuren dar, Bilder von Trostlosigkeit und Verzweiflung.

Wenig bekannt sind die Gedichte Kafkas. Kafka liebte Gedichte. Von der Lakonie und dem Imagismus chinesischer Lyrik war er fasziniert. Seine eigenen Gedichte nähern sich der Prosa an, wie seine Prosastücke Gedichten. Reimlosigkeit und freier Rhythmus charakterisieren sie formal. In einem Brief an Hedwig Weiler vom 29. 8. 1907 steht ein zehnzeiliges Gedicht, dessen zweite Strophe er als Motto für die erste Fassung der *Beschreibung eines Kampfes* verwendete:

In der abendlichen Sonne
sitzen wir gebeugten Rückens
auf den Bänken in dem Grünen.
Unsere Arme hängen nieder,
unsere Augen blinzeln traurig.

Und die Menschen gehn in Kleidern
schwankend auf dem Kies spazieren
unter diesem großen Himmel,
der von Hügeln in der Ferne
sich zu fernen Hügeln breitet.

Ein Gedicht auf der Grenze zwischen Fin de siècle und Frühexpressionismus. Die erste Strophe entwirft eine Stimmung von Untergang, Trauer, Schwäche. Die auffallende Vokabel »blinzeln« diente schon Nietzsche in der Vorrede von *Also sprach Zarathustra* zur Charakterisierung von Lebensschwäche. Die zweite Strophe evoziert eine existentielle Situation des Menschen: Schwanken, Unsicherheit. Die Heraushebung des Selbstverständlichen gibt der Wendung »in Kleidern« die Bedeutung einer Verkleidung, einer Aufführung. Der weite Raum suggeriert Leere und Verlorenheit. Unsicherheit, Schwanken, Verkleidung, Leere und Verlorenheit sind zentrale Erfahrungsmuster in der frühexpressionistischen Lyrik.[43]

Solche Erfahrungsmuster sind auch schon in der Literatur der Jahrhundertwende zu finden, bei Hofmannsthal etwa, einem wichtigen Anreger des Expressionismus. Dessen *Ballade des äußeren Lebens* (1895) ist der Atmosphäre von Kafkas Gedicht nicht fern. Der parataktische Stil, der dieses Gedicht formal auszeichnet, ist im Frühexpressionismus zum Reihungsstil ausgebildet worden:

[...]
Und Kinder wachsen auf mit tiefen Augen,
Die von nichts wissen, wachsen auf und sterben,
Und alle Menschen gehen ihre Wege.
[...]

Die ersten Gedichte Kafkas stehen in einem Brief an Pollak vom 9. November 1903. Auch sie zeigen den frühexpressionistischen Stil der Reihung und die frühexpressionistische Bildlichkeit einer verlorenen und erstarrten Existenz.

Kühl und hart ist der heutige Tag.
Die Wolken erstarren.
Die Winde sind zerrende Taue.
Die Menschen erstarren.
Die Schritte klingen metallen
Auf erzenen Steinen,

Und die Augen schauen
Weite weiße Seen.

In dem alten Städtchen stehn
Kleine helle Weihnachtshäuschen,
Ihre bunten Scheiben sehn
Auf das schneeverwehte Plätzchen.
Auf dem Mondlichtplatze geht
Still ein Mann im Schnee fürbaß,
Seinen großen Schatten weht
Der Wind die Häuschen hinauf.

Menschen, die über dunkle Brücken gehn,
vorüber an Heiligen
mit matten Lichtlein.
Wolken, die über grauen Himmel ziehn
vorüber an Kirchen
mit verdämmernden Türmen.
Einer, der an der Quaderbrüstung lehnt
und in das Abendwasser schaut,
die Hände auf alten Steinen.

## *Anmerkungen*

1 Kafkas Werke werden mit folgenden Siglen abgekürzt:
E *Sämtliche Erzählungen*, hg. v. P. Raabe, Frankfurt a. M. 1970
BK *Beschreibung eines Kampfes. Die zwei Fassungen. Parallelausgabe*, nach den Handschriften hg. v. M. Brod, Textedition von L. Dietz, Frankfurt a. M. 1969
H *Hochzeitsvorbereitungen auf dem Lande und andere Prosa aus dem Nachlaß*, hg. v. M. Brod, Frankfurt a. M. 1953
T *Tagebücher 1910 [recte 1909]-1923*, hg. v. M. Brod, Frankfurt a. M. 1951
Br *Briefe 1902-1924*, hg. v. M. Brod, Frankfurt a. M. 1958
F *Briefe an Felice und andere Korrespondenz aus der Verlobungszeit*, hg. v. E. Heller und J. Born, Frankfurt a. M. 1967
M *Briefe an Milena*, hg. v. W. Haas, Frankfurt a. M. 1952
O *Briefe an Ottla und die Familie*, hg. v. H. Binder und K. Wagenbach, Frankfurt a. M. 1974.

2 Vgl. dazu jetzt die ausgezeichnete Untersuchung von G. B. Cohen, *The politics of ethnic survival. Germans in Prague 1861-1914*, Princeton University Press 1981.

3 M. Jodl, *Friedrich Jodl*, Stuttgart-Berlin 1920, S. 117.

4 Vgl. R. Kestenberg-Gladstein, *The jews between czechs and germans in the historic lands 1848-1918*, in: *The jews of Czechoslovakia*, Bd. 1, Philadelphia-New York 1968, S. 21-71; M. A. Riff, *The assimilation of the Jews of Bohemia and the rise of political antisemitism 1848-1918*; Diss. University of London 1974; Chr. Stölzl, *Kafkas böses Böhmen*, München 1975.

5 Selbstwehr, 15. 9. 1912 und 9. 12. 1912.

6 Vgl. auch G. B. Cohen, *Jews in German society. Prague 1860-1914*, in: *Jews and Germans from 1860 to 1933*, hg. v. D. Bronsen, Heidelberg 1979, S. 307.

7 H.-J. Bieber, *Anti-Semitism as a reflection of social, economic and political tension in Germany 1880-1933*, in: Bronsen (Hg.), a.a.O., S. 65, Anm. 11.

8 Vgl. C. Magris, *Prag als Oxymoron*, in: Neohelicon 7 (1980), S. 11-65.

9 Vgl. A. Ruest, *Der Max-Brod-Abend*, in: Die Aktion, Nr. 45, 1911, Sp. 1425 f. Vgl. dazu und im folgenden den grundlegenden Beitrag von K. Krolop, *Zur Geschichte und Vorgeschichte der Prager deutschen Literatur des ›expressionistischen Jahrzehnts‹*, in: *Weltfreunde. Konferenz über die Prager deutsche Literatur*, hg. v. E. Goldstücker, Berlin/Neuwied 1967, S. 47-96. Neben der Darstellung von Krolop vgl. auch noch P. Demetz, *René Rilkes Prager Jahre*, Düsseldorf 1953, S. 106 ff.; Chr. Stölzl, *Prag*, in: *Kafka-Handbuch*, hg. v. H. Binder, Stuttgart 1979, Bd. 1, S. 85 ff.; J. Mühlberger, *Geschichte der deutschen Literatur in Böhmen 1900-1939*, München/Wien 1981, S. 175 ff.

10 Vgl. M. Brod, *Der Prager Kreis*, Stuttgart 1966. Den losen Zusammenhang dieses Kreises betont auch M. Pazi, *Fünf Autoren des Prager Kreises*, Frankfurt a. M. 1978.

11 O. Baum, *Richard Beer-Hofmann*, in: *Die Juden in der deutschen Literatur*, hg. v. G. Krojanker, Berlin 1922, S. 198.

12 R. Pascal, *From Naturalism to expressionism. German literature and society 1880-1918*, London 1973, S. 137 ff., betont die Verbindung Prags mit Berlin.

13 Vgl. H. Binder, *Ernst Polak – Literat ohne Werk. Zu den Kaffeehauszirkeln in Prag und Wien*, in: Jb. d. deutschen Schillergesellschaft 23 (1979), S. 373 f.

14 Vgl. auch P. Cersowsky, *Mein ganzes Wesen ist auf Literatur gerichtet. Franz Kafka im Kontext der literarischen Dekadenz*, Würzburg 1983.

15 Vgl. W. Rasch, *Zur deutschen Literatur seit der Jahrhundertwende*, Stuttgart 1967, S. 17 ff. Vgl. z. B. Rilkes Verse aus *Ich lieb ein pulsierendes Leben*: »Ich lieb ein pulsierendes Leben,/das prickelt und schwellet und quillt,/ein ewiges Senken und Heben,/ein Sehnen, das

niemals sich stillt.« (Aus *Leben und Lieder*, 1894)

16 Vgl. M. Pasley, *From diary to story*, Vortrag Oxford 1983 (erscheint demnächst).

17 Vgl. H. v. Hofmannsthal, *Prosa* I, hg. v. H. Steiner, Frankfurt a. M. 1950 (Gesammelte Werke in Einzelausgaben), S. 176: der »Begriff des Schwebens über dem Leben« (1893); S. 280 f.: »Denn noch stärker als die hochheiligen Ströme sind die ganz großen Dichter: schaffen sie nicht jenen seligen schwebenden Zustand der deukalionischen Flut, jene traumhafte Freiheit, ›im Kahn über dem Weingarten zu hängen und Fische zu fangen in den Ulmen‹« (1896); S. 301: »Nichts umgibt uns als das Schwebende«; vgl. auch *Prosa* II, Frankfurt a. M. 1951, S. 298 u. 314. Das *Lebenslied* setzt das Schweben dem Schweren entgegen: »Die schwebend unbeschwerten/Abgründe und die Gärten/Des Lebens tragen ihn.«

18 Vgl. Wagenbach, a.a.O., S. 221, Anm. 471, und Binder, *Kafka-Handbuch*, Bd. 1, S. 312 ff.

19 Vgl. Wagenbach, a.a.O., S. 104 ff.

20 Vgl. Binder, *Kafka-Handbuch*, Bd. 1, S. 265 ff.

21 F. Nietzsche, *Werke*, hg. v. K. Schlechta, München 1966, Bd. 3, S. 1304. Zum kulturpolitischen Umfeld des ›Kunstwarts‹ vgl. G. Kratzsch, *Kunstwart und Dürerbund*, Göttingen 1969.

22 M. Brod, *Über Franz Kafka*, Frankfurt a. M., S. 276.

23 Brod zitiert ihn aus der Erinnerung falsch, a.a.O., S. 46.

24 H. v. Hofmannsthal, *Prosa* II, S. 96 f.

25 Ebd., S. 280 f.

26 Vgl. G. Kurz, *Traum-Schrecken. Kafkas literarische Existenzanalyse*, Stuttgart 1980, S. 27 ff.

27 In ihrer Parallelisierung zu weit geht B. M. Bornmann, *Kafka e il Tonio Kröger*, in: studi germanici 12 (1975), S. 205-219.

28 Brod, a.a.O., S. 295.

29 Vgl. D. Cohn, *»Als Traum erzählt«: the case for a Freudian reading of Hofmannsthal's ›Märchen der 672. Nacht‹*, in: DVjS 54 (1980), S. 284-305. Vgl. dazu auch R. Tarot, *Hugo von Hofmannsthal*, in: *Handbuch der deutschen Erzählung*, hg. v. K. K. Polheim, Düsseldorf 1981, S. 409-420.

30 Vgl. W. Nehring, *Der Beginn der Moderne*, in: *Handbuch der deutschen Erzählung*, S. 404 ff.

31 J.-K. Huysmans, *A rebours*, Paris 1884, S. 264.

32 M. Buber, *Das Problem des Menschen*, in: *Werke*, Bd. 1, München/Heidelberg 1962, S. 384.

33 Vgl. dazu und im folgenden den Vortrag von Pasley auf dem Wiener Kafka-Symposium: *Kafka als Reisender*, demnächst in: *Literatur und Kritik*. Zur Bedeutung Flauberts für Kafka vgl. Brod, a.a.O., S. 232 ff. u. ö.; Binder, *Kafka-Handbuch*, Bd. 1, S. 317 ff.; A. Mingelgrun,

*Kafka à la rencontre de Flaubert*, in: Europe 49 (1971), Nr. 511/12, S. 168-178; Wagenbach, a.a.O., S. 159 ff.; besonders M. Robert, *Kafka et Flaubert*, in: L'arc 79 (1980), S. 26-30; Ch. Bernheimer, *Flaubert and Kafka*, New Haven 1982.

34 Brod, a.a.O., S. 89. Das Zitat findet sich in G. Flaubert, *Correspondances*, 4 Bde., Paris 1910, Bd. 1, S. XL.

35 *Das jüdische Prag. Eine Sammelschrift mit Texten von Max Brod, Martin Buber u. a., mit einer Einführung von R. Weltsch* (Nachdruck der Ausgabe Prag 1917), Kronberg/Ts. 1978, S. 9 f.

36 G. Flaubert, *Correspondances*, 4 Bde., Paris 1898-1902, Bd. 3, S. 169; Bd. 2, S. 19; Bd. 3, S. 296.

37 J. Culler, *Flaubert. The uses of uncertainty*, London 1974, bes. S. 109 ff.

38 Pasley, a.a.O.

39 M. Brod, *Kinematograph in Paris*, in: Der Merker 3 (1912), H. 3, S. 95 ff. Bettina Augustin danke ich für eine Kopie dieses Artikels und für wichtige Informationen. Vgl. jetzt auch H. Zischler, *Maßlose Unterhaltung. Franz Kafka geht ins Kino*, Freibeuter 16 (1983), S. 33-47.

40 Kafka ist z. B. auch Th. Reiks Aufsatz über *Flauberts Jugendregungen* und über das Verhältnis von *Dichtung und Psychoanalyse* in der Zeitschrift ›Pan‹ von 1911/12 nicht entgangen; vgl. H. Binder, *Motiv und Gestaltung bei Franz Kafka*, Bonn 1966, S. 92 ff.

41 Vgl. Kurz, a.a.O., S. 27 ff.

42 Materialien und Belege zum Zusammenhang Freuds mit der Literatur seiner Epoche finden sich in J. M. Fischer, *Fin de siècle. Kommentar zu einer Epoche*, München 1978, bes. S. 53 ff., 71 ff.

43 Vgl. Th. Anz, *Literatur der Existenz. Literarische Psychopathographie und ihre soziale Bedeutung im Frühexpressionismus*, München 1977.

*Wolf Kittler*

# Brief oder Blick
# Die Schreibsituation der frühen Texte von Franz Kafka

Kafkas Schreiben beginnt mit der Unterscheidung zwischen Leben und Literatur. Schon im Albumblatt für Selma K. aus dem Jahr 1900 unterscheidet er »lebendiges Gedenken« vom Schreiben »mit ungeschickter Hand und grobem Handwerkszeug [. . .] in diese weißen, anspruchslosen Blätter« (Br 9).[1] Und der erste Brief, der von ihm überliefert ist, ein auf den 4. Februar 1902 datierter Brief an den Jugendfreund Oskar Pollak, setzt das Schreiben an die Stelle des Gesprächs:

> Wenn wir miteinander reden, sind wir behindert durch Dinge, die wir sagen wollen und nicht so sagen können, sondern so herausbringen, daß wir einander mißverstehn, gar überhören, gar auslachen [. . .]. Wenn wir es zu schreiben versuchten, würden wir leichter sein, als wenn wir miteinander reden, [. . .] denn das Bessere wäre in Sicherheit. (Br 10)

Wer sich derart radikal der Schrift verschreibt, weiß, was er dabei verliert. Deshalb sind Kafkas Briefe voller Trauer über das, was der Schreibende zwar benennen, aber niemals fassen kann – Blicke, Stimmen, Küsse:

> Wie wenig nützt die Begegnung im Brief, es ist wie ein Plätschern am Ufer, zweier durch einen See Getrennter.

Und im nächsten Brief:

> Ich meinte, einen Brief schreiben sei wie ein Plätschern im Uferwasser, aber ich meinte nicht, daß man das Plätschern hört.
> Und nun setze Dich und lies ruhig und lasse mich statt meiner Buchstaben in Deine Augen schauen. (Br 40)

Aber auch für geschriebene Blicke gilt der Satz, den Kafka fünfzehn Jahre später an Milena Jesenská schrieb:

> Geschriebene Küsse kommen nicht an ihren Ort, sondern werden von den Gespenstern auf dem Wege ausgetrunken. (M 260)

Diese Gespenster bewohnen den körperlosen Raum der Schrift. Indem sie die Zeichen der Nähe, Blicke, Stimmen und Küsse verzehren, verwandeln sie das Leben in Literatur. Das heißt: Kafkas Schreiben entspringt seiner Korrespondenz. Das gilt in einem ganz buchstäblichen Sinn für das erste Stück Literatur, das in seinem Namen überliefert ist, die *Beschreibung eines Kampfes*. Zu diesem Text nämlich gibt es eine, wenn auch kurze, so doch die entscheidenden Momente vorwegnehmende Vorstufe in einem der frühesten Briefe an Max Brod[2]:

> Bei einem Spaziergang ertappte mein Hund einen Maulwurf, der über die Straße laufen wollte. Er sprang immer wieder auf ihn und ließ ihn dann wieder los, denn er ist noch jung und furchtsam. Zuerst belustigte es mich und die Aufregung des Maulwurfs besonders war mir angenehm, der geradezu verzweifelt und umsonst im harten Boden der Straße ein Loch suchte. Plötzlich aber als der Hund ihn wieder mit seiner gestreckten Pfote schlug, schrie er auf. Ks, kss so schrie er. Und da kam es mir vor – Nein es kam mir nichts vor. Es täuschte mich bloß so, weil mir an jenem Tag der Kopf so schwer herunterhing, daß ich am Abend mit Verwunderung bemerkte, daß mir das Kinn in meine Brust hineingewachsen war. Aber am nächsten Tag hielt ich meinen Kopf wieder hübsch aufrecht. Am nächsten Tag zog sich ein Mädchen ein weißes Kleid an und verliebte sich dann in mich. Sie war sehr unglücklich darüber und es ist mir nicht gelungen, sie zu trösten, wie das eben eine schwere Sache ist. Als ich an einem andern Tage nach einem kurzen Nachmittagsschlaf die Augen öffnete, meines Lebens noch nicht ganz sicher, hörte ich meine Mutter in natürlichem Ton vom Balkon hinunterfragen: »Was machen Sie?« Eine Frau antwortete aus dem Garten: »Ich jause im Grünen.« Da staunte ich über die Festigkeit, mit der die Menschen das Leben zu tragen wissen. (Br 29)

Dieser Brief nennt die beiden Leitmotive, die die *Beschreibung eines Kampfes* strukturieren: das Mädchen im weißen Kleid, das in der zweiten Fassung des Textes in anderer Funktion als Mädchen mit schwarzem Samtband wiederkehrt, und die Geschichte vom Gespräch der Mutter mit der Frau im Garten. Die beiden Motive gehen in derselben Reihenfolge wie im Brief in die erste und zweite Hälfte der Erzählung ein. Das ist aber nicht alles: Die Briefsituation, in der Kafka seinem Freund von diesen Dingen schreibt, wird als fingierter Dialog der beiden Kontrahenten in die *Beschreibung eines Kampfes* übertragen. So wird aus einem Brief ein literarischer Text.

Die Technik dieser Umsetzung aber ist nichts anderes als eine

Abschrift, wobei es in diesem Zusammenhang gleichgültig ist, ob der Brief die Vorlage für die entsprechenden Passagen in der *Beschreibung eines Kampfes* war oder ob Brief und literarischer Text auf eine andere, nicht erhaltene Urschrift zurückgehen, wie es von Ludwig Dietz angenommen[3] und von Hartmut Binder bestritten worden ist.[4] Entscheidend ist vielmehr, daß überhaupt abgeschrieben wurde. Denn gleich, wie viele Vorstufen man aus der »Reinschriftlichkeit«[5] der Manuskripte der *Beschreibung eines Kampfes* erschließen mag, so sind doch zumindest drei Texte überliefert, die durch irgendeine Art des Abschreibens – und sei es nur ein Abschreiben dessen, was einmal ins Gedächtnis eingeschrieben war – auseinander hervorgegangen sein müssen: der Brief, dann die erste und schließlich die zweite Fassung der *Beschreibung eines Kampfes*. Hinzu kommt, daß in der ersten Fassung des Textes das Thema des Abschreibens selbst zur Sprache gebracht wird:

> Ich aber versuchte schon eine Zeitlang mich aufzumuntern. Ich rieb meinen Körper und sagte zu mir:
> »Es ist Zeit, daß du sprichst. Du bist ja schon verlegen. Fühlst du dich bedrängt? Warte doch! Du kennst ja diese Lagen. Überlege es ohne Eile! Auch die Umgebung wird warten.
> »Es ist so wie in der Gesellschaft der vorigen Woche. Jemand liest aus einer Abschrift etwas vor. Eine Seite habe ich auf seine Bitte selbst abgeschrieben. Wie ich die Schrift unter den von ihm geschriebenen Seiten lese, erschrecke ich. Es ist haltlos. Die Leute beugen sich darüber von den drei Seiten des Tisches her. Ich schwöre weinend, es sei nicht meine Schrift.«
> »Aber warum sollte das dem Heutigen ähnlich sein. Es liegt doch nur an dir daß ein eingezäuntes Gespräch entsteht. Alles ist friedlich. Strenge dich doch an, mein Lieber! – Du wirst doch einen Einwand finden. – Du kannst sagen: »Ich bin schläfrig. Ich habe Kopfschmerzen. Adieu« Rasch, also rasch. Mach dich bemerkbar! – Was ist das? – Ich erinnere mich an eine Hochebene die sich gegen den großen Himmel als ein Schild der Erde hob. Ich sah sie von einem Berge und machte mich bereit sie zu durchwandern. Ich fieng zu singen an.« (BK 114/116)[6]

Wie sich hier die Schrift vom Autor trennt, so löst sich an einer anderen Stelle in derselben Fassung des Textes die Stimme vom Subjekt der Rede ab:

> Ich schlief traumlos und versunken. Mich weckte weder der Untergang des Mondes noch der Aufgang der Sonne. Und selbst wenn ich schon am Erwachen war, beruhigte ich mich wieder, indem ich sagte: »Du

hast dich am gestrigen Tage sehr bemüht, darum schone deinen Schlaf« und schlief wieder ein.

Aber trotzdem ich nicht träumte, so war mein Schlaf doch nicht ohne eine fortwährende leise Störung. Die ganze Nacht durch hörte ich jemanden neben mir reden. Ich hörte kaum die Worte selbst, außer einzelne wie »Bank am Flußufer« »wolkenhafte Berge« »Züge mit erglänzendem Rauch«, sondern nur die Art ihrer Betonung und ich erinnere mich, daß ich mir im Schlafe noch die Hände rieb, vor Freude darüber, daß ich die einzelnen Worte nicht erkennen mußte, da ich eben schlafend war. (BK 50/52)

Die Worte, die der Ich-Erzähler im Traum von einer fremden Stimme hört, sind seine eigenen. Es sind die Schlüsselworte aus der Liebesgeschichte, die er der Erzählung seines Bekannten von den Küssen weiblicher Dienstboten entgegenhält:

»Nicht wahr, es ist doch merkwürdig daß gerade die Nacht nur imstande ist, uns ganz in Erinnerungen zu tauchen. Jetzt zum Beispiel erinnere ich mich an dieses. [Man könnte es in dieser Art erzählen *[:]*] ˙Einmal saß ich˙ [Auf] auf einer Bank am Ufer eines Flusses [saß] am Abend [ein junger Mann] in verrenkter Haltung. [Er] ˙Ich˙ sah, den Kopf auf den Arm gelegt, der auf der hölzernen Lehne der Bank auflag, die wolkenhaften Berge des andern Ufers und hörte eine zarte Geige, die jemand im Strandhotel spielte. Auf beiden Ufern fuhren hin und wieder schiebende Züge mit erglänzendem Rauch. [Dieser junge Mann] – So redete ich und suchte krampfhaft hinter den Worten Liebesgeschichten mit merkwürdigen Lagen zu erfinden; auch ein wenig Roheit und feste Nothzucht brauchte nicht zu fehlen.« (BK 24/26)

Die Korrekturschicht schreibt dem Ich des Textes zu, was zunächst als Geschichte eines Dritten aufgeschrieben war. Aber das Gestrichene kehrt als fremde Stimme wieder. So wird aus einem Ereignis der Schrift ein Stimmphänomen. In dieser Verwechslung, die aus der Übertragung des Korrespondenzverhältnisses zwischen Max Brod und Franz Kafka in den Redekampf zwischen dem Ich-Erzähler und seinem Bekannten folgt, hat das Scheitern der *Beschreibung eines Kampfes* seinen Grund. Denn der Versuch, das Geschriebene durch die Präsenz einer Stimme zu beglaubigen, es als Gesprochenes zu fingieren, löst die Wörter von den Sprechern ab, wie man es vor allem an der ersten, aber auch noch an der zweiten Fassung der *Beschreibung eines Kampfes* sehen kann. Eine Rede, die sich nur durch die Stimme dessen, der spricht, – also im buchstäblichen Sinne – bestimmt, verliert sich in der Schrift. Zwar gibt es Texte, die – wie etwa Tiecks *Blonder Ekbert* – virtuos mit solchen Effekten spielen, bei Kafka aber kehrt sich das Unheimliche, das aus der Vertauschung verschiedener Redesubjekte resultiert, gegen den Schreibenden selber.

So vermag zwar die Wortgruppe »Mädchen in einem schönen weißen Kleid« (BK 36), die der Autor seinem Brief an den Freund entnimmt, zunächst die Position des Erzählers zu festigen, indem sie, um ein Wort aus der zweiten Fassung des Textes zu gebrauchen, das nicht zufällig in diesen Kontext paßt, nicht nur »fest wie«, sondern fester als »ein Denkmal steht« (BK 91), aber dieser Standpunkt hält nur einen Augenblick. Schon im nächsten Abschnitt entfernt sich der Erzähler von dem Mädchen im weißen Kleid, und als er es festzuhalten sucht, indem er die Worte »weißes Kleid, weißes Kleid« »angestrengt und unaufhörlich« wiederholt (BK 40), werden sie von den Reden des anderen verdrängt. Nicht einmal die pure Wiederholung, die Entsprechung des Abschreibens auf der Ebene der gesprochenen Sprache, gibt der Rede und dem, der sie äußert, Festigkeit. Deshalb verschwindet mit den Worten »weißes Kleid« nicht nur ihr Signifikat, das Mädchen selbst, sondern auch ein Teil von dem Erzähler selber. Denn die Gasse, in der das Mädchen verschwindet, ist eben die Gasse, in die er selbst zuvor geflüchtet war.[7] Die Worte lösen sich so weit vom Subjekt der Rede ab, daß das angestrengt und unaufhörlich wiederholte Zeichen erst auf die Geliebte des anderen übertragen werden[8] und dann eine ganz andere Frau in einer ganz anderen Geschichte, nämlich in der »Geschichte des Beters« meinen kann:

> Die Hausfrau reichte mir Schaumgebäck auf einem silbernen Teller und ein Mädchen in ganz weißem Kleid steckte es mir in den Mund. (BK 104)

So beschreibt der Text buchstäblich den Prozeß, durch den die eigene Geschichte zur Geschichte eines andern wird. Es ist der Prozeß, bei dem – wie in der oben zitierten Passage aus der *Beschreibung eines Kampfes* oder wie am Anfang von Kafkas *Schloß*[9] – durch nachträgliche Korrekturen am Text aus einer Erzählung in der ersten Person eine Erzählung in der dritten Person entsteht. Auch das Motiv vom Mädchen im weißen Kleid geht dabei nicht verloren. Es kehrt ins Gegenteil gewendet wieder:

> In den nächsten Tagen blieb er aus, aber mein Mädchen kam, [...]. Sie

war in dem schwarzen Kleide, welches auf den Schultern durchsichtige Spitzen hatte, – der Halbmond des Hemdrandes lag unter ihnen – von deren unterem Rande die Seide in einem wohlgeschnittenem Kragen niederhieng. (BK 78/80)

Die beiden Kleider entsprechen sich nicht auf der Ebene der Vorstellungsinhalte, sondern auf der der Signifikanten. Sie stehen in sprachlicher Opposition.

Selbst der Schmerz beginnt mit den Signifikanten zu flottieren:

»Sie haben sich weh gethan, nicht? Es ist Glatteis und man muß vorsichtig sein – der Kopf schmerzt sie? Nein? ach das Knie, so« Er sprach in einem singenden Ton, als ob er eine Geschichte erzähle und eine sehr angenehme Geschichte überdies von einem sehr entfernten Schmerz in einem Knie. (BK 34)

Später aber heißt es:

Da fiel mein Bekannter, und als ich ihn untersuchte fand ich, daß er am Knie schwer verwundet war. (BK 46)

Schließlich erzählt der Beter:

gerade verbeugte ich mich [. . .] als ich mit Unwillen bemerkte, daß sich mir der rechte Oberschenkel aus dem Gelenk gekugelt hatte. Auch die Kniescheibe hatte sich ein wenig gelockert. (BK 96)

Die leitmotivische Wiederholung bestimmter fester Formeln durchkreuzt die scheinbar so klare – mit Max Brods Worten – an »Deutsche Hausarbeit« (BK 156) erinnernde Gliederung der ersten Fassung der *Beschreibung eines Kampfes*. Die Wörter beginnen zu flottieren, und die Redeinstanzen, denen sie zugeschrieben werden, tauschen sich gegeneinander aus. Daher die plötzlichen Umschläge und Verwechslungen, bei denen einmal der eine und dann wieder der andere der beiden Redepartner die Oberhand behält. Daher auch die Multiplikation der Redeinstanzen, die keineswegs die Funktion erfüllt, »die begrenzte Sicht des Einzelnen zugleich zu relativieren und zu ergänzen«[10], wie es einer Lektüre scheint, die dem Text eine größere Klarheit zuschreibt, als er in der Tat enthält. Denn diese Vervielfältigung erweitert nicht den Blick, sie verdoppelt nur das Vorgegebene, ist Abschrift und Umschrift dessen, was schon geschrieben war.

Was sich zwischen dem Dicken und dem Beter abspielt, ist nur die Wiederholung dessen, was zwischen dem Ich-Erzähler und seinem Bekannten geschieht. Das Alternieren zwischen männlichem und weiblichem Objekt – entweder das Mädchen oder der Beter – entspricht dem Schwanken des Bekannten zwischen den Küssen, die er von zwei Mädchen erhält, und seinem Gespräch mit dem Erzähler. Und die Umgebung, in der die Geschichte des Beters spielt, gleicht dem Milieu, in dem der Text beginnt. Auch in der Gestalt des Betrunkenen schließlich kehrt der Erzähler wieder, der von sich sagt:

> Ich sprang durch die Gassen
> wie ein betrunkener Läufer
> stampfend durch die Luft (BK 38)

In der Gestalt des Dicken, die ebenso wie das Mädchen im weißen Kleid einem Einfall des Ich-Erzählers entspringt[11], tritt diesem ein alter ego gegenüber. Denn der Dicke mit dem gelben Schädel (BK 60) ist das ideale Gegenbild zu der »Stange in baumelnder Bewegung« (BK 22), als welche der ebenfalls durch einen gelbhäutigen Schädel charakterisierte Erzähler beschrieben wird. Wenn die Begegnung mit dem Dicken zudem in einer Landschaft mit Bergen, Fluß und Wolken spielt, dann wird klar, wovon die Rede ist, nämlich von der Landschaft, die zu der Liebesgeschichte des Erzählers vom Anfang des Textes gehört. Deshalb kehrt das Thema der Liebe mit der Gestalt des Dicken wieder. Und deshalb gibt es nicht nur eine Opposition zwischen dem Dicken und dem stangenhaft dünnen Erzähler, sondern auch zwischen den Mädchen, die sie lieben.

So massig die Erscheinung des Dicken ist, sie hat doch nur die Konsistenz einer Spiegelung, ist Erscheinung im buchstäblichen Sinn. Und so ist er das wahre Gegenstück zu jener Stimme, die das Ich im Schlaf mit dem Echo seiner eigenen Rede überfällt:

> Er fuhr auf der Spiegelung der Regenwolke hin. [. . .] Eine kleine Möwe mit gestreckten Flügeln flog durch seinen Bauch, ohne daß ihre Schnelligkeit vermindert wurde. (BK 66/68)

Weil der Dicke in der Tat nur eine Verdopplung des Erzählers ist, kann dieser bei der Umarbeitung von der ersten Fassung des Textes zur zweiten durch eine einfache Auslassung an seine Stelle treten, wobei der Erzähler den Schwenk vom Gespräch mit dem Bekannten zum Gespräch mit dem Beter jetzt nicht mehr über einen Einfall, sondern über eine Kindheitserinnerung vollzieht. (BK 53-77)

Nicht größerer Überblick also oder objektive Gestaltung, sondern immer neue Variationen ein und derselben Grundstruktur, ein zwischen Liebe und Haß schwankender Redekampf im Rahmen wie in den Binnenerzählungen. Darum die plötzlichen Umschläge, das Überspringen der Signifikanten vom einen auf den anderen, der plötzliche Rollentausch der immer neu zu Paaren gruppierten Kombattanten.

Drei Momente sind es, die dieses Rede- und Spiegelgefecht determinieren: 1. die Namenlosigkeit und das heißt die geheime Identität der Kämpfenden, 2. die Exklusion der Frau, 3. das Übergewicht von Blick und Stimme über das Wort.

So wird einmal im Fall der Stimme, die der Erzähler im Traum vernimmt, die Bedeutung des Gesagten von der Intonation überdeckt (BK 52), und ein andermal wird der Sinn der Rede durch litaneiartige Wiederholung zersetzt (BK 62). Auch das Tun des Beters ist kein Sprechen mit Gott, sondern ein Schauspiel, das statt um das Gehör Gottes um Anerkennung durch die Menschen ringt:

> Also ärgert euch nicht, wenn ich sage, daß es der Zweck meines Betens ist von den Leuten angeschaut zu werden. (BK 86)

Wie sich das Subjekt des Briefes an Max Brod zunächst in die Gestalt des Erzählers und dann in die des Beters versetzt, so stellt sich der Autor des Textes in der Gestalt des Beters sein eigenes Begehren in der Umkehrung gegenüber. Denn wenn es der Zweck dieses nicht durch einen bestimmten Wortlaut, sondern durch exzessives Gebärdenspiel ausgezeichneten Betens ist, angeschaut zu werden oder, wie es in der zweiten Fassung heißt, sich »von diesen Blicken für eine kleine Stunde festhämmern zu lassen« (BK 87/89), dann ist dies das genaue Gegenteil dessen, was ein für den literarischen Markt produzierender Autor wollen kann. Denn in der Literatur gelten nicht die Gebärden und das Angeschautwerden, sondern die geschriebenen Worte und das Gelesenwerden. Daher kommt der Text eben an dieser Stelle, wo er noch einmal die Präsenz und den Zauber des Blicks gegen die Kraft des Wortes beschwört, auf die Sprache zu sprechen, und zwar einmal unter dem Aspekt der Metaphorik und zum andern unter dem Aspekt der Kommunikation: in der Passage von der Seekrankheit auf festem Lande einerseits und in der schon im Brief an Max Brod enthaltenen Passage über das Gespräch der Mutter mit der Frau im Garten anderseits:

»Was sagtet ihr da« rief ich viel zu laut für den niedrigen Gang, aber ich fürchtete mich dann, die Stimme zu schwächen »wirklich, was sagtet ihr da. Ja, ich ahne schon, ja ich ahnte es schon, seit ich euch zum erstenmal sah, in welchem Zustande ihr seid. Ich habe Erfahrung und es ist nicht scherzend gemeint, wenn ich sage, daß es eine Seekrankheit auf festem Lande ist. Deren Wesen ist so, daß ihr den wahrhaftigen Namen der Dinge vergessen habt und über sie jetzt in einer Eile zufällige Namen schüttet. Nur schnell, nur schnell! Aber kaum seid ihr von ihnen weggelaufen, habt ihr wieder ihre Namen vergessen. Die Pappel in den Feldern, die ihr den »Thurm von Babel« genannt habt, denn ihr wußtet nicht oder wolltet nicht wissen, daß es eine Pappel war, schaukelt wieder namenlos und ihr müßt sie nennen »Noah, wie er betrunken war« (BK 88)

Aus dem Gespräch über diese Passage entwickelt sich der folgende Dialog:

Immer, lieber Herr habe ich eine so quälende Lust, die Dinge so zu sehn, wie sie sich geben mögen, ehe sie sich mir zeigen. Sie sind da wohl schön und ruhig. Es muß so sein, denn ich höre oft Leute in dieser Weise von ihnen reden.
Da ich schwieg und nur durch unwillkürliche Zuckungen in meinem Gesichte zeigte, wie unbehaglich mir war, fragte er: »Sie glauben nicht daran, daß die Leute so reden?«
Ich glaubte nicken zu müssen, konnte es aber nicht.
Wirklich, sie glauben nicht daran? Ach, hören sie doch; als ich als Kind einmal nach einem kurzen Nachmittagsschlaf die Augen öffnete hörte ich noch ganz im Schlaf befangen meine Mutter in natürlichem Ton vom Balkon hinunterfragen: »Was machen sie meine Liebe. Es ist so heiß« Eine Frau antwortete aus dem Garten: »Ich jause im Grünen.« Sie sagten es ohne Nachdenken und nicht allzu deutlich, als müßte es jeder erwartet haben. (BK 90)

Das Nacheinander der beiden Texte erweist sie als einander zugehörig, auch wenn es unvermittelt ist. Was sie verbindet und zugleich voneinander trennt, ist der Unterschied zwischen dem Fluch des Vaters und der Rede der Mutter. Zwar wird der Name des Vaters in der Rede des Dicken nicht genannt, aber er verbirgt sich eben da, wo der Text auf der Austauschbarkeit der Worte insistiert. Denn hinter dem Anschein von Beliebigkeit, den das Alternieren der Metaphern »Thurm zu Babel« und »Noah, wie er betrunken war« suggeriert, verbirgt sich ein präziser Sinn. Das Gemeinsame der beiden Bilder ist eine versteckte Anspielung auf den väterlichen Fluch, der eine Gemeinschaft von Brüdern sprengt. Dieser Fluch zerstört in der Geschichte vom Turmbau zu Babel das gemeinsame Werk, das den einen Namen aller garantieren sollte, und er verbietet in der Geschichte von Noahs Trunkenheit den Blick auf den gemeinsamen Ursprung, die Blöße des Vaters, indem er den einen Sohn, der sich dieses Verbot nicht selber auferlegt, von seinem Angesicht verbannt. Wenn der väterliche Fluch den wahren Namen der Dinge vergessen macht, lösen sich die Worte von den Sachen. Sie beginnen im Gespräch der entzweiten Brüder zu flottieren, wie es die *Beschreibung eines Kampfes* an den Wortgruppen »weißes Kleid« und »wolkenhafte Berge« demonstriert.

Die Seekrankheit auf festem Lande, von der der Dicke spricht, ist nichts anderes als der Verlust des einen Namens, der der Name Gottes ist. Daher haben die Worte des Beters keinen Halt an der Instanz Gottes, an den sie sich richten, sondern vielmehr an den Blicken der anderen, die sehen, daß da einer spricht. Das ist die genaue Entsprechung zum Dilemma des Abschreibers am Schluß des Textes: nicht das Was des Gesagten zählt, sondern einzig und allein das pure Daß, die Tatsache, daß einer spricht. Entscheidend ist nicht das Sagen, das heißt der distinktive Wert der Signifikanten, sondern das Sagen unter dem Blick der anderen, der Bezug des Körpers zur Sprache. Aus dieser Perversion des Sagens in ein Sichzeigen, das die Sprache in ihrer Funktion, als Mord an der Sache Beschwörung des Abwesenden zu sein, ins Schwanken bringt, entspringt die Sehnsucht nach einem paradiesischen Zustand vor der Differenz der Blicke, in dem die Dinge, statt sich zu zeigen, da sind in abstandsloser Präsenz:

> Immer, lieber Herr, habe ich eine so quälende Lust, die Dinge so zu sehn, wie sie sich geben mögen, ehe sie sich mir zeigen. Sie sind da wohl schön und ruhig.

Aber auch dieser Stand der Dinge ist eine Art zu reden:

> Es muß so sein, denn ich höre oft Leute in dieser Weise von ihnen reden.

So vernimmt man die Dinge, bevor sie sich dem Sprechenden zeigen und bevor er sich zeigt, im stummen Hören auf die Stimme der anderen. Aber das ist nur die andere Seite dessen, was dem Beter widerfährt. Sprechen, um von den Leuten angeschaut zu werden, und Hören, ohne gesehen zu werden –: in beiden Fällen schließen Blick und Rede einander aus. Das Gebet meint nicht den Adressaten Gott, sondern den Blick der anderen auf den Körper des Beters: der Blick verschlingt die Rede; und im Hören auf die Rede der anderen bleibt der Körper des Hörers vom Blick der anderen verschont: das heißt die Rede ergeht ohne Blick. Blickloses Hören und erblicktes Reden sparen das Subjekt der Rede aus. Daher gewinnen die anonymen Gestalten keine Stabilität. Und daher spaltet sich die Rede auf in haltlos flottierende Metaphern einerseits und unerreichbar einfache Kommunikationsformen anderseits. Unterm Fluch des Vaters ist es unmöglich, die Dinge bei ihrem wahren Namen zu benennen, und die Sprache der Mutter kann man nicht sprechen. Das heißt: es ist unmöglich zu sprechen, es ist aber auch nicht möglich zu schreiben. Denomination und Kommunikation klaffen auseinander. Das ist die präzise Selbstdiagnose eines Textes, in dem die Hauptfiguren »noch keinen Namen« (BK 108) haben, sondern durch Beziehungen wie »ich«, »der Bekannte«, »der Dicke«, »der Beter« unterschieden sind, während Randfiguren wie das Dienstmädchen »Annerl« (BK 12) oder der Gewürzkrämer »Jerome Faroche« (BK 112) namentlich darin erscheinen. Namen und Beziehungen fallen auseinander, weil der Text, statt sich als Schrift und in der Schrift zu konstituieren, statt also Beschreibung im genauen Sinn des Wortes zu sein, auf fingierte Stimmen und Blicke baut. Nicht umsonst ist der Leser manchmal im Zweifel, ob das Personalpronomen »ich« für die Person des Dicken, des Beters oder auch des Ich-Erzählers einsteht.

Letzte Konsequenz dieser Seekrankheit auf festem Lande ist die Panik des Dicken bei der Entdeckung, daß man ihn nicht an seinen Worten, sondern an seiner Schrift erkennen könnte. Wahrheit konstituiert sich demnach nicht in Rede oder Schrift, sondern im sprachlosen Empfinden des Körpers. Deshalb endet die erste Fassung der *Beschreibung eines Kampfes* damit, daß einer der beiden Kämpfenden sich selbst verletzt: letzter zum Scheitern verurteilter Versuch, eine Wahrheit zu beglaubigen, die außerhalb der Sprache liegt.

Der Wunsch zu sprechen und die Angst, an den Zügen der eigenen Schrift erkannt zu werden, die in der eingangs zitierten

Passage über das Abschreiben unmittelbar aufeinander folgen, sind die zwei Seiten ein und derselben Sache. Die Schwierigkeit, sich als Subjekt der Rede zu konstituieren, resultiert daraus, daß es nicht gelungen ist, Sprache und Körper voneinander abzulösen. So findet das Subjekt einerseits keine Worte, die es sprechen könnte, und erschrickt anderseits über die Spur seines Körpers, die die Handschrift ist, in einem Text, den es nicht gesprochen, sondern nur geschrieben hat. Selbst in der Schrift ist es nicht gelungen, das Sprechen vom Blick der anderen zu trennen, selbst hier noch im Feld der Abschrift gibt es den Wunsch nach und die Angst vor dem Blick. So wird man kein Autor. Wenige Seiten später kommt der Text an ein Ende, bei dem man sich fragen kann, ob es ein Abschluß ist.

Angesichts der Tatsache, daß die Schwierigkeit zu sprechen, von der im Text die Rede ist, in Wahrheit eine Schwierigkeit zu schreiben ist, bekommt die Passage über das Erschrecken des Dicken beim Anblick seiner eigenen Schrift noch einen ganz anderen Sinn. Kurz vor dem Abbrechen des Textes sagt sie, wie weitergeschrieben werden könnte, auch wenn es nichts mehr zu sagen gibt. Es ist die Möglichkeit, die in den Wortwiederholungen der ersten Fassung schon erprobt und dann in der zweiten Fassung konsequent ergriffen wird: Ab- und Umschrift des schon Geschriebenen, zudem in einer anderen, nämlich nicht mehr in deutscher, sondern in lateinischer Schrift.

In dieser Abschrift ist die Geliebte des Ich-Erzählers nicht mehr durch ein weißes Kleid, sondern durch ein schwarzes Samtband charakterisiert. Damit fällt etwas zusammen, das der Text in seiner ersten Fassung auseinanderhält. Das schwarze Samtband nämlich ist das Zeichen für die Geliebte des anderen.[12] So reduziert die zweite Fassung zwar die Vielzahl der unter immer anderen Benennungen wiederkehrenden Redeinstanzen des Erzählers und seines Bekannten, dafür nimmt sie aber andere Identifikationen vor. Sie bringt den Erzähler in die Position des Bekannten, indem sie die Liebesobjekte beider identifiziert.

Eine solche Identifikation geschieht noch auf einer anderen Ebene. Wenn die erste Fassung der *Beschreibung eines Kampfes* mit dem Versuch des Bekannten endet, sich dem Kreis endloser Wiederholungen, in den der Erzähler mit einer neuen Auflage seiner Liebesgeschichte eben wieder eingetreten ist (BK 134), durch Selbstverstümmelung zu entziehen (BK 136), so nimmt die zweite Fassung eine ganz andere Wendung. Sie kehrt fast, aber eben nicht ganz an den Anfang des Textes zurück. Denn wenn es zu Beginn heißt, daß sich der Erzähler und sein Bekannter auf der Treppe als Gäste des gleichen Hauses kennengelernt haben (BK 10/11), dann führt der Text der zweiten Fassung ums Haar an diesen Punkt zurück, nämlich bis zur Schwelle eines Hauses, in das der Ich-Erzähler eingeladen ist (BK 125). Zwischen der Begegnung am Anfang und der Trennung am Schluß liegt wie die raumlose Fläche eines Spiegels die Schwelle eines Hauses. Nicht mehr und nicht weniger als die Differenz zwischen dem Anfang und dem Ende einer Schrift. Denn man braucht den Text nur wieder von vorne aufzuschlagen, ihn von neuem zu lesen oder – aus der Sicht des Autors – ihn von neuem ab- und umzuschreiben, damit die beiden wieder einander auf der Treppe als Gäste des gleichen Hauses begegnen.

So werden in der zweiten Fassung zwar die Redeinstanzen reduziert – der Ich-Erzähler nimmt nun selbst die Position des Dikken ein –, aber der Effekt der vielfältigen Spiegelungen wird der Bewegung des Textes selber eingeschrieben. Statt endloser Wiederholung und Verdoppelung nun ein fast bruchloses, nur durch die Schwelle eines Hauses unterbrochenes Kreisen des Textes in sich selbst. Wenn die erste Fassung nicht nur vom Abschreiben spricht, sondern gelegentlich selber nichts anderes als Abschrift des früher Geschriebenen ist, so werden in der zweiten Fassung alle diese bloß abschreibenden Wiederholungen eben deshalb getilgt, weil sie als Ganzes den Status einer Abschrift bekommt. Wenn sie sich am Ende ums Haar wieder in den Anfang zurückschlingt, dann bezeichnet dieses gebrochene Kreisen eben die Nähe und die unaufhebbare Differenz, die zwischen einer Schrift und ihrer Abschrift klafft.

Es ist dieselbe Grenze, die den Erzähler von seinem Bekannten, den Dicken von dem Beter und »ich« und »er« in der Liebesgeschichte des Erzählers voneinander trennt, die Grenze nämlich zwischen dem, der schreibt, und dem anderen Subjekt, das im Geschriebenen spricht, die Grenze zwischen dem Subjekt der Äußerung und dem Subjekt des Geäußerten, die Differenz zwischen Leben und Literatur.

Nur an wenigen Stellen löst sich die zweite Fassung wirklich von der ersten, da entstehen die beiden Texte *Kinder auf der Landstraße* und *Der Ausflug ins Gebirge*, die Kafka dann später in sein erstes Buch *Betrachtung* (1912) aufgenommen hat. Die beiden anderen Stücke aus der *Beschreibung eines Kampfes*, die in *Betrachtung* eingegangen sind, waren unter diesem Titel schon einmal, nämlich im Jahr 1908, zusammen mit sechs anderen Stükken in der Zeitschrift ›Hyperion‹ erschienen. Das eine, *Kleider*, das im Jahr 1910 noch einmal im Verein mit vier anderen Stücken unter dem Sammeltitel *Betrachtungen* in der Zeitschrift ›Bohemia‹ publiziert wurde, entstammt einer Partie des Textes, die bei der Umarbeitung zur zweiten Fassung ausgelassen wurde, und das andere, *Die Bäume*, wurde nicht in der überarbeiteten, sondern in der ersten, schon im ›Hyperion‹ gedruckten Fassung in Kafkas Buch *Betrachtung* übernommen. Die zweite Fassung des Textes hat für Kafka also nicht die Funktion, das einmal Geschriebene zu verbessern, sie bildet vielmehr eine Art Substrat, an dessen Rändern und Bruchstellen Anderes, Neues anschießen kann. So ist die *Beschreibung eines Kampfes* auch in dem Sinne Beschreibung, daß sie durch Beschriftung von Papier eine Situation zu schaffen sucht, in der geschrieben werden kann. Dieser Versuch muß scheitern, weil es dem Text nicht gelingt, die Worte von den Körpern abzulösen. Darum kommt das Schreiben dieser Beschreibung an kein Ende oder es schlägt in sich selbst zurück.

In den *Hochzeitsvorbereitungen auf dem Lande* gewinnt Kafka eine neue Perspektive. Anstelle der phantastischen Landschaften der *Beschreibung eines Kampfes*, die der Laune des Erzählers entspringen, tritt ein bemüht teilnahmsloser Blick. Aber dieser Blick wird nicht durchgehalten. Vielmehr kehrt die Grundkonstellation der *Beschreibung eines Kampfes*, nämlich der Dialog zweier Männer über die Liebe des einen zu einem Mädchen im Gespräch des Helden Eduard Raban mit seinem Freund Lement wieder. Beides folgt unvermittelt aufeinander: entweder das Geschehen rollt zusammenhanglos vor den Augen des Helden ab oder er wird in eine Situation verstrickt, die in die Rede- und Spiegelgefechte der *Beschreibung eines Kampfes* zurückzufallen droht. Nur weil er sich auf den Brief berufen kann, den er an seine Braut geschrieben hat (H 18), gelingt es dem Helden, sich den Freund buchstäblich vom Leib zu halten. Zugleich damit gewinnt er die fast realistisch zu nennende Perspektive zurück.

Aber auch das ist nur ein Übergang. Denn die nächste Begegnung, die so sehr gefürchtete Konfrontation mit der Braut, steht unmittelbar bevor. Selbst wenn man annimmt, daß Kafka diese

Szene noch beschrieben hat – nach dem Zeugnis von Max Brod bricht der von ihm als Fassung A bezeichnete Text mitten im Satz am Ende einer Seite ab (H 436) –, scheint es kein Zufall, daß sie nicht mehr überliefert ist. Denn im Verhältnis zur Braut gibt es keinen Brief mehr, auf den sich der Held berufen könnte. Die Exklusion der Frau, die das Gespräch mit dem Freund in der *Beschreibung eines Kampfes* möglich macht, ist nicht mehr durchzuhalten. Im Gegenteil, der Brief, durch den er sich dem Gespräch mit dem Freund entziehen konnte, bedeutet die restlose Auslieferung an die Braut. Und das Telegramm, das ihn widerrufen soll, bleibt ungeschrieben (H 18). So wird die Position, die sich der Held erschrieben, nämlich durch einen Brief erobert hat, immer wieder von der Leibhaftigkeit der Rede und der damit verbundenen Verstrickung ins Gegeneinander von Liebe und Haß eingeholt.

Die realistische Perspektive in den *Hochzeitsvorbereitungen* erweist sich also im Text selbst als Funktion der Schrift. Solange der Held sich als Verfasser und Absender von Briefen auf Braut und Freund bezieht, hat er den teilnahmslosen Blick. Er verliert ihn, sobald er seine Briefe im verkehrstechnischen Sinne überholt. Das aber geschieht mit allen Briefen, die er schreibt. Er trifft seinen Freund Lement, noch bevor dieser seinen »nachmittag«, also unmittelbar vor der Begegnung von Absender und Empfänger geschriebenen Brief erhalten hat.[13] Und der Brief, von dem er sagt, daß er ihn »heute« geschrieben habe und in dem er seiner Braut Betty mitteilen wollte, daß er »heute abend« ankommen wird, trifft, wie es später heißt, »erst morgen« bei ihr ein.[14] Bleibt als letzte Möglichkeit der Schrift anstelle des Gesprächs ein Telegramm. Aber das hieße nur die Rettung vor der Braut mit der Auslieferung an den Freund erkaufen, dem er – wie übrigens auch der Autor selbst – durch seinen Namen spiegelbildlich zugeordnet ist: Raban, Lement, Kafka – auch das ein Effekt der Schrift, durch den sich der Text der *Hochzeitsvorbereitungen auf dem Lande* von dem der *Beschreibung eines Kampfes* unterscheidet.[15]

Dieses prekäre Verhältnis zwischen Brief, Telegramm und wirklicher Begegnung entspricht sehr genau der Konstellation von Kafkas Briefen an Felice. Hier wie dort werden Briefe geschrieben, um das eigene Kommen, die leibhaftige Begegnung zu verzögern, werden Telegramme abgeschickt, die die schon abgesandten Briefe widerrufen sollen. Aber was dem Schreiber der

Briefe an Felice über weite Strecken gelingt, nämlich die Ferne zwischen Absender und Empfänger offen zu halten, das bleibt dem Helden der *Hochzeitsvorbereitungen* versagt. Er reist seinen Briefen nach, als wäre die Schrift – wie die Stimme mit der Rede – untrennbar mit seinem Körper verquickt.[16] Dazu paßt die Wunschvorstellung, in der er phantasiert, wie er im Bett liegenbleibt, während sein angekleideter Körper den Besuch bei Braut und Mutter an seiner Stelle absolviert:

> Und überdies kann ich es nicht machen, wie ich es immer als Kind bei gefährlichen Geschäften machte? Ich brauche nicht einmal selbst aufs Land zu fahren, das ist nicht nötig. Ich schicke meinen angekleideten Körper. Wankt er zur Tür meines Zimmers hinaus, so zeigt das Wanken nicht Furcht, sondern seine Nichtigkeit. Es ist auch nicht Aufregung, wenn er über die Treppe stolpert, wenn er schluchzend aufs Land fährt und weinend dort sein Nachtmahl ißt. Denn ich, ich liege inzwischen in meinem Bett, glatt zugedeckt mit gelbbrauner Decke, ausgesetzt der Luft, die durch das wenig geöffnete Zimmer weht. Die Wagen und Leute auf der Gasse fahren und gehen zögernd auf blankem Boden, denn ich träume noch. Kutscher und Spaziergänger sind schüchtern und jeden Schritt, den sie vorwärts wollen, erbitten sie von mir, indem sie mich ansehn. Ich ermuntere sie, sie finden kein Hindernis.
> Ich habe, wie ich im Bett liege, die Gestalt eines großen Käfers, eines Hirschkäfers oder eines Maikäfers, glaube ich.
> [...]
> Eines Käfers große Gestalt, ja. Ich stellte es dann so an, als handle es sich um einen Winterschlaf, und ich preßte meine Beinchen an meinen gebauchten Leib. Und ich lisple eine kleine Zahl Worte, das sind Anordnungen an meinen traurigen Körper, der knapp bei mir steht und gebeugt ist. Bald bin ich fertig – er verbeugt sich, er geht flüchtig und alles wird er aufs beste vollführen, während ich ruhe. (H 11 f.)

So kehren die Allmachtsphantasien des Erzählers aus der *Beschreibung eines Kampfes* noch einmal in den *Hochzeitsvorbereitungen auf dem Lande* wieder. Im Bett als Käfer liegenbleiben und den angekleideten Körper hinausschicken – wenn es möglich wäre, Briefe als einen Teil des Körpers zu begreifen, wäre dieser Wunsch erfüllbar. Aber der zeichenlose Leib des Käfers holt den durch Kleider bezeichneten Körper in eben dem Moment ein, in dem Eduard Raban die vorausgeschickten Briefe überholt. Sobald der Körper sich auf Reisen macht, setzt er die Briefe außer Kraft. Vor dem Zauber von Blick und Stimme versagt die Macht der Schrift.

Darum versucht Kafka in der nach Brods Angaben zweiten Fassung der *Hochzeitsvorbereitungen auf dem Lande*, die Funktion der Schrift noch unter einem anderen Aspekt in den Text einzuführen, nämlich unter dem Aspekt des Lesens in den Überlegungen Eduard Rabans über das Verhältnis von Leser und Buch. Dabei kehrt die Vorstellung von der Differenz zwischen Schrift und Körper, die die Metapher vom im Bett liegenden Käferleib und weggeschicktem angekleideten Körper signalisiert, in einem anderen Bild wieder:

> Bücher sind nützlich in jedem Sinn und ganz besonders, wo man es nicht erwarten sollte. Denn wenn man eine Unternehmung vorhat, so sind gerade die Bücher, deren Inhalt mit der Unternehmung gar nichts Gemeinschaftliches hat, die nützlichsten. Denn der Leser, der doch jene Unternehmung beabsichtigt, also irgendwie (und wenn förmlich auch nur die Wirkung des Buches bis zu jener Hitze dringen kann) erhitzt ist, wird durch das Buch zu lauter Gedanken gereizt, die seine Unternehmung betreffen. Da nun aber der Inhalt des Buches ein ganz gleichgültiger ist, wird der Leser in jenen Gedanken gar nicht gehindert und er zieht mit ihnen mitten durch das Buch, wie einmal die Juden durch das Rote Meer, möchte ich sagen. (H 37)

Das ist nicht nur das genaue Gegenteil dessen, was sich ein Autor wünschen kann, sondern auch das Gegenteil dessen, was sich Kafka selber von Büchern erhoffte.

> Manches Buch wirkt wie ein Schlüssel zu fremden Sälen des eigenen Schlosses (Br 20)

heißt es schon in einem Brief aus dem Jahr 1903 an den Jugendfreund Oskar Pollak. Und später im letzten Brief an diesen Freund:

> Ich glaube, man sollte überhaupt nur solche Bücher lesen, die einen beißen und stechen. Wenn das Buch, das wir lesen, uns nicht mit einem Faustschlag auf den Schädel weckt, wozu lesen wir dann das Buch? Damit es uns glücklich macht, wie Du schreibst? Mein Gott, glücklich wären wir eben auch, wenn wir keine Bücher hätten, und solche Bücher, die uns glücklich machen, könnten wir zur Not selber schreiben. Wir brauchen aber die Bücher, die auf uns wirken wie ein Unglück, das uns sehr schmerzt, wie der Tod eines, den wir lieber hatten als uns, wie wenn wir in Wälder verstoßen würden, von allen Menschen weg, wie ein Selbstmord, ein Buch muß die Axt sein für das gefrorene Meer in uns. Das glaube ich. (Br 27 f.)

So geht das Schreiben zwar als Thema in die *Hochzeitsvorbereitungen auf dem Lande* ein, aber seine Funktion wird im Text selber widerrufen: an die Stelle von Briefen tritt das Gespräch, und die Gedanken des Lesers verdrängen, was im Buche steht. Deshalb vermag auch dieser Text die Macht von Blick und Stimme nicht zu brechen, und deshalb bleibt es auch ihm versagt, die Begegnung von Braut und Bräutigam zu beschreiben.

Die Beschreibung dieses Kampfes gelingt erst nach dem 20. September 1912, dem Tag, an dem das Drama von Kafkas Briefwechsel mit Felice beginnt. Damit ist eine Situation geschaffen, in der die Phantasie vom angekleideten Körper, der abgeschickt wird, während der Leib zu Hause im Bett liegenbleibt, auf eben die Weise eingelöst werden kann, die Eduard Raban in den *Hochzeitsvorbereitungen auf dem Lande* verfehlt, nämlich dadurch, daß man Briefe schreibt, ohne ihnen nachzureisen. Es ist die Situation geschaffen, in der Kafka schreiben kann:

> *Nur so* kann geschrieben werden, nur in einem solchen Zusammenhang, mit solcher vollständigen Öffnung des Leibes und der Seele. (T 294, Eintrag vom 23. September 1912)

Es ist die Situation, in der sich die Probleme lösen, an denen das Schreiben von Texten wie *Beschreibung eines Kampfes* und *Hochzeitsvorbereitungen auf dem Lande* gescheitert war. So die Frage danach, wie es möglich ist, das Geschriebene vom Körper abzuspalten. Während der Dicke in der *Beschreibung eines Kampfes* sich nicht von einem Text zu distanzieren vermag, den er nicht einmal selber formuliert, sondern nur abgeschrieben hat, konstatiert der erste Brief an Felice in einem übermütigen und fast ein wenig kindischen Scherz die Differenz zwischen dem Geschriebenen und dem, der schreibt:

> Eines muß ich nur eingestehen, so schlecht es an sich klingt und so schlecht es überdies zum Vorigen paßt: Ich bin ein unpünktlicher Briefschreiber. Ja es wäre noch ärger, als es ist, wenn ich nicht die Schreibmaschine hätte; denn wenn auch einmal meine Launen zu einem Brief nicht hinreichen sollten, so sind schließlich die Fingerspitzen zum Schreiben immer noch da. (F 43)

Eine andere Technik zu schreiben – Kafka kannte sie aus seiner Arbeit im Büro[17] – verspricht die Lösung des Körpers von der Schrift. Zwar hat Kafka seine Texte weiterhin zunächst handschriftlich fixiert, aber selbst da, wo er – wie meist – diese erste

Fassung bei der Publikation nur geringfügig veränderte, hat er zwischen den handschriftlichen Entwurf und den publizierten Text Abschriften mit der Schreibmaschine eingeschoben, die er, wie es im Fall der Erzählung *Die Verwandlung* bezeugt ist (Br 114), nicht selber angefertigt hat. Eben dies aber, daß jemand für einen anderen Manuskripte abschreiben könnte, hatte Kafka bei seiner ersten Begegnung mit Felice Bauer im Haus der Eltern seines Freundes Max Brod so verblüfft:

> Dafür aber erinnere ich mich noch an etwas aus dem andern Zimmer, über das ich so staunte, daß ich auf den Tisch schlug. Sie sagten nämlich, Abschreiben von Manuskripten mache Ihnen Vergnügen, Sie schrieben auch in Berlin Manuskripte ab für irgendeinen Herrn (verdammter Klang dieses Wortes, wenn kein Name und keine Erklärung dabei ist!) und Sie baten Max, Ihnen Manuskripte zu schicken. (F 58)

Diese Äußerung bleibt signifikant, auch wenn alles dafür spricht, daß Kafka seine Manuskripte dann doch nicht von der Geliebten abschreiben ließ. Sie macht klar, warum Kafka seinen ersten Brief an die Geliebte selbst mit der Maschine schreibt, was keineswegs seine Gewohnheit war. Schon im zweiten Brief kehrt er zur Handschrift zurück. (F 44) Im ersten Brief aber drückt er durch Identifikation mit der Geliebten aus, was ihn an ihr fasziniert, nämlich daß sie auf der Maschine schreiben kann. So bekommt die gelernte Steno- und Daktylographin Felice Bauer ihren Platz in der neugeschaffenen Schreibsituation. Ihre Ferne, die zum Schreiben nötigt, steht ebenso wie ihre Fertigkeit im Maschineschreiben dafür ein, daß eine Differenz zwischen Schrift und Körper, Abschrift und Urschrift besteht.

Wie zur Bestätigung dessen, daß eine solche Differenz wirksam ist, hat Kafka seinen Scherz über das Schreiben mit der Maschine noch einmal abgeschrieben:

> Meine lieben Glücklichen!
> Ich mache mir die allerdings sehr nervöse Freude, euch mitten in den Bürostunden zu schreiben. Ich würde es nicht tun, wenn ich noch Briefe ohne Schreibmaschine schreiben könnte. Aber dieses Vergnügen ist zu groß. Reicht einmal und meistens die Laune nicht ganz aus, die Fingerspitzen sind immer da. Ich muß annehmen, daß euch das sehr interessiert, weil ich euch das so in Eile schreibe. (Br 104)

So steht es in dem ebenfalls auf den 20. September 1912 datierten Brief, der sich – vermutlich unmittelbar nach dem Brief an Felice an die auf einer Italienreise befindlichen Freunde Max Brod und Felix Weltsch geschrieben – wie ein geheimer, weil nur dem Absender bekannter Kommentar zur Schreibsituation des ersten Briefes an die Geliebte liest. Kafkas Schreiben beginnt in dem Moment, in dem er das Maschineschreiben als neueste Technik des Schreibens zwischen Handschrift und gedrucktem Buch einschiebt und in dem er aus der Liebe, statt ihr zu leben, einen Briefwechsel macht.[18]

Es ist daher kein Zufall, daß das Gespräch zwischen Braut und Bräutigam in der zwei Tage nach dem ersten Brief an Felice entstandenen Erzählung *Das Urteil* im Zeichen eines Briefes steht. Dieser Brief an den Freund verleiht dem Helden nicht nur die Kraft, sich von seiner Braut abzugrenzen, was zugleich für den Autor des Textes heißt: die Begegnung von Braut und Bräutigam zu beschreiben, der Brief ist auch das Apotropaion, das Georg Bendemann der mythischen Macht des Vaters entgegenhält. Erst als es dem Vater gelungen ist, diesen Brief durch die Behauptung zu entwerten, daß ihm andere, vom Vater geschriebene Briefe zuvorgekommen seien, verfällt Georg dem Urteil des Vaters. Es ist die Gegenprobe auf das Unternehmen, das Franz Kafka zwei Tage vor der Niederschrift des *Urteils* eingeleitet hat. Am Fall des fiktiven Briefwechsels mit dem Freund wird durchgespielt, was das Scheitern des zunächst sorgfältig vor der Familie geheimgehaltenen und über die Büroadresse eingeleiteten Briefwechsels mit der Geliebten in Berlin bedeuten würde: das Scheitern der eben erst durch den Brief an Felice hergestellten Existenz. Daher ähneln die Briefe, von denen im *Urteil* die Rede ist, nicht dem Brief an die Geliebte, sondern dem am gleichen Tag geschriebenen Brief an den Freund. Denn wenn Georg Bendemann seinem Freund bisher die Beziehung zu seiner Braut verschwiegen und ihm stattdessen mehrmals die Verlobung »eines gleichgültigen Menschen mit einem ebenso gleichgültigen Mädchen« (E 56) angezeigt hat, so hat das seine genaue Entsprechung in dem an Max Brod und kelix Weltsch adressierten, aber doch wohl vor allem für den engeren Freund Max Brod bestimmten Brief. Darin wird das Eigentliche, die Aufnahme des Briefkontakts mit Brods Verwandter Felice Bauer (F 43, Anm. 1) verschwiegen und stattdessen die Verlobung eines anderen, nämlich die Verlobung von Kafkas Schwester Valli mitgeteilt. (Br 105)

So verkehrt sich im fiktiven Text die lebensgeschichtliche Situation, der seine Niederschrift entspringt. An die Stelle der in der Ferne lebenden Geliebten tritt ein ferner Freund – der wirkliche Freund Max Brod war ja zur Zeit der Niederschrift des *Urteils* nur für die Dauer einer kurzen Reise abwesend; und an die Stelle des zunächst vor der Familie geheimgehaltenen Briefwechsels mit Felice tritt ein geheimer Briefwechsel des Vaters mit dem Freund. Was im fiktiven Text der Untergang des Helden ist, das ist in der umgekehrten privaten Situation eben das, was Leben überhaupt erst möglich macht, ein Leben nämlich, das Schreiben heißt.

Erst in dieser Schreibsituation bilden sich aus den Themen und Gestalten von Kafkas Frühwerk Konstellationen, die beschrieben werden können. Der Freund und die Geliebte schließen immer noch einander aus, aber sie bekommen jetzt die Stabilität, die in den frühen Texten immer wieder verloren geht, und auch die Instanz des Vaters, weit entfernt davon, erst im *Urteil* als Thema entdeckt zu werden – das war schon längst in dem im Tagebuch überlieferten Fragment *Die städtische Welt* (T 45-52) geschehen –, besetzt erst in bezug auf die Schrift die Schlüsselposition, die er im *Urteil* hat. Erst der Brief, der von keinem Körper eingeholt wird, schafft die Konstellation von vier einander ausschließenden Polen, die das *Urteil* strukturiert: der Freund, die Geliebte, der Vater, das Geschäft.

Diese Viererkonstellation bestimmt auch die Struktur der beiden anderen Texte, die aus der von dem Beginn des Briefwechsels mit Felice ausgelösten fruchtbaren Phase von Kafkas Schreiben hervorgingen, nämlich die Erzählung *Der Heizer*, die wenige Tage nach der Niederschrift des *Urteils* entstand[19], und *Die Verwandlung*, die zwischen dem 17. November und dem 7. Dezember des Jahres 1912 niedergeschrieben wurde. Wenn im *Urteil* der Freund in der Ferne und die Braut in der Nähe war, so verkehrt sich das im Heizer. Bevor Karl Roßmann und der Heizer aus dem Kapitänsbüro ausgeschlossen werden können, um fern von der Gesellschaft wie der Erzähler und sein Bekannter in der *Beschreibung eines Kampfes* in ihrer Freundschaft zu versinken, kommt der von dem Dienstmädchen Johanna Brummer an den Onkel geschriebene Brief ins Spiel. Wieder ist es die Schrift, die in eine Beziehung zwischen zweien die Differenz einführt und sie damit aus endlosem In-sich-selber-Kreisen ins Feld politischer und familiärer Macht einbindet. Der Freund, die Geliebte, der Onkel, das Kapitänsbüro – so kehren die vier Pole, die das *Urteil* strukturieren, in einer anderen Konstellation wieder, und man versteht, warum Kafka im Manuskript des *Heizers* gelegentlich Georg statt Karl geschrieben hat.[20]

*Die Verwandlung* schließlich schmilzt einzelne Motive aus den *Hochzeitsvorbereitungen auf dem Lande* in eine zusammenhängende Erzählung ein. Nicht nur die Phantasie von der Verwandlung des Helden in ein Ungeziefer, sondern auch das Motiv des Reisens stammt aus diesem Text, allerdings mit dem Unterschied, daß in der *Verwandlung* eben keine Reise mehr angetreten wird. Das trennt den Helden Gregor Samsa nicht nur von seinen Berufskollegen, den beiden Geschäftsreisenden, denen Eduard Raban in der Eisenbahn begegnet, sondern auch von dem Autor des Textes, der zu seinem großen Ärger bei der Niederschrift der Erzählung durch eine Geschäftsreise unterbrochen wurde (F 125). Daß zwischen dem Zuhausebleiben des Geschäftsreisenden Gregor Samsa und dem Schreiben von Briefen ein Zusammenhang besteht, wird am Schluß des Textes klar, als Vater, Mutter und Schwester eben das erreichen, was Gregor nur erzwingen konnte, indem er sich in ein ungeheures Ungeziefer verwandelte:

> Sie beschlossen, den heutigen Tag zum Ausruhen und Spazierengehen zu verwenden; sie hatten diese Arbeitsunterbrechung nicht nur verdient, sie brauchten sie sogar unbedingt. Und so setzten sie sich zum Tisch und schrieben drei Entschuldigungsbriefe, Herr Samsa an seine Direktion, Frau Samsa an ihren Auftraggeber und Grete an ihren Prinzipal. (E 140)

So erweist sich die Situation des in seinem Zimmer eingeschlossenen und von der Familie gleichzeitig neugierig beobachteten und ausgeschlossenen Ungeziefers als die Situation dessen, dem gelungen ist, was in den *Hochzeitsvorbereitungen auf dem Lande* mißlang, nämlich einen Teil seiner selbst – den angekleideten Körper in den *Hochzeitsvorbereitungen*, der in der Situation des Autors Franz Kafka zum beschriebenen Papier der Briefe geworden ist – wegzuschicken, selber aber mit dem Leib eines Käfers oder Ungeziefers in der Wohnung der Eltern zu bleiben. Die Grenze, die Gregor Samsa in seinem Zimmer ein- und von seiner Familie ausschließt, wird gezogen durch das Schreiben von Briefen und Literatur, nur daß jetzt, nachdem der Briefwechsel mit Felice schon die ersten Peripetien durchlaufen hat, klar wird, daß die durch ihn gewonnene Schreibsituation nicht so sehr das Leben, wie es zunächst im *Urteil* und im *Heizer* schien, als vielmehr ein Überleben im Sinne des Abschieds vom Leben ist, eine langsame Verwandlung in beschriebenes Papier:

> Tatsächlich war Gregors Körper vollständig flach und trocken, man erkannte das eigentlich erst jetzt, da er nicht mehr von seinem Beinchen gehoben war und auch sonst nichts den Blick ablenkte. (E 138)

Daß auch die Beschreibung der sprachlosen Existenz Gregor Samsas sich aus der Korrespondenz des Franz Kafka herschreibt, macht eine Fehlleistung deutlich, wie sie sich wohl nur einmal in Kafkas Manuskripten findet. Bevor die Tür von Gregors Zimmer sich zum letzten Mal hinter ihm schließt, heißt es von ihm:

> Sein letzter Blick streifte die Mutter, die nun völlig eingeschlafen war. (E 136)

Das Wort »Blick« ist nachträglich über einem gestrichenen Wort eingefügt. Kafka hatte zunächst geschrieben:

> Sein letzter Brief streifte die Mutter [. . .][21]

Diese Verschreibung wird begreiflich, wenn man die Rolle der Mutter im Briefwechsel mit Felice bedenkt. Julie Kafka hatte wenige Tage vor dem Beginn der Niederschrift der *Verwandlung* einen der Briefe von Felice an ihren Sohn in dessen Jackentasche gefunden, ihn heimlich gelesen und war nicht einmal davor zurückgeschreckt, hinter dem Rücken ihres Sohnes an dessen Geliebte zu schreiben, um ihn auch von dieser Seite dem familiären Eß- und Gesundheitsgebot zu unterwerfen (F 99 f.). Kafka hatte also seine guten Gründe gehabt, den Briefwechsel mit Felice zunächst über seine Büroadresse abzuwickeln.

Der Abstand zwischen Brief und Blick bezeichnet die Grenze, die Gelingen und Scheitern von Kafkas Schreiben zumindest in dieser frühen Phase seines Schaffens trennt. Der Brief schafft den Abstand, der das Schreiben ermöglicht, im Blick aber fällt alles zusammen. Wie Gregor Samsa am Ende der Erzählung stumm zugrunde geht, so versiegt auch nicht lange danach die Produktivität, die der Briefwechsel mit Felice zunächst ausgelöst hatte. Die Macht der Schrift ist, wie am Schluß der *Verwandlung*, wieder den anderen zugefallen. Denn während der Niederschrift dieser Erzählung ist eingetreten, was *Das Urteil* als tödliche Bedrohung phantasiert: Die Familie ist in den sorgfältig von ihr getrennt gehaltenen Bereich der Korrespondenz eingedrungen.

Daß dies nicht durch den Vater, sondern durch die Mutter geschah, bestätigt nur, daß sich in der Angstphantasie des *Urteils* die realen Verhältnisse verkehren. Der Bedrohung durch die Allianz zwischen Vater und Freund entspricht in Wirklichkeit das Verhängnis, das aus der schon in den *Hochzeitsvorbereitungen* angedeuteten Verschwörung der Mutter mit der Geliebten resultiert. Darum: sein letzter Brief/Blick streifte die Mutter. Denn in der Nähe der Mutter zergehen die Differenzen, zumal wenn sie mit der Geliebten zusammenfällt. Die Ferne zu ihr aber heißt im Reich der Differenz, nämlich als sprechendes Wesen leben, heißt schreiben können. Ohne die Instanz des Vaters, die das Band der Blicke zwischen Mutter und Sohn zerreißt, ginge das nicht. Deshalb ist der »Beweis dessen, daß es unmöglich ist zu leben« (BK 44), den Kafkas Brief an den Vater führt, nichts anderes als der Beweis, daß es möglich ist zu schreiben. Ohne die Tyrannei des Vaters gäbe es kein Entrinnen aus dem Eß- und Gesundheitsgebot der Mutter, gäbe es nichts anderes zu sagen als: »Ich jause im Grünen.« Der Brief an die Mutter bleibt ungeschrieben, vielleicht weil er den anderen Pol der Differenz von Brief und Blick aufkündigen würde, den Pol, den das Schreiben als sein Anderes beschwört.

So löst der Briefwechsel die Probleme, in denen nicht nur die Verdopplungsstruktur der ersten Fassung der *Beschreibung eines Kampfes* und die Kreisstruktur der zweiten Fassung dieses Textes, sondern auch die Verzögerungsstrategien der *Hochzeitsvorbereitungen auf dem Lande* steckengeblieben waren. Es ist eine Perspektive gefunden, von der aus es möglich wird, verschiedene Redesubjekte gegeneinander abzugrenzen und sie in einer Situation, die mehr umfaßt als das Geplauder nach Feierabend (*Beschreibung eines Kampfes*) und die Probleme einer Urlaubsreise (*Hochzeitsvorbereitungen auf dem Lande*), einander zuzuordnen. Daß diese Struktur nicht in einer zentralen Instanz, etwa der des Vaters gründet, zeigen die vier verschiedenen Möglichkeiten, die nicht nur jeden einzelnen der Texte, die in der zweiten Hälfte des Jahres 1912 geschrieben wurden, strukturieren, sondern die der Konstellation dieser Texte selbst zugrunde liegen.

Nicht nur in den drei Erzählungen, sondern auch in den Briefen steckt die Angst vor dem Verhängnis, das aus dem Zusammenfallen zweier von vier einander ausschließenden Polen resultiert. Im *Urteil* ist es die Allianz des Vaters mit dem Freund, im

*Heizer* das Zusammentreffen des Freundes mit dem Geschäft im Sinne der beruflichen Zukunft des Helden, in der *Verwandlung* ist es die Einbindung des Berufs in die Familie, und in der privaten Situation des Briefwechsels ist der kritische Punkt die Allianz der Geliebten mit der Familie, diesmal nicht in Gestalt des Vaters, sondern in Gestalt der Mutter. Zwischen einem der vier Pole und den drei anderen liegt jeweils eine räumliche Differenz, die Voraussetzung dafür, daß Briefe geschrieben werden können. Der Freund lebt in Petersburg, Johanna Brummer ist in Europa geblieben, während die Familie in Gestalt des Onkels auch in Amerika vertreten ist, in der Verwandlung wird das Geschäft zu Anfang ausgeschlossen, und Felice wohnt in Berlin.

Es ist diese Viererkonstellation, die Schreiben möglich macht, weil sie die Spiegelungen und Identifikationen, in denen sich Kafkas frühe Texte von Anfang an verstricken, funktionalisiert. Eine Schreibsituation, in die Ferne, und das heißt Differenz, einprogrammiert ist, wird Ausgangspunkt von Erzählungen, die jeweils damit enden, daß sich zwei von vier Polen zu nahe kommen. So bezeichnen Blick und Stimme nicht mehr den Anfang der Texte, sondern ihr Ende, das Scheitern des Helden, das immer auch das Ende eines Schreibaktes ist.

## *Anmerkungen*

1 Zitate aus Kafkas Werken sind durch die angeführten Siglen und darauf folgende Seitenzahl angegeben:

BK *Beschreibung eines Kampfes. Die zwei Fassungen. Parallelausgabe nach den Handschriften*, hg. v. Max Brod, Textedition v. Ludwig Dietz, Frankfurt a. M. 1969

Br *Briefe 1902-1924*, Frankfurt a. M. 1958 (*Gesammelte Werke*, hg. v. Max Brod)

E *Erzählungen*, Frankfurt a. M. 1946 (*Gesammelte Werke*, hg. v. Max Brod)

F *Briefe an Felice und andere Korrespondenz aus der Verlobungszeit*, hg. v. Erich Heller und Jürgen Born, Frankfurt a. M. 1967 (*Gesammelte Werke*, hg. v. Max Brod)

H *Hochzeitsvorbereitungen auf dem Lande und andere Prosa aus dem Nachlaß*, Frankfurt a. M. 1953 (*Gesammelte Werke*, hg. v. Max Brod)

M *Briefe an Milena*, hg. v. Willy Haas, Frankfurt a. M. 1952 (*Gesammelte Werke*, hg. v. Max Brod)
Sch *Das Schloß*, hg. v. Malcolm Pasley, Frankfurt a. M. 1982
T *Tagebücher 1910-1923*, Frankfurt a. M. 1951 (*Gesammelte Werke*, hg. v. Max Brod)

2 Zur Datierung des Briefes vgl. Klaus Wagenbach, *Franz Kafka. Eine Biographie seiner Jugend 1883-1912*, Bern 1958, S. 237 f.

3 Ludwig Dietz, *Die Datierung von Kafkas ›Beschreibung eines Kampfes‹ und ihrer vollständigen Handschrift A*, in: Jb. d. deutschen Schillergesellschaft 17 (1973), S. 495.

4 Hartmut Binder, *Kafka-Kommentar zu sämtlichen Erzählungen*, München 1975, S. 47 f.

5 Dietz, a.a.O., S. 496.

6 Ich nehme die in der von Ludwig Dietz besorgten Ausgabe der *Beschreibung eines Kampfes* enthaltenen Varianten nur dann in die Zitate auf, wenn sie für den Gang der Argumentation von Bedeutung sind. Ansonsten gebe ich den Text in seiner letzten Fassung wieder.

7 »Als wir unter dem Bogen am Ende des Quais hervortraten, rannte ich mit erhobenen Armen in die Gasse; doch als ich gerade zu einer kleinen Thüre der Kirche kam, fiel ich, denn dort war eine Stufe die ich nicht gesehen hatte.« (BK 32) – »Mein Bekannter drängte sich mit seinen Reden immer näher zu mir und in dem Augenblick, als ich anfieng seine Worte zu verstehn, hüpfte ein weißer Schimmer zierlich am Brückengeländer entlang, strich durch den Brückenthurm und sprang in die dunkle Gasse.« (BK 40)

8 »Warum gehst du mit diesem Menschen? Du liebst ihn nicht und du hassest ihn auch nicht, denn sein Glück besteht nur in einem Mädchen und es ist nicht einmal sicher, daß sie ein weißes Kleid trägt.« (BK 40)

9 Vgl. den Apparat der von Malcolm Pasley besorgten Ausgabe des Schloßromans, a.a.O., S. 115-182.

10 Judith Ryan, *Die zwei Fassungen der ›Beschreibung eines Kampfes‹. Zur Entwicklung von Kafkas Erzähltechnik*, in: Jb. d. deutschen Schillergesellschaft 14 (1970), S. 546-572, Zitat S. 564.

11 »Später schien mir meine Anstrengung nutzlos, denn Karl der Vierte fiel doch herunter, gerade als mir einfiel, daß ich geliebt würde von einem Mädchen in einem schönen weißen Kleid.« (BK 36) – »Schon wollte ich umkehren, um diese Gegend zu verlassen und in meine frühere Lebensart zurückzukehren, als ich diesen Einfall bekam: ›Wie merkwürdig ist es, daß noch in unserer Zeit vornehme Personen in dieser schwierigen Weise über einen Fluß befördert werden. Es giebt keine andere Erklärung dafür, als daß es ein alter Brauch ist.‹ Ich schüttelte den Kopf, denn ich war verwundert.« (BK 58/60)

12 »Ihr Hals war nackt und nur unter dem Kinn von einem schwarzen

Sammtband umbunden« (BK 14 und BK 15). – »Aber nicht einmal das hätte mir geholfen, wäre mir nicht eingefallen, dass ich von einem Mädchen mit schwarzem Samtband um den Hals geliebt würde, zwar nicht hitzig aber treu.« (BK 37)

13 »›Ja, du mußt verzeihn, daß ich heute fahre‹, sagte Raban. ›Ich habe dir auch nachmittag geschrieben. Ich wäre natürlich sehr gerne morgen mit dir gefahren, aber morgen ist Samstag, alles wird überfüllt sein, die Fahrt ist lang.‹« (H 16)

14 »Aber ich habe ihr die Woche über, seit sie auf dem Lande ist, nicht geschrieben, nur heute früh.« (H 13) – »›Warte, du hast früher gesagt, du rätst mir, heute nacht noch hier zu bleiben. Ich habe es überlegt, das würde nicht gut gehn. Ich habe doch geschrieben, daß ich heute abend komme, sie werden mich erwarten.‹« (H 18) – »›Ja, es ist nach dem vielen, was ich schon unternommen habe, sicher, daß ich morgen zu Betty und zu Mama kommen werde, das kann niemand hindern. Nur ist es richtig und es war auch vorauszusehn, daß mein Brief erst morgen ankommen wird, ich hätte recht gut also noch in der Stadt bleiben und bei Elvy eine angenehme Nacht verbringen können, ohne mich vor der Arbeit des nächsten Tages fürchten zu müssen, was mir sonst jedes Vergnügen verdirbt. Aber schau, ich habe nasse Füße.‹« (H 29)

15 Solche Spiele Kafkas mit den Vokalen seines Familiennamens sind mehrfach bezeugt. Vgl. T 297. – Es ist klar, daß sich der Name Samsa in der gleichen Weise deuten läßt.

16 Vgl. hierzu die folgende Tagebucheintragung vom 3. Oktober 1911: »Beim Diktieren einer größeren Anzeige an eine Bezirkshauptmannschaft im Bureau. Im Schluß, der sich aufschwingen sollte, blieb ich stecken und konnte nichts als das Maschinenfräulein K. ansehn, die nach ihrer Gewohnheit besonders lebhaft wurde, ihren Sessel rückte, hustete, auf dem Tisch herumtippte und so das ganze Zimmer auf mein Unglück aufmerksam machte. Der gesuchte Einfall bekommt jetzt auch den Wert, daß er sie ruhig machen wird, und läßt sich, je wertvoller er wird, desto schwerer finden. Endlich habe ich das Wort ›brandmarken‹ und den dazu gehörigen Satz, halte alles aber noch im Mund mit einem Ekel und Schamgefühl, wie wenn es rohes Fleisch, aus mir geschnittenes Fleisch wäre (solche Mühe hat es mich gekostet). Endlich sage ich es, behalte aber den großen Schrecken, daß zu einer dichterischen Arbeit alles in mir bereit ist und eine solche Arbeit eine himmlische Auflösung und ein wirkliches Lebendigwerden für mich wäre, während ich hier im Bureau um eines so elenden Aktenstückes willen einen solchen Glückes fähigen Körper um ein Stück seines Fleisches berauben muß.« (T 76 f.) – Auch in seinem so viel geschmähten Beruf war Kafka nichts anderes als ein Schreiber: Er war von April bis September 1906 Konzipient in der Prager Advokatur seines Onkels

Richard Löwy, in der Arbeiter-Unfall-Versicherungs-Anstalt wurde er am 1. Mai 1910 zum Anstaltskonzipisten, am 1. März 1913 zum Vizesekretär und am 1. Januar 1920 zum Anstaltssekretär befördert. Vgl. Binder, a.a.O., S. 36 ff.

17 »Liebe, einmal im Bureau bei Schreibmaschinenmusik, in Eile und mit graziösen Fehlern.« (Brief an Hedwig W., Br 54)

18 Vgl. hierzu und zum folgenden meinen Aufsatz: *Handschrift, Schreibmaschine, Telephon und Parlograph. Kafka und die technischen Medien*, der demnächst erscheint.

19 Zur Datierung des Heizers vgl. den in Anmerkung 18 angekündigten Aufsatz.

20 Vgl. Franz Kafka: *Der Verschollene*, hg. v. Jost Schillemeit, Frankurt a. M. 1983, Apparatband S. 124 f., 126, 129 und öfter.

21 Vgl. hierzu den von Gerhard Neumann und Wolf Kittler im Rahmen der Kritischen Kafka-Ausgabe herausgegebenen Band *Franz Kafka: Veröffentlichungen zu Lebzeiten*, der in der nächsten Zeit erscheinen wird.

*Gerhard Kurz*

# Schnörkel und Schleier und Warzen
## Die Briefe Kafkas an Oskar Pollak und seine literarischen Anfänge

Albumeintragungen und Briefe an Oskar Pollak sind die frühesten Texte, die von Kafka bis heute überliefert sind. Die erste Albumeintragung stammt wohl vom 20. November 1898 und ist dem Klassenkameraden Hugo Bergmann gewidmet:

> Es gibt ein Kommen und ein Gehn
> Ein Scheiden und oft kein – Wiedersehn.[1]

Nicht alle Briefe des jungen Kafka sind erhalten.[2] So müssen z. B. die Briefe an Ewald Felix Přibram, den Freund und Klassenkameraden, als verloren gelten. Auch der Briefwechsel mit Oskar Pollak ist offenbar nicht vollständig überliefert. Da Max Brod die Briefe an Oskar Pollak in der Briefausgabe z. T. kürzte und andere Briefauszüge in seiner Biographie Kafkas oder in den (spärlichen) Anmerkungen zu den Briefen mitteilte, muß man folgern, daß der Briefwechsel umfangreicher war. Der Quellenwert dieser Briefe ist bedeutend, denn für die Studienjahre Kafkas von 1901–1906 stellen sie neben den Briefen an Max Brod, deren erster wohl von 1904 (oder später) datiert, die einzigen direkten lebensgeschichtlichen Quellen dar. Die erhaltenen Tagebuchaufzeichnungen setzen erst im Frühjahr 1909 ein. Kafka hat wohl schon vorher Tagebuch geführt (vgl. Br 18 und den Hinweis T 267)[3], diese Aufzeichnungen sind aber entweder von ihm selbst oder auf sein Verlangen hin von Dora Dymant 1924 vernichtet worden oder verloren gegangen.

Von Kafkas literarischen Versuchen aus dieser Zeit weiß man, daß darunter auch Romane waren. Er berichtet rückblickend von einem Roman, »in dem zwei Brüder gegeneinander kämpften, von denen einer nach Amerika fuhr, während der andere in einem europäischen Gefängnis blieb« (T 39 f.). Gewiß liegt in diesem Romanprojekt eine Vorform von *Der Verschollene*. Die Erinnerung an das Schreiben dieses Romans ist verbunden mit der Erinnerung an eine Erfahrung, die eine traumatische Urerfahrung aus seiner frühen Kindheit wiederholt. Es ist die Erfahrung der Aussetzung und Verstoßung durch den Vater. Im *Brief an den Vater* wird sie beschrieben (H 167). Jetzt ist es der Onkel, der verstößt.

Während eines Besuchs bei den Großeltern schreibt er ostentativ an seinem Roman, um auf sein Schreiben aufmerksam zu machen.

> Ein Onkel, der gern auslachte, nahm mir endlich das Blatt, das ich nur schwach hielt, sah es kurz an, reichte es mir wieder, sogar ohne zu lachen, und sagte nur zu den andern, die ihn mit den Augen verfolgten, »das gewöhnliche Zeug«, zu mir sagte er nichts. Ich blieb zwar sitzen und beugte mich wie früher über mein also unbrauchbares Blatt, aber aus der Gesellschaft war ich tatsächlich mit einem Stoß vertrieben, das Urteil des Onkels wiederholte sich in mir mit schon fast wirklicher Bedeutung und ich bekam selbst innerhalb des Familiengefühls einen Einblick in den kalten Raum unserer Welt, den ich mit einem Feuer erwärmen müßte, das ich erst suchen wollte. (T 40)

In einem Brief an Oskar Pollak, den Max Brod in seiner Kafka-Biographie in Auszügen mitgeteilt hat, berichtet Kafka von einem anderen Roman, für den er feierliche Namen suchte. Schließlich wählte er »Johannes und Beate [...] wegen ihres dicken Glorienscheins. Das ist doch fast lustig«.[4]

Über seine literarischen Anfänge äußert sich der junge Kafka sehr kritisch:

> Der größte Teil ist mir widerlich, das sage ich offen (zum Beispiel ›Der Morgen‹ und anderes), es ist mir unmöglich, das ganz zu lesen, und ich bin zufrieden, wenn Du Stichproben verträgst. Du mußt aber daran denken, daß ich in einer Zeit anfing, in der man >Werke schuf<, wenn man Schwulst schrieb, es gibt keine schlimmere Zeit zum Anfang. Ich war so vertollt in die großen Worte.[5]

Diesem Brief war ein Brief vorausgegangen, in dem Kafka unaufgefordert Oskar Pollak ankündigt, ein »Bündel« von dem, »was ich bis jetzt geschrieben habe, aus mir oder aus andern«, zu schikken (Br 18). Diese Ankündigung hat er vorbereitet: »ich will von Dir etwas«; es ist ihm offenbar nicht leichtgefallen, einen »Bettelbrief« zu schreiben, aber er ist zur Erkenntnis gekommen, daß »Nicht-betteln ein Laster sei« (Br 17 f.). Er benötigt aber doch einen langen Brief dazu und den Schutz der Selbstironie; das »Bündel« ist immerhin ein Stück von seinem Herzen: »Nun warum soviel Aufhebens, nicht – ich nehme ein Stück (denn ich kann mehr, als ich dir gebe, und ich werde – ja) ein Stück von meinem Herzen, packe es sauber in ein paar Bogen beschriebenen Papiers und gebe es Dir.« (Br 19)

Von diesem »Bündel« ausgenommen hat Kafka nur die »Kindersachen«, dann »das, was ich nicht mehr habe«, die literarischen Pläne und wohl Tagebücher, denn er spricht von etwas, »was ich auch Dir nicht zeigen kann, denn man schauert zusammen, wenn man ganz nackt dasteht und ein anderer einen betastet, auch wenn man darum auf den Knien gebeten hat« (Br 18). Im folgenden Brief weicht er jedoch wieder zurück. Sein »Bündel« tut er jetzt als »Kindergekritzel« ab.[6] Im nächsten Brief kommt er wieder darauf zurück (oder handelt es sich jetzt um ein neues »Bündel«?). Die Stücke, die er schicken will, sind Stücke aus einem noch unfertigen Buch »Das Kind und die Stadt« (Br 21).

Mit »Staunen« hat Max Brod diese Briefe gelesen, denn später bot Kafka kaum noch von sich aus an, seine »Stücke« vorzulesen oder zum Lesen zu geben. Erst Ende 1906, als er Kafka schon seit 2 Jahren näher kannte, erfuhr Brod, und eher beiläufig, daß Kafka selbst literarische Ambitionen hatte.[7] 1906 hatte sich Kafka ohne Erfolg an einem literarischen Preisausschreiben beteiligt.

Erst 1907/1908 wurde das Verhältnis zwischen Kafka und Brod eng und freundschaftlich. Nun sahen sie sich fast täglich. Trotzdem ist zu spüren, daß diese Nähe Entfernungen und Zurückhaltungen kennt und nie verlieren wird. Noch 1913 sagt Kafka in einem Brief an Felice Bauer, es hätte nie »ein großes, zusammenhängendes, mein ganzes Wesen heraushebendes Gespräch« zwischen ihm und Brod gegeben, »wie es doch selbstverständlich sich ergeben müßte, wenn zwei Menschen mit ihrem großen Umkreis eigentümlicher und bewegter Meinungen und Erfahrungen aneinandergeraten« (F 401).[8]

Die Briefe Kafkas an Pollak sind nicht immer leicht zu verstehen. Sie enthalten Anspielungen auf Gespräche zwischen ihnen, z. B. in den ominösen »Pflastersteinen« (Br 9), die dem Verständnis entgehen müssen.

Gleichwohl sind sie höchst aufschlußreich, auch für das Lebensgefühl des jungen Kafka und Pollaks. Müdigkeit ist geradezu ein Leitmotiv dieser Briefe, »und dann werden wir plötzlich traurig und müde [. . .] und Du wirst müde und ich werde müde [. . .] so werden wir müde, unzufrieden, hartmäulig« (Br 9 f.). Eine typische Fin-de-siècle-Stimmung[9], würde man sagen, fehlte nicht die Zelebrierung dieser Stimmung, wären da nicht die gespielt-naiven, ironisch-grotesken Brechungen, z. B. »Du aber wirst ärgerlich, gähnst, bekommst Kopfschmerzen, kennst Dich nicht aus« (Br 10). Einen Genuß, einen Kult von Spätzeitmelancholie gibt es hier nicht, dafür einen Ton von »Galgenlustigkeit« (Br 13). Es finden sich sogar Zeichen von Lebensenergie; »man beiße lieber ins Leben statt in seine Zunge; man ehre den Maulwurf und seine Art, aber man mache ihn nicht zu seinem Heiligen« (Br 17 f.). Pollak fordert er auf, sich nicht an jedem »kurzen Gefühlchen« aufzuspießen, »so daß man endlich nur eine Stunde lebt, da man noch hundert Jahre über die Stunde nachdenken muß«. Allerdings folgt darauf der Satz: »Freilich, vielleicht leb ich dann überhaupt nicht.« (Br 22) In diesen Briefen berichtet er dann von einem Ausbruchversuch. Den einflußreichen Onkel aus Madrid, Alfred Löwy, hat er um Hilfe gebeten. Er will endlich irgendwo »frische Hand anlegen«. Ohne Erfolg. Gegenüber der »Galgenlustigkeit und Landluft« seiner Briefe ist dies der »grelle Tag, der in die Augen sticht« (Br 13).

In seiner Biographie von Kafkas Jugend hat Klaus Wagenbach in der Sprache dieser Briefe eine kritiklose Abhängigkeit von der Sprache des ›Kunstwarts‹ gesehen.[10] Der ›Kunstwart – Halbmonatsschau über Dichtung, Theater, Musik, bildende und angewandte Künste‹, herausgegeben von Ferdinand Avenarius, war das einflußreiche Organ der Kulturreformbewegungen um die Jahrhundertwende. Er forderte »Echtheit« und Volksnähe in der Kultur und Kunst, verstand sich durchaus als progressiv und zeitkritisch, aber in einem bürgerlichen deutschnationalen Rahmen.[11] Die Heimatkunstbewegung wurde stark, doch nicht unkritisch, gefördert.

Oskar Pollak hat Kafka wohl mit dieser Zeitschrift bekannt gemacht. Kafka abonnierte sie von 1900/1901 bis etwa Mitte 1904. Wie sein Artikel *Vom alten und neuen ›schönen Prag‹* von 1907 belegt, stand dagegen Pollak lange unter dem Einfluß des ›Kunstwarts‹.[12] Dieser propagierte die Verbindung von Kunst und (echtem) Handwerk. Die Bemerkung Kafkas über seine iuvenilia: »Die Kunst hat das Handwerk nötiger als das Handwerk die Kunst«[13], läßt sich aus dem Geist des ›Kunstwarts‹ verstehen. Dessen Sprache qualifiziert Wagenbach als »bizarren Wortkult«, der sich durch altertümliche Redewendungen und Diminutiva volksnah gebärde. Aus den vier ersten Briefen an Pollak zitiert er als Belege für die unkritische Abhängigkeit Kafkas von der ›Kunstwart‹-Sprache »darob«, »wunderfroh«, »viellieb«, »erschrecklich«, »wunderfeinst«, »Mantelzipfelchen«, »Märlein«, »da kostet's rechte Müh«, »schon endlich frisch Hand anlegen«.

Unabhängig davon, daß die Sprache des ›Kunstwarts‹ so einheitlich penetrant altertümelnd und bizarr nicht ist, kann keine Rede davon sein, daß Kafka dieser Sprache kritiklos erlegen sei. Er setzt sie vielmehr bewußt und ironisch ein[14], aus Gründen, über die noch zu sprechen sein wird. Vielleicht mit einer Ausnahme: In einem Brief, den Brod auf den Herbst 1902 datiert, findet sich eine Passage, deren poetische Qualität fern ist von sprachlichen Verspieltheiten und ironischen Distanzierungen:

> Hast Du schon gemerkt, wie Spätsommerschatten auf durchwühlter dunkler Erde tanzen, wie körperhaft sie tanzen. Hast Du schon gemerkt, wie sich die Erde entgegenhebt der fressenden Kuh, wie zutraulich sie sich entgegenhebt? Hast Du schon gemerkt, wie schwere fette Ackererde unter den allzu feinen Fingern zerbröckelt, wie feierlich sie zerbröckelt? (Br 15)

Dies ist weniger Kunstwart- als Jahrhundertwende-Atmosphäre: Spätsommerschatten, die allzufeinen Finger, das feierliche Zerbröckeln der Erde.

Über dem Schreibtisch des jungen Kafka, erinnert sich Max Brod, hing eine große Reproduktion von Hans Thomas *Der Pflüger*, eines ›Kunstwart‹-Drucks.[15] Der Kult der Erde, des Einfachen findet sich gleichermaßen in Strömungen der Dekadenz, der progressiven Lebens- und Kulturreform und der reaktionären Heimatkunst.[16] Ein Briefauszug, den Brod wieder nur in seiner Biographie mitteilt, ist geradezu getragen von der Kunstwart-Liebe zum alten, authentischen Dorf. Aber auch sie wird am Ende ironisch-spielerisch aufgefangen: »dann ist es wie ein liebes altes stilles deutsches Märchen.«[17]

Methodisch muß man bei Analysen von Briefen bedenken, daß der Schreibende in einem Brief sich im Hinblick auf den Empfänger entwirft. Er wählt eine bestimmte Rolle als Schreiber. Ähnlich wie der Autor vom Erzähler kann die Person des Schreibenden von der Rolle des Schreibers unterschieden werden.[18]

Der Entwurf der Schreiberrolle basiert auf der Erwartung von

Erwartungen: der Schreibende erwartet bestimmte Erwartungen und Reaktionsmuster beim Empfänger und entwirft daraufhin sich als Schreibender, im selben Akt auch den Empfänger. Beide, Schreiber wie Empfänger sind, ähnlich wie Erzähler und impliziter Leser in fiktionalen Texten, Rollen des Briefes. Die Nähe des Briefes zu fiktionalen Texten erhellt von der Rezeptionsseite her eine Tagebucheintragung Kafkas:

> Die Beschreibung eigener Gefühle ist hilflos. »Fremde« Briefe können wir dagegen mit ruhiger Genauigkeit auffassen. Die Unkenntnis, in der wir uns über jene Gefühle befinden, welche den vorliegenden Brief je nachdem einmal gespannt oder zerknittert haben, gerade diese Unkenntnis wird Verstand, da wir gezwungen sind, an den hier liegenden Brief uns zu halten, nur das zu glauben, was darin steht, dieses also vollkommen ausgedrückt zu finden und von einem vollkommenen Ausdruck, wie es nur gerecht ist, den Weg ins Menschlichste hinein offen zu sehen. (T 187)

Ein anderer Adressat verändert den Rollencharakter des Briefes. Kafkas Briefe an Brod sprechen eine andere Sprache als die an Pollak. Aber nicht, weil er sich etwa vom ›Kunstwart‹-Einfluß gelöst hätte, sondern weil er eine andere Schreiber- und Empfänger-Rolle entwarf.

Es versteht sich, daß die Rollenwahl selbst wieder Licht auf den Verfasser wirft. Gerade in den Briefen an Pollak ist dies entscheidend. Die Rolle selbst ist ambivalent: sie erlaubt die Identität von Schreibenden und Schreiber und das Verbergen des Schreibenden hinter dem Schreiber.

Der junge Kafka wählt also eine bestimmte Rolle, weil es einen bestimmten Empfänger gibt: Oskar Pollak. Wer war Oskar Pollak?

Wie die »Dinge«, die Kafka ihm sandte, sind die Briefe Pollaks an Kafka nicht überliefert. Nach all dem wenigen, was wir von ihm wissen[19], muß Pollak eine empfindsam-kühle (vgl. Br 26) Person mit selbstsicherem Urteil gewesen sein, interessiert an Naturwissenschaften, Kunstgeschichte und indischer Philosophie. Max Brod erinnert sich auch deutschtümelnder Züge Pollaks. Er empfahl Brod z. B. angelegentlich den »Rembrandtdeutschen«, gemeint ist Julius Langbehns außerordentlich einflußreiches Buch *Rembrandt als Erzieher* (zuerst 1890), ein deutschnationales, aus antizivilisatorischem, antidemokratischem und antiwestlichem Affekt heraus geschriebenes Buch, »Von einem Deutschen«, wie es anstelle der Verfassernennung heißt. In einem Brief wird erwähnt, daß Pollak Prag, daß ihm die Stadt überhaupt »fremd« ist, dagegen sei auf dem Land »der Himmel der Erde« nahe, eine Formulierung Pollaks (Br 20).

Nach dem Studium der Kunstgeschichte ging Pollak als Kunsthistoriker nach Rom und arbeitete über römische barocke Kunstdenkmäler. Als Kriegsfreiwilliger fiel er 1915.

Gegenüber dem selbstsicheren Pollak erscheint der scheue, verschlossene, zweifelnde, unsichere Kafka in diesen Briefen als der Unterlegene, der Werbende, als derjenige, der bettelt (vgl. Br 18). Noch bei seinem Besuch der Mutter Pollaks nach dessen Tod steigt dieses Unterlegenheitsgefühl auf: »Gibt es übrigens jemand, vor dem ich mich nicht beuge?« (T 487) Offenbar bewundert er die Stärke und Lebenssicherheit Pollaks. Er selbst stellt sich als der Unwissende und Ungeschickte dar.

Das Thema dieser Briefe an Pollak sind die Schwierigkeiten ihrer Beziehung und das, was Kafka noch wichtiger ist: sein Schreiben. Von politischen und gesellschaftlichen Ereignissen, wie z. B. in den Jugendbriefen Fontanes und Flauberts, ist nicht die Rede. Die Ausnahme, Kafkas Erwähnung der Demonstration der Handelsangestellten für »Sonntagsruhe« (Br 20), mit Sympathie beschrieben, endet in der Darstellung seiner unentschiedenen Haltung.

Pollak war für Kafka die Verbindung zur Außenwelt. Im Brief vom 9. November 1903 an Pollak, der eine Hofmeisterstelle auf einem Schloß auf dem Lande angenommen hatte, heißt es:

> Unter all den jungen Leuten habe ich eigentlich nur mit Dir gesprochen, und wenn ich schon mit andern sprach, so war es nur nebenbei oder Deinetwegen oder durch Dich oder in Beziehung auf Dich. Du warst, neben vielem andern, auch etwas wie ein Fenster für mich, durch das ich auf die Gassen sehen konnte. Allein konnte ich das nicht, denn trotz meiner Länge reichte ich noch nicht bis zum Fensterbrett. Jetzt wird das natürlich anders. Ich rede jetzt auch mit andern, ungeschickter, aber beziehungsloser, und ich sehe, eigentlich ganz unvorbereitet, wie Du hier gestanden bist. Es gibt hier in dieser Stadt, die Dir fremd ist, einige recht kluge Leute, denen Du etwas Verehrungswürdiges warst. Ganz in Wahrheit. Und ich bin so eitel, daß es mich freut. (Br 20)

Die »Fenster«-Funktion Pollaks bedeutet, daß er zwar den Blick auf die Außenwelt ermöglicht, sie aber zugleich fernhält. Kafka vergleicht sich auch mit einem »Kind mit Bilderbüchern hinter einem verhängten Fenster. Manchmal erhascht es etwas von der Gasse durch eine Ritze und schon ist es wieder in seinen kostbaren Bilderbüchern« (Br 22). Auch später braucht Kafka diese Verbindung zur Außenwelt. An Felice: »ganz allein Du bildest meine einzige wesentliche Verbindung mit Menschen« (F 443). Ein Satz, der nicht ganz stimmt, aber doch ein Lebensmuster enthüllt.

Die Briefe verraten auch, daß Kafka eifersüchtig ist wegen eines Mädchens. »Nun bin ich wunderbar froh, daß Du mit dem Mädchen umgehst. Deinetwegen, mir ist sie gleichgültig.« Die Gleichgültigkeit ist unglaubwürdig. Kafka gibt es sofort zu. Wenn Pollak mit dem Mädchen spreche, »springt einer auf und macht eine Verbeugung Das bin ich mit meinen unbehauenen Worten und viereckigen Mienen« (Br 10 f., vgl. auch Br 20). Er springt mitten in den Satz und zwischen die beiden. Die Erfahrung dieser Dreieckssituation war für Kafka wohl bedeutsamer, als er zu erkennen gibt. In der *Beschreibung eines Kampfes* spielt Eifersucht eine wichtige Rolle. Auch hier kommt es zu einer Dreieckssituation. In das »Verhältnis« (BK 20) des Ich zu seinem neuen Bekannten schieben sich Mädchen, auf die sich die Eifersucht des Ich heftet. (Der Bekannte, der so sehr die Hände einer Statue liebt [BK 40], könnte ein Reflex Pollaks sein, die Länge des Ich ein Reflex Kafkas selbst.) Dreieckssituationen fundieren auch die *Hochzeitsvorbereitungen auf dem Lande* und schließlich *Das Urteil*. Zwischen Vater und Sohn und zwischen Freund und Sohn steht die Verlobte des Sohnes.

## *Poetik des Verrats*

Die Briefe Kafkas an Pollak sind von Skepsis gegenüber der Sprache getragen, von der Überzeugung, daß man sich nicht mitteilen kann, ohne seine Individualität zu verraten. Sie stellen ein eindringliches Beispiel für das dar, was man pauschal und meist unkritisch als die »Sprachkrise« der Jahrhundertwende bezeichnet. Die Sprachkrise der Jahrhundertwende ist sprachsoziologisch vor allem eine Krise der Bildungssprache, und diese ist ein Resultat der bürgerlichen Bildungskrise des 19. Jahrhunderts, wie Peter von Polenz dargelegt hat. Wie das berühmteste Beispiel, Hofmannsthals *Ein Brief* von 1901 – keineswegs eine Beichte, sondern ein fiktiver, historisch distanzierter Text – zeigt, fallen in dieser

Sprachkrise eine Krise der überkommenen Bildungssprache und eine Existenzkrise zusammen. Es überlagern sich zwei Erfahrungen: Gegenüber neuen, unerhörten epiphanischen Erfahrungen zerfällt die gewohnte Sprache, die »Rhetorik«; für diese neuen Erfahrungen besteht noch keine Sprache. Die zweite Erfahrung: das Individuum verrät seine Individualität in der Sprache, in der es sie ausdrücken möchte. Es verstrickt sich in ein abstraktes Netz von festgelegten Bedeutungen, ist nicht mehr es selbst.

Diese Sprachkritik lebt von der Trennung zwischen sprachloser Individualität und sprachlichem Ausdruck. Nicht das Faktum des Leidens an der Sprache, wohl aber diese Trennung muß man in Frage stellen. Sie ist ein produktives Mißverständnis der Sprache, die Individualität ja konstituiert. Der Schluß des Briefes ist entsprechend diesen Erfahrungen offen: er läßt sich verstehen als Wunsch, gegenüber der Unsprachlichkeit und Unaussprechlichkeit der Individualität, die Sprache überhaupt loszuwerden. Die andere Möglichkeit ist eine neue unerhörte Sprache, die die neuen Erfahrungen zum Ausdruck bringen kann, eine neue, einfache Sprache, in der die »stummen Dinge zu mir sprechen«.[20]

Schon die Eintragung Kafkas in das Album von Selma Kohn gibt Sprachzweifeln Ausdruck. Das »Erlebnis« kann nur gelebt, nicht ausgedrückt werden: »Wie viel Worte in dem Buche stehn! Erinnern sollen Sie! Als ob Worte erinnern könnten. Denn Worte sind schlechte Bergsteiger und Bergmänner. Sie holen nicht die Worte von den Bergeshöhn und nicht die von den Bergestiefen.«

Durchaus klischeehaft wird im folgenden Abschnitt »lebendiges Gedenken« den Worten entgegengesetzt. Es läßt aus der »Asche des Erlebten« die »Lohe« aufsteigen.

Selma Kohn berichtet, daß Kafka ihr in dieser Zeit Nietzsche vorgelesen habe (Br 495). Von Nietzsche ging ein weithin wirkender sprachkritischer Impuls aus. *Also sprach Zarathustra* und *Über Wahrheit und Lüge im außermoralischen Sinne* sind Dokumente der Sprachkritik (allerdings, weniger erkennbar und weniger rezipiert, auch der Sprachrechtfertigung).

Walter H. Sokel hat Kafkas Vergleich der Worte mit schlechten Bergsteigern und schlechten Bergmännern auf das Motto von Robert Musils *Die Verwirrungen des Zöglings Törleß* (1906) bezogen.[21] Das Motto ist ein Zitat aus Maeterlincks *Trésor des humbles*:

Sobald wir etwas aussprechen, entwerten wir es seltsam. Wir glauben in die Tiefe der Abgründe hinabgetaucht zu sein, und wenn wir wieder an die Oberfläche kommen, gleicht der Wassertropfen an unseren bleichen Fingerspitzen nicht mehr dem Meere, dem er entstammt. Wir wähnen eine Schatzgrube wunderbarer Schätze entdeckt zu haben, und wenn wir wieder ans Tageslicht kommen, haben wir nur falsche Steine und Glasscherben mitgebracht; und trotzdem schimmert der Schatz im Finstern unverändert.

Die Albumeintragung für Selma Kohn setzt nicht nur Worte gegen lebendiges Gedenken, sondern auch gegen die Schrift.

Aber in dieses keusche Gedenken, da kann man sich nicht hineinschreiben mit ungeschickter Hand und grobem Handwerkszeug, das kann man nur in diese weißen, anspruchslosen Blätter. (Br 9)

Ohne dieser Beobachtung allzugroßes Gewicht beizulegen, fällt die Formulierung »hineinschreiben« doch auf. Sie faßt Schreiben nicht als eine nachträgliche Fixierung, sondern als eine ursprüngliche Aktivität, als ein Eindringen, als einen Entdeckungs- und Erfahrungsprozeß. Was sich hier andeutet, wird Kafkas Lebens- und Erkenntnisform werden.[22]

Das sprachkritische Bewußtsein wird Kafka nicht mehr verlassen.[23] »Das, was man ist, kann man nicht ausdrücken, denn dieses ist man eben; mitteilen kann man nur das, was man nicht ist, also die Lüge.« (H 343) Wie vor ihm Kleist wird er nicht den Weg wählen, die Sprache zu zerbrechen oder eine neue zu erfinden, sondern den Weg des irrenden Bewußtseins und der irrenden Sprache selbst. Er wird sich ihr anvertrauen, um in ihr und gegen sie die Wahrheit zu verstehen zu geben. Er wird die Helden seiner Texte, die Erzähler und die Protagonisten, eine Sprache wählen lassen, in der sie sich im doppelten Wortsinn verraten: sie verdekken ihre Wahrheit und geben sie darin, unwillentlich, preis. In den Widersprüchen, Fehlleistungen, Zweideutigkeiten, den »Löchern« (A 31) ihrer Reden geben sie preis, was sie trotz aller Anstrengung nicht verdecken können. Es ist unmöglich, alles zu sagen, aber es ist ebenso unmöglich, nicht alles zu sagen (vgl. F 464). So mündet am Ende der Verdacht gegen die Sprache in ihre Rechtfertigung. Sie verrät alles. In den *Forschungen eines Hundes* wird der Ausdruck »verreden« ein »treffender Ausdruck« genannt (E 329). In der *Beschreibung eines Kampfes* nimmt die Sprachkritik breiten Raum ein. Worte sind »mühselige Krämpfe« (BK 56).

Die wahre adamitische Sprache ist vergessen, jetzt herrscht eine »Seekrankheit auf festem Lande«. Sprachkrise ist auch hier Symptom einer allgemeinen Existenzkrise:

> Deren Wesen ist so, daß ihr den wahrhaftigen Namen der Dinge vergessen habt und über sie jetzt in einer Eile zufällige Namen schüttet. Nur schnell, nur schnell! Aber kaum seid ihr von ihnen weggelaufen, habt ihr wieder ihre Namen vergessen. Die Pappel in den Feldern, die ihr den »Thurm von Babel« genannt habt, denn ihr wußtet nicht oder wolltet nicht wissen, daß es eine Pappel war, schaukelt wieder namenlos und ihr müßt sie nennen »Noah, wie er betrunken war.« (BK 88; die Fassung B betont das Moment des Wollens; vgl. auch die analoge Passage BK 106.)

Der Sprachverwirrung entspricht der Zerfall der personalen Einheit und der Wirklichkeit. Das metaphorische Feld der *Beschreibung eines Kampfes* wird bestimmt vom Fall und Sturz.[24]

Die metaphorischen Namen »Thurm von Babel« – »Noah, wie er betrunken war« sind jedoch so zufällig nicht gewählt und verräterisch. Sie verraten den wahrhaftigen Namen im doppelten Sinne. In den gewählten Namen kehrt der verdrängte wieder. Geleitet durch die phonetische Ähnlichkeit »Pappel« – »Babel« und die visuelle Ähnlichkeit der schwankenden Pappel mit dem betrunkenen Noah, und in einem unzensierten Zustand, »in einer Eile«, kommt in der Wahl dieser Namen ein unterdrücktes Wissen zum Ausdruck. Der »Thurm von Babel« evoziert den babylonischen Turmbau, vor dem die Welt »einerlei Zunge und Sprache« (1. Moses 10, 11) hatte und seit dem Sprachverwirrung herrscht. In der Geschichte Noahs wird verflucht, wer ihn nackt sieht, gesegnet, wer seine Blöße zudeckt. Hier wie da geht es um das Zudecken oder Zu-»schütten«. In der nicht zufälligen Assoziation beider Geschichten liefert die Geschichte Noahs ein Motiv für die Sprachverwirrung, die »Seekrankheit auf festem Lande«: das Verbot eines Vaters, ihn so zu sehen, wie er ist. (Vgl. Die Beiträge von Kittler, S. 48 f. und Bernheimer, S. 165 f.)

Der geheime Sinn ›zufälliger‹ Sprechakte war eine der großen Entdeckungen der Psychoanalyse Freuds, ausführlich behandelt z. B. in *Zur Psychopathologie des Alltagslebens* von 1901. Auf diesen Zusammenhang aufmerksam zu machen, bedeutet nicht, Kafka eine Abhängigkeit von Freud zu unterstellen. Vermutlich kannte er aber schon Freuds Lehre in dieser Zeit (1904/1906) und hat sich von ihm anregen lassen.

Der unmittelbar folgende Dialog läßt erkennen, daß das, was wichtig ist, nicht explizit ausgesprochen wird, sondern sich in der »merkwürdigen« Form des Redens zeigt:

Ich war ein wenig bestürzt, als er sagte: »Ich bin froh, daß ich das, was ihr sagtet, nicht verstanden habe.«
Aufgeregt sagte ich rascht: »Dadurch, daß ihr froh seid darüber, zeigt ihr, daß ihr es verstanden habt.«
»Freilich habe ich es gezeigt, gnädiger Herr, aber auch ihr habt merkwürdig gesprochen.«

Wenig später redet der Beter von seinem Wunsch nach Lebens- und Selbstsicherheit:

Ich erfasse nämlich die Dinge um mich nur in so hinfälligen Vorstellungen, daß ich immer glaube, die Dinge hätten einmal gelebt, jetzt aber seien sie versinkend. Immer, lieber Herr, habe ich eine so quälende Lust, die Dinge so zu sehn, wie sie sich geben mögen, ehe sie sich mir zeigen. Sie sind da wohl schön und ruhig. (BK 90)

Dieser Wunsch nach Schönheit und Ruhe der »Dinge« – eine Schlüsselvokabel der Jahrhundertwende –, die dann auch seiner Existenz Schönheit und Ruhe geben würden, erinnert an Lord Chandos' Wunsch, die »stummen Dinge« sprechen zu hören, und an die Utopie des Glücks in Richard Beer-Hofmanns Roman *Der Tod Georgs* von 1900. Glück ist hier die Erfahrung der »kühle[n] ruhevolle[n] Schönheit der Dinge, über die das Leben noch nicht gekommen war« und der »heiße Atem« des Menschen.[25]

Diese Ruhe und Schönheit des Lebens erfährt der Beter an einem Gespräch. Zuerst heißt es, daß er oft Leute von »der Ruhe und Schönheit der Dinge« reden hörte, dann changiert die Formulierung zu: »[. . .] daß die Leute so reden«. Das Reden als solches kann ruhig und schön sein als Gespräch um des Gespräches willen, ohne anderen Zweck als sich selbst – phatische Kommunikation nannte dies Malinowski –, ohne Regie des Bewußtseins. Während die Sprachverwirrung mit der Figur des Vaters verbunden war, gründet die Lebenssicherheit, das schöne Gespräch, in der Beziehung zwischen Mutter und Kind:

Ach, hören Sie doch, als ich als Kind einmal nach einem kurzen Nachmittagsschlaf die Augen öffnete hörte ich noch ganz im Schlaf befangen meine Mutter in natürlichem Ton vom Balkon hinunterfragen: »Was machen Sie meine Liebe. Es ist so heiß.« Eine Frau antwortete aus dem

Garten: »Ich jause im Grünen.« Sie sagte es ohne Nachdenken und nicht allzu deutlich, als müßte es jeder erwartet haben. (BK 90)

Diese Passage muß Kafka besonders wichtig gewesen sein, denn er hat sie, kaum verändert, aus einem Brief von 1904 übernommen (Br 29).

In den Briefen an Pollak klagt er ständig über scheiternde Kommunikationen zwischen ihnen. Zwischen ihnen werden die Worte »hart« und »krampfhaft«, wie »schlechtes Pflaster«. Ebenfalls das Harte, Steinerne betonen die anderen Metaphern: »eckig«, »viereckig«, »unbehauen«, »hartmäulig«. Die Steinmetaphorik variiert Kafka in die der »Mauer«, um seine Verschlossenheit zu erklären. Er benutzt eine alte und um die Jahrhundertwende bevorzugte Metaphorik für das kostbare Geheimnis, wenn er sagt, daß er sich wie eine »Mauer« gebe, weil er für den »Garten« fürchte. Diese Stelle verrät kaum unterdrückten Stolz und, nach all den Unterlegenheitsgesten, überraschend hohes Selbstbewußtsein:

Ich verstehe es ja, wenn man jahrelang vor einer häßlichen Mauer steht und sie so gar nicht abbröckeln will, dann wird man müde. Ja aber sie fürchtet für sich, für den Garten (wenn einer), Du aber wirst ärgerlich, gähnst, bekommst Kopfschmerzen, kennst Dich nicht aus. (Br 9 f.)

Der Garten, sein Inneres bleibt unzugänglich, »das Allerheiligste eines Fremden können wir niemals haben, nur das eigene« (Br 12). Allenfalls sind Abdrücke im Äußeren zu »haben«, Spuren, z. B. Goethes Fußspuren von seinen einsamen Gängen übers Land. Ein ironisches Beispiel, denn diese sind längst verschwunden. Was wir von Goethe »haben« können, lautet das stillschweigende Argument, ist seine Literatur.

Diese Sätze entsprechen der gängigen Sprachkritik um 1900. Die Individualität ist in den »Worten« (vgl. auch Br 9 f.) nicht zu haben. Weniger gängig ist eine Folgerung, die Kafka daraus zieht: weil wir daher verlassen und verirrt sind, nichts von den Schmerzen des anderen wissen, »sollten wir Menschen vor einander so ehrfürchtig, so nachdenklich, so liebend stehn wie vor dem Eingang zur Hölle« (Br 19).

Schon der erste Brief an Pollak enthält den Vorschlag, nicht mehr miteinander zu reden, sondern einander zu schreiben. Was hat das geschriebene Wort dem gesprochenen voraus? Briefe verbinden, schaffen aber auch Distanz gegenüber der womöglich einschüchternden Gegenwart des Anderen. Sie schaffen Zeit zum

Nachdenken. Kafka bezieht sich nicht auf solche Argumente, sondern auf seine Schreiberfahrung. Beim Schreiben seiner »Dinge« bebt und zittert sein Körper (vgl. Br 11). Gegenüber dem Harten und Eckigen des Redens erfährt er sich im Schreiben als leicht. »Wenn wir es zu schreiben versuchten, würden wir leichter sein, als wenn wir miteinander reden.« Auffallenderweise verbindet Kafka diese Qualität des »Leichten« auch mit Mädchen. Ende 1903 schreibt er an Pollak, daß die Mädchen die in »höllische Tiefen« fallende Menschen oben halten, »weil sie so leicht sind, darum müssen wir die Mädchen lieb haben und darum sollen sie uns lieb haben«. Die Mädchen und das Schreiben haben gemein, daß sie in einer »leidlichen Höhe über einer höllischen Tiefe« erhalten (Br 23). Schreibend könnten sie ohne »Scham« sprechen, denn das »Bessere« wäre in Sicherheit (Br 10), offensichtlich soll dies heißen: durch den distanzierenden Brief geschützt und bewahrt, nicht mehr behindert durch die Umstände der Sprechsituation. (Darin steckt auch die Absicht, »das Mädchen« von der Kommunikation auszuschließen. Der Abschnitt endet mit: »Ist das ein Einfall der Eifersucht?«) Die Formulierung schließt aber auch nicht die Lesart aus, daß die besondere ›literarische‹ Form des Briefs das »Bessere« erst kommunizierbar mache.

In einem späteren Brief kommt Kafka wieder auf die Erfahrung des Leichten beim Schreiben zu sprechen. Er gibt dabei eine Begründung, die auch später seine ästhetische Überzeugung bleibt: der poetische Text beginnt zu ›leben‹ erst in der Aufnahme durch den Leser. Die poetische Bedeutung wird rezeptionsästhetisch begründet. Eine Eintragung im Tagebuch von 1910 lautet: »Hebbel lobt Justinus Kerners ›Reiseschatten‹. Und solch ein Werk existiert kaum, niemand kennt es.« (T 28) In der Emanzipation vom Autor, im Rezeptionsakt des Lesers gewinnt das Werk erst das »wirkliche selbständige Leben« (M 264, vgl. auch T 306, 308). Sein »Liebstes und Härtestes« sei nur kühl, »und ich weiß, daß zwei fremde Augen alles wärmer und regsamer machen werden, wenn sie darauf schauen.« Unter dem Blick des Anderen erhält sein »Liebstes und Härtestes« Leben. Er fügt hinzu: »Ich schreibe nur wärmer und regsamer [...] »Auch hier bedeutet Schreiben eine intensive Selbsterfahrung, einen lebendigen Zustand. Im Schreiben der Briefe oder der »Dinge« oder im Lesen fällt die Mauer um den Garten. Die Kritik der Worte wird nicht prinzipiell widerrufen, aber in der Literarisierung der Worte ins Positive gewendet. Literarisierung der Worte macht den anderen notwendig, den Adressaten, den Leser. Das literarisierte Wort ist für und durch den Leser geschrieben. Gleichzeitig bestätigt dessen Rezeptionsakt, daß die Worte sich von der Individualität des Sprechers trennen, trennen müssen. Die Trennung enthält eine positive Bedeutung, die Bedingung der Möglichkeit, daß Worte »lebendig« überdauern. Es ist der »fremde«, also auch der verändernde Blick, der ihnen »wirklich selbständiges Leben« schenkt. Die Trennung des Geschriebenen vom Verfasser wird »Verstand«, da das Geschriebene nun für sich sprechen muß und sprechen kann (T 187). Je nach Situation und Adressaten wird Kafka aber auch nicht die Nachteile des Briefschreibens verschweigen, z. B. 1904 an Hedwig W.: »Wie wenig nützt die Begegnung im Brief, es ist wie ein Plätschern am Ufer, zweier durch einen See Getrennter.« (Br 40, vgl. auch M 260)

Überblickt man Kafkas Briefe an Oskar Pollak, dann wird ihre Selbstinszenierung deutlich. Er inszeniert sich in einer treuherzig-kindlichen, verspielt-naiven, »galgenlustigen« Rolle. Die »Schnörkel und Schleier und Warzen« sollen sein scheues Werben um den Freund sowohl schützen als auch verraten. Sie sind Ausdruck eines Unterlegenheitsgefühls, aber auch einer Strategie der Behauptung gegenüber Pollak. Sie sind einerseits bewußte, freie Inszenierung, darauf deuten die Metaphern des Schnörkels und Schleiers, aber sie sind andererseits auch unfreie, häßliche Inszenierungen, darauf deutet die Metapher der Warze. Zusätzlich mag darin eine Ablösung von den »großen« Worten liegen, in die er vorher so »vertollt« war.

Kafkas Schreiben ist für und durch den anderen; auch seine »Dinge« sind eine Art komplizierte Briefe, in denen er sich versteckt und zeigt, abwesend und anwesend ist. Er will wirken und andere von sich überzeugen.[26] Am Ende ist es der Vater, den er von sich überzeugen will: »Mein Schreiben handelte von Dir, ich klagte dort ja nur, was ich an Deiner Brust nicht klagen konnte.« (H 203)

### *Die Geschichte vom schamhaften Langen und vom Unredlichen in seinem Herzen*

Der Brief vom 2. 12. 1902 enthält die vertrackte »Geschichte vom schamhaften Langen und vom Unredlichen in seinem Herzen«

(Br 14-16). Diese Geschichte war natürlich nicht zur Veröffentlichung bestimmt, wenngleich sie für Pollak öffentlich gemacht wurde. Sie hat einen deutlich literarischen Charakter. Im Zusammenhang der frühen Briefe fällt diese Geschichte noch nicht einmal so sehr auf, denn diese Briefe haben einen ausgeprägt literarischen Stil: Metaphern, Personifikationen, Stimmungsbilder, Erzählszenen bestimmen ihn. Anfang 1904 setzt Kafka ebenfalls einen Brief in einer Erzählung fort (Br 26 f.).

Charakteristisch für Kafkas Briefe insgesamt ist das weitgehende Fehlen von Anrede – und Schlußformeln. Die Briefe wirken daher wie Ausschnitte aus einem ununterbrochenen Dialog zwischen Schreiber und Empfänger, wie Gesprächfragmente.[27] »Nein, geschrieben will ich Dir noch haben, ehe Du selbst kommst.« So beginnt ein Brief an Oskar Pollak, ohne die übliche Anredeformel.

Auch dieser Brief setzt unvermittelt ein: »Prag läßt nicht los. Uns beide nicht. Dieses Mütterchen hat Krallen.« Dann leitet er die »vertrackte« Geschichte ein.

Nach der Geschichte wird der Anfang wieder aufgegriffen. »Also überleg es Dir bis zum Karneval. Dein Franz.« Anfang und Ende des Briefes bilden einen Erzählrahmen, der durch das Motiv der Stadt mit der Binnenerzählung verbunden ist.

[Prag, Stempel: 20. XII. 1902]

Prag läßt nicht los. Uns beide nicht. Dieses Mütterchen hat Krallen. Da muß man sich fügen oder –. An zwei Seiten müßten wir es anzünden, am Vyšehrad und am Hradschin, dann wäre es möglich, daß wir loskommen. Vielleicht überlegst Du es Dir bis zum Karneval.

Du hast schon viel gelesen, aber die vertrackte Geschichte vom schamhaften Langen und vom Unredlichen in seinem Herzen kennst Du nicht. Denn sie ist neu und sie ist schwer zu erzählen.

Der schamhafte Lange war in einem alten Dorf verkrochen zwischen niedrigen Häuschen und engen Gäßchen. So schmal waren die Gäßchen, daß, wenn zwei zusammen gingen, sie sich freundnachbarlich aneinander reiben mußten, und so niedrig waren die Stuben, daß, wenn der schamhafte Lange von seinem Hockstuhl sich aufreckte, er mit seinem großen eckigen Schädel geradewegs durch die Decke fuhr und ohne sonderliche Absicht auf die Strohdächer niederschauen mußte.

Der Unredliche in seinem Herzen, der wohnte in einer großen Stadt, die betrank sich Abend für Abend und war rasend Abend für Abend. Dieses ist nämlich der Städte Glück. Und wie die Stadt war, so war auch der Unredliche in seinem Herzen. Dieses ist nämlich der Unred-

lichen Glück.
Vor Weihnachten einmal saß der Lange geduckt beim Fenster. In der Stube hatten seine Beine keinen Platz; so hatte er sie bequem aus dem Fenster gestreckt, dort baumelten sie vergnüglich. Mit seinen ungeschickten magern Spinnenfingern strickte er wollene Strümpfe für die Bauern. Die grauen Augen hatte er fast auf die Stricknadeln gespießt, denn es war schon dunkel.
Jemand klopfte fein an die Plankentür. Das war der Unredliche in seinem Herzen. Der Lange riß das Maul auf. Der Gast lächelte. Und schon begann sich der Lange zu schämen. Seiner Länge schämte er sich und seiner wollenen Strümpfe und seiner Stube. – Aber bei alledem wurde er nicht rot, sondern blieb zitronengelb wie zuvor. Und mit Schwierigkeit und Scham setzte er seine Knochenbeine in Gang und streckte schämig dem Gast die Hand entgegen. Die langte durch die ganze Stube. Dann stotterte er etwas Freundliches in die wollenen Strümpfe hinein.
Der Unredliche in seinem Herzen setzte sich auf einen Mehlsack und lächelte. Auch der Lange lächelte und seine Augen krabbelten verlegen an den glänzenden Westenknöpfen des Gastes. Der drehte die Augenlider in die Höhe und die Worte gingen aus seinem Mund. Das waren feine Herren mit Lackschuhen und englischen Halsbinden und glänzenden Knöpfen, und wenn man sie heimlich fragte: »Weißt du, was Blut aus Blut ist?«, so antwortete einer anzüglich: »Ja, ich habe englische Halsbinden.« Und kaum waren die Herrchen aus dem Munde draußen, stellten sie sich auf die Stiefelspitzen und waren groß, dann tänzelten sie zum Langen hin, kletterten zwickend und beißend an ihm hinauf und stopften sich ihm mühselig in die Ohren.
Da begann der Lange unruhig zu werden, die Nase schnupperte in der Stubenluft. Gott, was war die Luft so stickig, muffig, ungelüftet!
Der Fremde hörte nicht auf. Er erzählte von sich, von Westenknöpfen, von der Stadt, von seinen Gefühlen –, bunt. Und während er erzählte, stach er nebenbei seinen spitzen Spazierstock dem Langen in den Bauch. Der zitterte und grinste, – da hörte der Unredliche in seinem Herzen auf, er war zufrieden und lächelte, der Lange grinste und führte den Gast manierlich bis zur Plankentür, dort reichten sie sich die Hände.
Der Lange war wieder allein. Er weinte. Mit den Strümpfen wischte er sich die großen Tränen ab. Sein Herz schmerzte ihn und er konnte es niemandem sagen. Aber kranke Fragen krochen ihm von den Beinen zur Seele hinauf.
Warum ist er zu mir gekommen? Weil ich lang bin? Nein, weil ich ...?

Weine ich aus Mitleid mit mir oder mit ihm?

Hab ich ihn am Ende lieb oder haß ich ihn?

Schickt ihn mein Gott oder mein Teufel?
So drosselten den schamhaften Langen die Fragezeichen.
Wieder nahm er die Strümpfe vor. Fast bohrte er sich die Stricknadeln in die Augen. Denn es war noch dunkler.

Also überleg es Dir bis zum Karneval. Dein Franz

Der Stil der Geschichte wird geprägt durch Stilmittel des Märchens.[28] Sie bestimmen schon die Eingangsszene. Elemente des Märchenstils sind Diminutiva (»Häuschen«, »Gäßchen«, »Herrchen«), formelhafte Attribute (»altes Dorf«, »niedrige Häuschen«, »enge Gäßchen«), Satzeingänge mit »So« und syntaktische Parallelismen (»So schmal waren die Gäßchen, daß, wenn [. . .], und so niedrig waren die Stuben, daß, wenn [. . .]«), die formelhafte Zeitangabe (»Vor Weihnachten einmal«), die die der Welt des Märchens eigentümliche enthistorisierte Zeit markiert.[29] Schon im vorhergehenden Brief handhabt Kafka ironisch den Tonfall des Märchens; er berichtet dort, wie er Kindern »Märlein« erzähle (Br 14).

Die märchenhaften Stilmittel erzeugen einen Eindruck des Niedlichen, Harmlosen und Traulichen. »Freundnachbarlich« reibt man sich in den schmalen Gäßchen. Dieser Eindruck wird aber gebrochen durch die Formulierung, daß sich der schamhafte Lange im alten Dorf »verkrochen« habe, und durch die groteske Disproportion des Langen zu dem niedrigen Häuschen. In der Welt des Dorfes ist er nicht zu Hause. Jedoch besitzt die groteske Brechung nicht jene aggressive Aufdringlichkeit, die dem Grotesken eigen ist. Wenn man das Groteske definiert als Anomalität, die eine unauflösbare Konfusion von Komik und Schrecken erzeugt[30], dann handelt es sich hier um Komik mit groteskem Einschlag. Ihre Momente liegen im automatisierten Verhalten (»ohne sonderliche Absicht«), in der Disproportion von Raum und Figur, im Überdehnten der Figur, die an die überdehnten Gestalten der Zeichnungen Kafkas erinnert, im Ungelenken, Dummen (»Der Lange riß das Maul auf«), im Strümpfestricken, wobei er die Augen fast auf die Stricknadeln spießt, in seinen »Spinnenfingern« und »Knochenbeinen«, seinem »zitronengelben« Aussehen, in der Disproportion von geduckter Haltung und »bequemen« Baumeln der Beine.

Im folgenden Abschnitt wird die Gegenfigur zum schamhaften Langen eingeführt: der Unredliche »in seinem Herzen«, der in der großen Stadt wohnt. Die Stadt ist nicht nur der Ort des Unredlichen, sie ist dessen Wesen. Das Glück der Stadt, Rausch und Raserei, ist auch das Glück des Unredlichen. Eine Oppositionsreihe bildet die Struktur des Textes: der schamhafte Lange – der Unredliche in seinem Herzen, die Stadt – das Dorf, Glück – Scham, das Glänzende, Lackierte – das Alte, das Feine – das Ungelenke, der Rausch – die Einsamkeit, die bunten Gefühle (bunt ist das Attribut der Stadt in Nietzsches *Zarathustra*, in Hofmannsthals *Der Kaiser von China spricht* und *Siehst Du die Stadt?*) – das zitronengelbe, also hinfällige Aussehen des Langen.

Im kulturkritischen Diskurs der Jahrhundertwende nimmt die Kritik an der großen Stadt und die Opposition Stadt-Land, die dem Text zugrundeliegt, einen zentralen Ort ein. Von der Kulturreformbewegung und der Jugendbewegung bis hin zur Heimatkunstbewegung wird die Stadt kritisiert als Ort der Entfremdung, der Masse, des Intellektualismus, der modernen Nervosität. Progressive und regressive Tendenzen gehen in dieser Kritik eine widersprüchliche Verbindung ein, was überhaupt für die Gefühlslage der Jahrhundertwende charakteristisch ist.

Die Kritik der Stadt hat eine lange Vorgeschichte, sie verschärft sich mit der industriellen Entwicklung.[31] »In den Städten ist schlecht leben«, läßt Nietzsche Zarathustra sagen.[32] Neben der Kritik gibt es die Faszination. In der expressionistischen Lyrik wird z. B. die Stadt zu einem dämonischen Gott mythisiert. Das »Wunder der Stadt« besteht in Robert Walsers *Guten Tag, Riesin* (1907) darin, »daß eines jeden Haltung und Benehmen untertaucht in all diesen tausend Arten, daß das Betrachten ein flüchtiges, das Urteil ein schnelles und das Vergessen ein selbstverständliches ist [...] immer ist etwas und jedesmal ist das Etwas, wenn man es näher betrachten will, verschwunden«[33] – eine Passage, die der Beschreibung der Stadtatmosphäre in Kafkas *Hochzeitsvorbereitungen auf dem Lande* nahesteht.

Wie sehr das Thema der Stadt schon den jungen Kafka beschäftigte, zeigt der Titel des Buches, aus dem er einige Stücke Pollak schicken will: »Das Kind und die Stadt« (Br 21) – Leiden des Kindes an der Stadt, kann man wohl erläutern.[34] In Tagebuchaufzeichnungen aus dem Jahr 1910 macht Kafka die Erziehung in der Stadt für sein Leiden verantwortlich. Seinen Eltern, der ganzen Gesellschaft wirft er seine Erziehung vor und schreibt: »Erwartet man vielleicht, daß ich irgendwo abseits erzogen worden bin? Nein, mitten in der Stadt bin ich erzogen worden, mitten in der Stadt.« (T 16)[35]

In diesem Brief an Pollak meint die »unredliche« Stadt nicht nur die Stadt allgemein, sondern im besonderen Prag, das im Briefrahmen als eine ambivalente Erziehungswelt personifiziert wird, als ›Mütterchen mit Krallen‹. 1914 wird Kafka von Prag als dem »stärksten menschlichen Schaden, der mich je getroffen hat«, reden (T 367). Die Briefe an Pollak zeugen schon von einem ersten, gescheiterten, Ausbruchsversuch (vgl. Br 13).

Mit dieser Erfahrung eines zerstörerischen Prag hängt auch die auffallende Überlebens- und Trümmermetaphorik beim jungen Kafka zusammen. In einem von Brod auszugsweise mitgeteilten Brief von 1903 an Pollak, der inzwischen eine Hofmeisterstelle auf dem Lande angenommen hatte, heißt es:

> [. . .] während doch in Wahrheit wir die Halbverschütteten sind, Du aber gute Luft zum Atmen hast in diesem grünen Frühling. Darum ist es anmaßend und ein wenig sündhaft, Dir aus der Stadt zu schreiben, außer man rät Dir, weise wie die Städter für andere sind, Dich an die Landwirtschaft zu machen. Dagegen ist es klug und sorglich, sich vom Lande schreiben zu lassen. Das werde ich tun. (Br 497)

Ebenfalls von 1903:

> Wenn man so wie Du eine Zeit lang stirbt, hat man den Vorteil, alle Verhältnisse, die, wenn man in ihnen steht, notwendig verschwommen sein müssen, plötzlich klar in einem gütigen und bösen Licht zu sehn. Aber auch dem Überlebenden geht es so merkwürdig. (Br 19)

Der zwanzigjährige Kafka stellt sich als einen Überlebenden dar, der alle Verhältnisse in einem »gütigen und bösen Licht« sieht. Hinter ihm liegt die Katastrophe der Erziehung durch seine Familie und durch Prag. Prag ist in Wahrheit selbst ein Trümmerhaufen, das Leben in Prag daher ein Überleben. Bis in die Spätzeit blitzt diese Vorstellung auf, so in der *Beschreibung eines Kampfes* (BK 92) oder im Wunsch, irgendwo abseits aufzuwachsen, nach dem Einsturz der bewohnten Welt, befreit, ohne die Erwachsenen, als »jener kleine Ruinenbewohner [. . .], abgebrannt von der Sonne« (T 14). Mit seiner Metaphorik des Ausgekühlten und Abgebrannten und Wilden enthält dieses Erzählfragment von 1910 einen scharfen antizivilisatorischen Affekt. Der »Ausgekühlte« und »Abgebrannte« ist frei von allen Illusionen und Lebenslügen. In einer Version des Fragments schiebt er den Satz ein, »horchend ins Geschrei der Dohlen«, horchend ins Geschrei also, das aus ihm kommt (tschechisch kavka: Dohle), »horchend ins Geschrei der Dohlen, von ihrem Schatten überflogen, auskühlend unter dem Mond« (T 16). Diese emblematische Szenerie enthält Dunkelheit, Kälte und Tod. Dohlen sind Todesvögel. Ihr Geschrei, das aus ihm selbst kommt, ist seine Muse. Die Verbindung von Efeu, Emblem des Ruhmes und des Dionysos, und Ruine (»Efeulager« in den Trümmern [T 16]) mag ebenfalls ein emblematisches Zeichen für die Dichterexistenz sein, wie sie Kafka für sich entwarf.

Endlich eine Tagebucheintragung, die erstaunlich genau der frühen Briefstelle entspricht:

> Derjenige, der mit dem Leben nicht lebendig fertig wird, braucht die eine Hand, um die Verzweiflung über sein Schicksal ein wenig abzuwehren – es geschieht sehr unvollkommen –, mit der anderen Hand aber kann er eintragen, was er unter den Trümmern sieht, denn er sieht anderes und mehr als die anderen, er ist doch tot zu Lebzeiten und der eigentlich Überlebende. (T 545)

Kafkas Katastrophenerfahrung hat ihren Grund in seiner Lebensgeschichte. Dennoch steht sie nicht allein. Katastrophenerfahrungen markieren die Tiefenstruktur des lediglich an der Oberfläche optimistischen 19. Jahrhunderts. Um nur zwei Beispiele anzuführen, die für Kafka wichtig waren: Nietzsche sah in der Moderne eine einzige »Trümmerwelt«[36], Flaubert verstand sich selbst als Überlebenden.[37]

In der Geschichte vom schamhaften Langen ist die Opposition Stadt-Land nur eine scheinbare. Die Formulierung »Der Unredliche in seinem Herzen«, verbunden mit dem Relativsatz »der wohnte in einer großen Stadt«, suggeriert eine vom Langen unabhängige Figur. Er wird sogar als ein »Fremder« vorgestellt. Das Possessivpronomen besagt jedoch eindeutig: es ist eine Figur in seinem Herzen, Teil seiner selbst. Der Fremde ist Teil des eigenen Selbst in verkörperlichter, fremder Gestalt. Beide Figuren bilden eine Figuration. Schon die groteske Disproportion seiner Situation, sein Platz an der Grenze von innen und außen, am Fenster, sind Hinweise auf seine Doppelexistenz. Wegen dieser geheimen Identität der beiden Figuren ist diese Geschichte eine »vertrackte« Geschichte.

Nun wird auch verständlich, warum der Lange sich »verkroch«. Er verkroch sich vor der Stadt, vor sich selbst. Er ist schamhaft, weil er sich des Unredlichen in seinem Herzen schämt.

Die literarische Technik, die Kafka hier anwendet, ist alt. Es ist die Technik der Figurenspaltung, unter dem Titel des »Doppelgängers« vielfach behandelt.[38] Im Wien der Jahrhundertwende zog das Phänomen der Ich-Spaltung besondere Aufmerksamkeit auf sich. Freud und Breuers gemeinsame *Studien über Hysterie* von 1895 behandelten unter psychiatrischem Aspekt die Spaltung der Psyche. Hofmannsthal spricht von der »Spaltung des Ich«[39] und benutzt, nach einer Formulierung Wunbergs, »Schizophrenie als dichterische Struktur«.[40] Das bekannteste Beispiel ist seine *Reitergeschichte* von 1898: In einer Reitergestalt auf einer »Brücke« kommt der Wachtmeister Lerch sich selbst entgegen. In dieser Begegnung mit sich selbst kulminiert die Begegnung des Wachtmeisters mit seinen unbewußten Trieben. Psychische Tendenzen werden nicht auktorial als Innenwelt der Figuren dargestellt, sondern zu Handlungen, Gegenständen und Figuren entäußert. Äußere Wirklichkeit ist das nach Außen projizierte Innere.

Der da also »fein« an die Tür des schamhaften Langen klopft, ist ein Teil seines Selbst. Das Erscheinen des Unredlichen ist eine Personifizierung des Inneren. Personifikationen verwendet Kafka in diesen Briefen oft (vgl. Br 11 f. und 12 f.) Hier wird dieses Stilmittel mit einem grotesken Moment versehen. Denn die Personifizierung des Sehens und Sprechens hat eine Depersonalisation der beiden Figuren zur Folge: »Auch der Lange lächelte und seine Augen krabbelten verlegen an den glänzenden Westenknöpfen des Gastes«. Gegenüber dem lächelnden Gast wird der Lange verlegen und beginnt, sich und seiner Situation zu schämen, seiner Länge, seiner wollenen Strümpfe, seiner niedrigen Stube. Seine Scham ist eine doppelte. Sie ist affektives Eingeständnis eines Makels gegenüber dem Unredlichen, bedeutet also eine Identifikation mit ihm, und sie ist eine moralische Reaktion auf diese Entblößung seiner geheimen Wünsche. Scham ist daher auch Ausdruck innerer Selbstdistanzierung, innerer Gespaltenheit. In seiner Scham erniedrigt er sich vor dem Unredlichen und verurteilt sich wegen dieser eigenen unredlichen Seite seiner Person. Scham ist seine habituelle Gefühlslage, daher das Stereotyp

»schamhafter Lange«.

Scham ist weiterhin eine Reaktion auf (drohende oder geschehene) sexuelle Entblößung. Sie kommt folglich auch im folgenden Abschnitt »anzüglich« zum Ausdruck. Der Un-redliche wird nun beredt, er beginnt zu erzählen. Die Worte, die aus seinem Mund kommen, werden personifiziert als »feine Herren mit Lackschuhen und englischen Halsbinden und glänzenden Knöpfen«. Sie personifizieren die feine städtische, »bunte« Art. In der Opposition zum schamhaften und stummen Langen ist das Herausgehen der Worte aus dem Mund ein Akt der Schamlosigkeit. Zweideutigkeit gehört zum Wesen dieser Worte. Auf die »heimliche« Frage »Weißt du, was Blut aus Blut ist?« antwortet einer »anzüglich«: »Ja, ich habe englische Halsbinden.« Ein merkwürdiger Dialog, kaum entschlüsselbar, daher irritierend suggestiv. Die Frage nach »Blut aus Blut« zitiert den Typus magischer Formeln, die Antwort, mit der Ambiguität von »anzüglich« spielend, lenkt das Verständnis auf sexuelle Bedeutungen. Das erotische Bild von der Binde und dem Hals kehrt bei Kafka häufig wieder. (»Ihr Hals war nackt und nur unter dem Kinn von einem schwarzen Samtband umbunden und ihr lose bekleideter Körper war schön gebeugt.« [BK 14] Vgl. auch BK 96: »Halsbinde«. Gregor Samsa will den Hals seiner Schwester küssen, »den sie, seitdem sie ins Geschäft ging, frei ohne Band oder Kragen trug« [E 92].)

Das Aufnehmen der Worte erscheint als Verletzung, als Eindringen in den Körper des Langen. Dieses körperliche Eindringen wird durch eine Handlung des Unredlichen wiederholt. Während er erzählte, »stach er nebenbei seinen spitzen Spazierstock dem Langen in den Bauch«. Vokabeln des Verletzens kommen suggestiv im ganzen Text vor: in die Augen bohren, aufspießen, drosseln. Sie verstärken das Moment des Schreckens in der grotesken Komik des Textes.

Die ›eindringlichen‹ Worte verführen den Langen. Von Scham ist jetzt nicht mehr die Rede, die Stubenluft kommt ihm stickig vor, er zittert und grinst. Das Grinsen ist ein Ausdruck verschwiegenen Einverständnisses mit dem Unredlichen. Dieser ist nun auch zufrieden und geht. Der Lange, gar nicht mehr unbeholfen, führt den Gast manierlich bis zur Tür.

Sobald er wieder allein ist kehren seine Zwiespältigkeit und seine Scham zurück. Sein Herz schmerzt ihn. Eine Reihe »kranker Fragen« kriechen zu seiner Seele hinauf. In einem inneren Monolog denkt er über die Widersprüche seiner Existenz nach, ohne zu einer Antwort zu kommen. Die Fragezeichen »drosselten« ihn. Die Reihe der »kranken Fragen« endet in der einen, ob den Unredlichen sein »Gott« oder sein »Teufel« geschickt habe. Schon vorher war diese religiöse Dimension angedeutet worden: »Gott, was war die Luft so stickig [...].« Über die Bedeutung der Redewendung hinaus hat hier das »Gott« den Charakter einer Interjektion.[41] Auch die Zeitangabe »Vor Weihnachten einmal« deutet in diese Richtung.

Dieser Zeitangabe entspricht das Datum des Poststempels: 20. 12. 1902. Der Briefrahmen enthält weiterhin den Hinweis auf »Karneval«. Prag müßte an zwei Seiten angezündet werden. »Vielleicht überlegst Du es Dir bis zum Karneval«, heißt es zu Beginn, und der letzte Satz des Briefes lautet: »Also überleg es Dir bis zum Karneval.« Die Binnenerzählung hat »also« etwas mit dieser Aufforderung zu tun, Prag anzuzünden, um davon loszukommen.

Durch das wiederholte »Karneval« erscheint die Aufforderung als eine Art Karnevalsidee. In Wahrheit kommen sie von Prag nicht los. So ist sie in der Tat wohl zu verstehen, die vertrackte Geschichte dann aber auch selbst als eine Art Karneval, als Maske (vgl. Br 9), als eine indirekte, maskierte Botschaft an den Freund. Deswegen, weil sie etwas über Kafka und Pollak aussagt, ist die vertrackte Geschichte auch so »schwer zu erzählen«.[41]

Die Attribute des schamhaften Langen, seine Länge, das Einsame, Verlegene, das Eckige (vgl. Br 9: »eckige Geste«, »viereckige Mienen«), Scham und Furcht (vgl. Br 10) können als Anspielungen auf Kafka verstanden werden. (Diese Attribute kommen auch der Ich-Figur der *Beschreibung eines Kampfes* zu.) Der schamhafte Lange wäre also ein kritisches Selbstporträt des jungen Kafka. Er entwirft das Porträt einer widersprüchlichen Existenz und sein Selbst als ausgesetzt der Gewalt: der Gewalt von anderen, der Gewalt, die es sich selbst antut. Für die Rolle des Unredlichen wäre dann Oskar Pollak einzutragen, ebenfalls ein kritisches Porträt.[42] Die vertrackte Geschichte redet von ihrer Identität – »Ich könnte oft nicht sagen, was aus mir ist oder aus Dir ist, und Dir wird es vielleicht auch so gehn« (Br 10) – und ihrer Differenz, von ihrer Vertrautheit und Fremdheit. Oskar Pollak wird den Brief auch so verstanden haben, als eine Karnevalsidee mit ernstem Hintergrund.

Gewiß trennt vieles diese Geschichte von der Erzählkunst späterer Erzählungen. Die raffinierte und den Leser verunsichernde Engführung von Erzählperspektive und Figurenperspektive gibt es hier noch nicht. Der ironisch und grotesk eingesetzte Ton des Märchenhaften und Niedlich-Kindlichen findet sich auch in einem Gedicht des jungen Kafka, das im Kontrast zu zwei anderen Gedichten deutlich den bewußten Einsatz dieses Tons zeigt, dann gelegentlich in der *Beschreibung eines Kampfes*, in den *Hochzeitsvorbereitungen auf dem Lande*, danach nicht mehr. Hier handelt es sich um eine auktorial erzählte Geschichte, wenngleich der Märchenton des Erzählers die Bewußtseinslage des Langen mitreflektiert. Die Geschichte zeigt auch noch nicht die dramatische Folgerichtigkeit, mit der in den späteren Erzählungen die Handlung abläuft. Dennoch sind Motive, die das spätere Werk konstituieren, schon angelegt. Konstitutiv ist die Wahl einer kleinen Geschichte, die »in einem Zug« (T 293) geschrieben werden kann. Die Romane bleiben Fragmente.

Die narrative Technik der Figurenspaltung und Figurenverdoppelung ist ein Grundmuster des Jugend- und Spätwerks.[43] Die *Beschreibung eines Kampfes* basiert auf der Konfiguration Ich-neuer Bekannter. Schon die Eingangsszene exponiert dieses Verhältnis. Die Fassung B verstärkt dies noch in der Formulierung, daß der neue Bekannte dem Ich »erscheint« und durch das Personalpronomen »es«, das die Personifikation des Unbewußten anzeigt. Die anderen Figuren, der Beter und der Dicke, sind durch Familienähnlichkeit dem Ich und dem Bekannten assoziiert.

In den *Hochzeitsvorbereitungen auf dem Lande* wird die psychische Genese einer solchen Spaltung vorgeführt. Eduard Raban widerstrebt es, zu seiner Braut auf das Land zu fahren:

> Und überdies kann ich es nicht machen, wie ich es immer als Kind bei gefährlichen Geschäften mache? Ich brauche nicht einmal selbst aufs Land fahren, das ist nicht nötig. Ich schicke meinen angekleideten Körper. Wankt er zur Tür meines Zimmers hinaus, so zeigt das Wanken nicht Furcht, sondern seine Nichtigkeit. Es ist auch nicht Aufregung, wenn er über die Treppe stolpert, wenn er schluchzend aufs Land fährt und weinend dort sein Nachtmahl ist. Denn ich, ich liege inzwischen in meinem Bett, glatt zugedeckt mit gelbbrauner Decke, ausgesetzt der Luft, die durch das wenig geöffnete Zimmer weht. Die Wagen und

> Leute auf der Gasse fahren und gehen zögernd auf blankem Boden, denn ich träume noch. Kutscher und Spaziergänger sind schüchtern und jeden Schritt, den sie vorwärts wollen, erbitten sie von mir, indem sie mich ansehen. Ich ermuntere sie, sie finden kein Hindernis. Ich habe, wie ich im Bett liege, die Gestalt eines großen Käfers, eines Hirschkäfers, glaube ich.
> [...]
> Eines Käfers große Gestalt, ja. Ich stelle es dann so an, als handle es sich um einen Winderschlaf, und ich preßte meine Beinchen an meinen gebauchten Leib. Und ich lisple eine kleine Zahl Worte, das sind Anordnungen an meinen traurigen Körper, der knapp bei mir steht und gebeugt ist. Bald bin ich fertig – er verbeugt sich, er geht flüchtig und alles wird er aufs beste vollführen, während ich ruhe. (H 11 f.)

Im Erzählzyklus *Betrachtung* haben Doppelgängerfunktion der Bauernfänger und das Kind, ein »kleines Gespenst« (*Unglücklichsein*). Die Figuren in *Das Urteil* bilden Kafkas eigener Interpretation zufolge eine Konfiguration: »Der Freund ist die Verbindung zwischen Vater und Sohn, er ist ihre größte Gemeinsamkeit [...] Die Entwicklung der Geschichte zeigt nun, wie aus dem Gemeinsamen, dem Freund, der Vater hervorsteigt und sich als Gegensatz Georg gegenüber aufstellt, verstärkt durch andere kleinere Gemeinsamkeiten, nämlich durch die Liebe, Anhänglichkeit der Mutter [...]« (T 296). Und: »Die Geschichte steckt voll Abstraktionen, ohne daß sie zugestanden werden. Der Freund ist kaum eine wirkliche Person, er ist vielleicht eher das, was dem Vater und Georg gemeinsam ist.« (F 396 f.)

Die narrative Struktur der Erzählungen und Romane ist gekennzeichnet durch ein widersprüchliches Verhältnis von Held und Gegenwelt. Zwischen beiden herrscht Kampf, aber auch eine geheime Gemeinsamkeit. Die Gegenwelt ist das Eigene des Helden in fremder Gestalt. Alles geschieht auch im »eigenen Hause«. (E 124) Ein schlagendes Beispiel bietet die Eingangsszene im *Prozeß*. Josef K. wird von Vertretern eines fremden Gerichts verhaftet, so hat es den Anschein. Jedoch tritt der Mann, der ihn verhaftet, auf sein Läuten hin ein. Dieses galt zwar seinem Frühstück, er tritt aber »sofort« ein, als ob es ihm gegolten hätte. Wie das Ich in der *Beschreibung eines Kampfes* seinen Bekannten, erlebt Josef K. diesen Mann als eine Erscheinung (P 9). Wenig später spielt Josef K. seine eigene Verhaftung vor. In Selbstvergessenheit spielt er aber nicht den, der verhaftet wird, sondern den, der verhaftet.

Er ruft »zu sehr in der Rolle des Aufsehers ›Josef K.‹« (P 39 f.).

Dieses Beispiel zeigt noch ein anderes, ebenfalls schon in den frühen Briefen angelegtes, konstitutives Element von Kafkas Werk: das Theater. Die Welt als Theater, ein altes Motiv, das besonders in der österreichischen Literaturtradition lebendig blieb. Die Welt von Kafkas Erzählungen ist ein theatrum mundi, in dem seine Helden eine schlechte Vorstellung geben. Rekurrente Vokabeln aus dem semantischen Feld des Theaters sind: agieren, Kulisse, Komödiant, Komödie, Vorstellung, Darstellung, Spiel, Rolle.

Ebenso grundlegend bleibt die Opposition Stadt-Land. Die Stadt ist der Ort des verfehlten, unsicheren, müden Lebens in *Beschreibung eines Kampfes* und in *Hochzeitsvorbereitungen auf dem Lande*. Die Stadt ist der Ort des Kampfes zwischen Vater und Sohn, in *Das Urteil* und seiner Vorform »Die städtische Welt« (T 45-52). Im *Prozeß* kommt es in der Kirche zu einem Gespräch mit dem Geistlichen: »›Laß das Nebensächliche‹, sagte der Geistliche. ›Was hältst du in der Hand? Ist es ein Gebetbuch?‹ ›Nein‹, antwortete Josef K., ›es ist ein Album der städtischen Sehenswürdigkeiten.‹ ›Leg es aus der Hand‹, sagte der Geistliche. K. warf es so heftig weg, daß es aufklappte.« (P 252)

Eine auffallende Eigenschaft von Kafkas Texten ist die Wiederkehr von Angaben, Attributen, Vergleichen, Metaphern. Durch ihre kontextuelle Position erwecken sie Sinnerwartungen, ohne diese zu erfüllen. Eine solche Angabe ist in der *Geschichte des schamhaften Langen* das Attribut »zitronengelb«. Durch seine Konkretheit fällt es auf. Im Kontext wird dadurch gleichzeitig zu viel und zu wenig gesagt. Zuviel: es fällt auf durch seine Konkretheit, zuwenig: es wird nicht angegeben, warum gerade diese Konkretheit. Immerhin dienen die »Knochenbeine« und »Spinnenfinger« als explizierende Parallelen.

Warum, fragt man sich, nicht einfach gelb? Warum »zitronengelb«? Hat vielleicht »Zitrone« eine versteckte Bedeutung? Im Werk Kafkas werden nun bestimmte Angaben in verschiedenen Kontexten wiederholt. Dies widerspricht realistischer Erzählkunst, in der das konkrete Detail seinen individuellen Ort hat. Diese Wiederholungen bilden, was man die narrative Topik von Kafkas Werk nennen könnte. Topisch eingesetzte Elemente sind die Farben, schwarz, golden, weiß, rot, gelb. Mit »zitronengelb« beginnt die Reihe des »gelb«. »Gelb zum Wegwerfen« ist der

Freund in Rußland in *Das Urteil* (E 31; vgl. dann BK 22, A 75, 121, 253, P 169, 173, 285, S 434; dazu gehört der ganze China-Erzählkomplex). Überblickt man diese Reihe, dann bedeutet gelb so viel wie Krankheit, Hinfälligkeit, Todesnähe. Dem topischen Muster entsprechen die Serien der Frauen, Kinder, Soldaten, Pferde bzw. die ihnen zugehörigen Angaben. Die Aufhebung der individuellen Bedeutung durch die Wiederholung legt diesen Elementen einen symbolischen, fast emblematischen Effekt zu.

Wie unfertig auch immer enthält die ›Geschichte vom schamhaften Langen und vom Unredlichen in seinem Herzen‹ schon Kafkas vertrackte Poetik des Verrats. Die gewählte Sprache verrät den Sprecher im doppelten Sinn von Verrat. Hier ist die Technik noch unausgebildet, weil Erzählerperspektive und Figurenperspektive disparat bleiben. Von der *Beschreibung eines Kampfes* einer Ich-Erzählung an, stellt sich der Held als Erzähler, als Sprechender vor und verrät sich in dem, was er spricht, wie er spricht und wie er agiert. Gegen den Sprecher kann sich seine Sprache kehren. Aus dem *Urteil*: »›Zehntausendmal!‹ sagte Georg, um den Vater zu verlachen, aber noch in seinem Mund bekam das Wort einen toternsten Klang.« (E 31). In der letzten Tagebucheintragung steht der Satz: »Jedes Wort, gewendet in der Hand der Geister – dieser Schwung der Hand ist ihre charakteristische Bewegung –, wird zum Spieß, gekehrt gegen den Sprecher.« (T 585)

Schließlich die Scham mit ihrer Verbindung von Moralität und Sexualität. Auch sie bleibt im späteren Werk gegenwärtig. Sie selbst ist ein Entblößungsgefühl, ein Gefühl des Verrats: der Verbergung und des Eingeständnisses. Es ist die Scham über diese Existenz, über den Skandal, daß diese Existenz so ist, wie sie ist. Ihr gilt der letzte Satz im *Prozeß*: »›Wie ein Hund!‹, sagte er, es war, als sollte die Scham ihn überleben.«

Das Spätwerk wird mit den Jugendbriefen weiterhin durch die Motive des Mondes (Br 19) und des unterirdischen Tiers, des Maulwurfs (Br 17, 29) verbunden. Die frühe Schreiberfahrung des Leichtwerdens, erotisch getönt durch die »Mädchen«, wird ein Leitmotiv der *Betrachtung* werden.

Die ersten Briefe zeugen darüber hinaus von einer Besessenheit, die Kafka bis zu seinem Tod nicht verlassen wird. Er »muß« schreiben. Er liebt, was er sein »Unglück« nennt und als einen Teufel darstellt: »Du siehst, das Unglück sitzt mir von früh an auf dem Buckel.« (Br 18):

> Übrigens ist schon eine Zeit lang nichts geschrieben worden. Es geht mir damit so: Gott will nicht, daß ich schreibe, ich aber ich muß. So ist es ein ewiges Auf und Ab, schließlich ist doch Gott der Stärkere und es ist mehr Unglück dabei, als Du Dir denken kannst. So viele Kräfte sind mir an einen Pflock gebunden, aus dem vielleicht ein grüner Baum wird, während sie freigemacht mir und dem Staat nützlich sein könnten. Aber durch Klagen schüttelt man keine Mühlsteine vom Hals, besonders wenn man sie lieb hat. (Br 21)

Dieses Zitat enthält früh schon die ganze Ambivalenz, die Kafka gegenüber seinem Schreiben verspürt: die Liebe zu den Mühlsteinen am Halse. Schon hier ist vom Wunsch die Rede, in einem Akt spontaner, ununterbrochener Kreation die »Wunderdinge« aus seinem Inneren zu heben. Auf diese Metaphorik des Aus-sich-Hervorhebens wird er immer wieder zurückkommen. So taucht die Formulierung, die er an dieser Stelle für die erwünschte Art des Schreibens verwendet, im Zusammenhang mit dem *Urteil* wieder auf: Schreiben »in einem Zug« (T 293, vgl. auch T 267: »im ganzen Zug«). An Pollak schreibt er 1903 (?): »was ich wollte von diesem Sommer, ich sage es: das, was ich in mir zu haben glaube (ich glaube es nicht immer), in einem Zug zu heben.« (Br 17, vgl. auch Br 27: »in einem Zug« lesen.)

Schon der junge Kafka hat sein Schreiben mit einem messianischen Anspruch verbunden. Dafür spricht jedenfalls eine Passage aus einem Brief von 1903 (?). Die Passage ist mit selbstironischen und spielerischen »Schnörkeln« formuliert, der Ernst, mit dem er »wecken« will – eine biblische Vokabel mit eschatologischer Bedeutung –, nicht zu überlesen:

> Du verstehst Du das Gefühl, das man haben muß, wenn man allein eine gelbe Postkutsche voll schlafender Menschen durch eine weite Nacht ziehen muß? Man ist traurig, man hat ein paar Tränen im Augenwinkel, schleppt sich langsam von einem weißen Meilenstein zum anderen, hat einen krummen Rücken und muß immer die Landstraße entlang schauen, auf der doch nichts ist als Nacht. Zum Kuckuck, wie wollte man die Kerle aufwecken in der Kutsche, wenn man ein Posthorn hätte. (Br 18)

Schon in diesen Briefen ist der hohe literarische Anspruch einer »Verkündigung« gepaart mit dem Zweifel, hinter ihm käme nichts anderes als »zwei Milchzähne« zum Vorschein. (Br 29)

In einem Brief vom Januar 1904 nimmt er das Motiv des Wekkens auf, in dem er formuliert, welche Wirkung Literatur überhaupt haben soll. Es handelt sich um ein radikales literarisches Programm. Es verspricht kein Glück, keinen Trost – dies alles würde den Betrug über das »gefrorene Meer in uns« fortsetzen. Denn das Glück, das wir haben, ist nichts anderes als der Selbstbetrug über dieses gefrorene Meer in uns. Nur der Wirkung des äußersten Unglücks traut dieses literarische Programm zu, den Selbstbetrug zu zerstören, das gefrorene Meer aufzuschlagen. Schon in einem früheren Brief (Br 19) erwartet der junge Kafka nur vom Eingeständnis des Unglücks, daß die Menschen »einander liebend helfen«. (Br 23 und 19) Weil wir unglücklich sind und weil wir uns dies eingestehen, können wir uns liebend helfen. Daher, so sagt dieser Brief, wird nur die Verstoßung von allen Menschen weg wieder zu ihnen führen, braucht man eine Axt, um das gefrorene Meer aufzuschlagen. In diesem Kontext ist die Axt-Metapher wohl auch motiviert durch den biblischen Vergleich des religiösen Wortes mit einem Schwert (Hebräer 4, 12). Man wird auch an Heine denken, der auch die Metapher der Axt für seine Literatur verwendete[44], mehr noch an Flaubert, der mit seiner Literatur auf eine Demoralisierung des Lesers zielte.[45] Dennoch sucht das literarische Programm des 21jährigen Kafka in seiner destruktiven Radikalität seinesgleichen:

> Ich glaube, man sollte überhaupt nur solche Bücher lesen, die einen beißen und stechen. Wenn das Buch, das wir lesen, uns nicht mit einem Faustschlag auf den Schädel weckt, wozu lesen wir dann das Buch? Damit es uns glücklich macht, wie Du schreibst? Mein Gott, glücklich wären wir eben auch, wenn wir keine Bücher hätten, und solche Bücher, die uns glücklich machen, könnten wir zur Not selber schreiben. Wir brauchen aber die Bücher, die auf uns wirken wie ein Unglück, das uns sehr schmerzt, wie der Tod eines, den wir lieber hatten als uns, wie wenn wir in Wälder verstoßen würden, von allen Menschen weg, wie ein Selbstmord, ein Buch muß die Axt sein für das gefrorene Meer in uns. Das glaube ich. (Br 27 f.)

An diese Passage schließt Kafka einen Satz an, in dem er Pollak als das Glück, sich selbst als das Unglück apostrophiert. (Die Vokabeln »glänzen« und »Glück« verweisen auf den »Unredlichen in seinem Herzen«.) Aus seiner Schwäche, seinem Unglück macht Kafka seine Stärke. Das Negative wird das Positive. Er wird unglückliche Bücher schreiben: »Aber du bist ja glücklich, Dein Brief glänzt förmlich, ich glaube, Du warst früher nur infolge des schlechten Umganges unglücklich, es war ganz natürlich, im Schatten kann man sich nicht sonnen.«

## *Anmerkungen*

1 In der Handschrift abgebildet bei K. Wagenbach, *Franz Kafka. Eine Biographie seiner Jugend*, Bern 1958, S. 50.
2 Zur Quellenlage der Briefe vgl. H. Binder (Hg.), *Kafka-Handbuch*, Stuttgart 1979, Bd. 2, S. 505 ff.
3 Kafkas Werke werden wie üblich mit folgenden Siglen abgekürzt:
Br *Briefe 1902-1924*, New York/Frankfurt a. M. 1958, hg. v. M. Brod
T *Tagebücher 1910* [recte 1909]-1923, New York/Frankfurt a. M. 1951, hg. v. M. Brod
BK *Beschreibung eines Kampfes. Die zwei Fassungen*, hg. v. M. Brod, Textedition von L. Dietz, Frankfurt a. M. 1968
H *Hochzeitsvorbereitungen auf dem Lande und andere Prosa aus dem Nachlaß*, hg. v. M. Brod, New York/Frankfurt a. M. 1953
A *Amerika* [*Der Verschollene*], hg. v. M. Brod, New York/Frankfurt a. M. 1953
P *Der Prozeß*, hg. v. M. Brod, New York/Frankfurt a. M. 1950
S *Das Schloß*, hg. v. M. Brod, New York/Frankfurt a. M. 1960
M *Briefe an Milena*, hg. v. W. Haas, New York/Frankfurt a. M. 1952
F *Briefe an Felice und andere Korrespondenz aus der Verlobungszeit*, hg. v. E. Heller u. J. Born, Frankfurt a. M. 1967.
4 M. Brod, *Über Franz Kafka*, Frankfurt a. M. 1974, S. 57 f.
5 A.a.O., S. 58.
6 Ebd.
7 A.a.O., S. 57 und 59.
8 Vgl. auch J. Unseld, *Franz Kafka. Ein Schriftstellerleben*, München 1982, S. 17 ff.
9 Über das Lebensgefühl der Müdigkeit im Fin-de-siècle vgl. z. B. M. Herzfeld, *Fin-de-siècle*, in: *Die Wiener Moderne*, hg. v. G. Wunberg, Stuttgart 1981, S. 260-265.
10 Wagenbach, a.a.O., S. 103 ff.
11 Zu den kulturpolitischen Absichten und Hintergründen des ›Kunstwarts‹ vgl. G. Kratzsch, *Kunstwart und Dürerbund. Ein Beitrag zur Geschichte der Gebildeten im Zeitalter des Imperialismus*, Göttingen 1969.

12 Wagenbach, a.a.O., S. 105.
13 Brod, a.a.O., S. 58.
14 Vgl. auch P. Cersowsky, ›*Die Geschichte vom schamhaften Langen und vom Unredlichen in seinem Herzen*‹. *Zu Fremdeinflüssen, Originalität und Erzählhaltung beim jungen Kafka*, in: Sprachkunst 7 (1976), S. 21 ff.
15 Brod, a.a.O., S. 54.
16 Vgl. den informativen Überblick von V. Zmegač, *Zum literaturhistorischen Begriff der Jahrhundertwende (um 1900)*, in: *Deutsche Literatur der Jahrhundertwende*, hg. v. V. Zmegač, Meisenheim 1981, S. XXIX ff.
17 Brod, a.a.O., S. 57.
18 Vgl. die exemplarische Analyse von A. Schöne, *Über Goethes Brief an Behrisch vom 10. November 1767*, in: *Festschrift für R. Alewyn*, hg. v. H. Singer u. B. v. Wiese, Köln 1967, S. 214 ff.; allgemein: W. J. Ong, S. J., *Interfaces of the word*, Ithaca and London 1977, S. 74: »the writer's audience is always a fiction. The historian, the scholar or scientist, and the simple letter writer all fictionalize their audiences, casting them in a made-up role and calling on them to play the role assigned.«
19 Vgl. Brod, a.a.O., S. 54 ff. und A. Zanoli, *Kafka e Pollak: descrizione di un conflitto*, Paragone 250, 1970, S. 3-28.
20 H. v. Hofmannsthal, *Prosa* II, hg. v. H. Steiner, Frankfurt a. M. 1951 (Gesammelte Werke in Einzelausgaben), S. 22. Zur »Sprachkrise« und zum ›Chandos-Brief‹ vgl. G. Saße, *Sprache und Kritik. Untersuchungen zur Sprachkritik der Moderne*, Göttingen 1977, S. 62 ff.; W. Mauser, *Hugo von Hofmannsthal*, München 1977, S. 117 ff.; Chr. L. Hart Nibbrig, *Rhetorik des Schweigens*, Frankfurt a. M. 1981, S. 154 ff.; den Überblick von H. Arntzen, *Sprachdenken und Sprachkritik*, in: *Deutsche Literatur. Eine Sozialgeschichte*, hg. v. H. A. Glaser, Bd. 8: *Jahrhundertwende*, Reinbek 1982, S. 247-259. P. v. Polenz, *Die Sprachkrise der Jahrhundertwende und das bildungsbürgerliche Deutsch*, in: Sprache und Literatur 1983, Heft 2, S. 3-13.
21 W. H. Sokel, *Von der Sprachkrise zu Franz Kafkas Poetik*, in: *Österreichsche Gegenwart. Die moderne Literatur und ihr Verhältnis zur Tradition*, hg. v. W. Paulsen, Bern 1980, S. 39.
22 Vgl. G. Kurz, *Traum-Schrecken. Kafkas literarische Existenzanalyse*, Stuttgart 1980, S. 1 ff.
23 Dies hat jetzt S. Kessler, *Kafka-Poetik der sinnlichen Welt. Strukturen sprachkritischen Erzählens*, Stuttgart 1983, zum Ausgangspunkt ihrer Interpretation gemacht.
24 Vgl. J. Schmidt, *Eigenschaftslosigkeit. Eine Erläuterung zu Musils Grundbegriff*, Tübingen 1975, S. 63 ff.
25 R. Beer-Hofmann, *Gesammelte Werke*, Frankfurt a. M. 1963, S. 528. Vgl. W. Rehm, *Der Dichter und die Einsamkeit. Aufsätze zur Litera-*

*tur um 1900*, Göttingen 1969, S. 78 ff.

26 R. Hayman vermutet, daß Kafka vor allem für die Frauen geschrieben habe, um deren Liebe zu gewinnen (R. Hayman, *Kafka and the mice*, in: Partisam Review 48 (1981), Nr. 3, S. 356.

27 Zur Charakteristik von Kafkas Briefstil vgl. H. Binder, *Kafka in neuer Sicht*, Stuttgart 1976, S. 3-34.

28 Vgl. dazu und im folgenden Cersowsky, a.a.O.

29 Cersowsky, a.a.O., macht für diese Diminutive auch auf einen Artikel *Sommerfrischengedanken* von Ferdinand Avenarius im ›Kunstwart‹ vom September 1902 (H 23, S. 461) aufmerksam. Der Artikel behandelt die Bedrohung der ländlichen Ferienorte durch die Städter, diese »Herrchen« und »Dämchen«, die am Strand »tänzeln« und »schwänzeln«.

30 Vgl. Ph. Thomson, *The grotesque*, London 1972, S. 20 ff.; zur Stelle vgl. N. Kassel, *Das Groteske bei Franz Kafka*, München 1969.

31 Vgl. F. Sengle, *Wunschbild Land und Schreckbild Stadt*, in: Studium Generale 16 (1963), S. 619-631; zur Jahrhundertwende vgl. R. Pascal, *From Naturalism to Expressionism. German literature and society 1880-1918*, London 1973, S. 124 ff.; H. Rölleke, *Die Stadt bei Stadtler, Heym und Trakl*, Berlin 1966; Th. Anz, *Literatur der Existenz. Literarische Psychopathographie und ihre soziale Bedeutung im Frühexpressionismus*, Stuttgart 1977, S. 71 ff.

32 F. Nietzsche, *Sämtliche Werke*, hg. v. K. Schlechta, 3 Bde., München 1966, Bd. 2, S. 318.

33 R. Walser, *Fritz Kochers Aufsätze*, in: R. Walser, *Das Gesamtwerk*, hg. v. J. Greven, Frankfurt a. Main 1978, Bd. 1, S. 287 f.

34 In der Literatur der Jahrhundertwende ist das leidende, unglückliche Kind ein verbreitetes Motiv (vgl. W. Wucherpfennig, *Kindheitskult und Irrationalismus in der Literatur um 1900*, München 1980, S. 192 ff.).

35 1916 nennt Kafka die Erziehung einer »Verschwörung der Großen« (T 512). Sie ist eine Zerstörung der »freien Kindheit« (vgl. H 227 ff.).

36 Nietzsche, a.a.O., Bd. 2, S. 229.

37 Vgl. J. Culler, *Flaubert. The uses of uncertainty*, London 1974, S. 32 f., und Kurz, a.a.O., S. 60.

38 Vgl. O. Rank, *Der Doppelgänger*, Leipzig 1925; W. Krauss, *Das Doppelgängermotiv in der deutschen Romantik*, Berlin 1930; R. Tymms, *Doubles in literary psychology*, Cambridge 1949; H. Ellenberger, *Die Entdeckung des Unbewußten*, 2 Bde., Bern 1973.

39 H. v. Hofmannsthal, *Aufzeichnungen*, hg. v. H. Steiner, Frankfurt a. M. 1959 (Gesammelte Werke in Einzelausgaben), S. 115.

40 G. Wunberg, *Der frühe Hofmannsthal. Schizophrenie als dichterische Struktur*, Stuttgart 1965; vgl. auch B. Urban, *Hofmannsthal, Freud*

*und die Psychoanalyse*, Bern 1978.

41 Eine analoge Funktion hat die Interjektion der Bedienerin im *Urteil*: »›Jesus!‹ rief sie und verdeckte mit der Schürze ihr Gesicht [...]«. (E 32)

42 M. Brod, *Ein streitbares Leben*, Frankfurt a. M. 1967, S. 166, sieht im »Unredlichen« ein Porträt von Kafkas Schulkameraden Emil Utitz. Ich halte dies für unwahrscheinlich.

43 Vgl. G. Kurz, *Figuren*, in: *Kafka-Handbuch*, Bd. 2, S. 172 ff.

44 H. Heine, *Sämtliche Werke*, hg. v. E. Elster, 7 Bde., Leipzig/Wien 1887-1890, Bd. 3, S. 362.

45 Culler, a.a.O.

*Jost Schillemeit*

# Kafkas *Beschreibung eines Kampfes* Ein Beitrag zum Textverständnis und zur Geschichte von Kafkas Schreiben

Die *Beschreibung eines Kampfes* – der früheste abgeschlossene erzählende Text Kafkas, den wir kennen – ist noch immer einer der rätselhaftesten, vermutlich auch einer der unbekanntesten Teile des Kafkaschen Werkes und eine Crux der Kafka-Forschung. Ein Hauptgrund der Schwierigkeiten liegt offenbar in der eigentümlich zusammengesetzten, vielteiligen und verschachtelten Struktur des Textes: in einer Weise, die von allem abweicht, was man vom späteren Kafka her kennt, werden ja hier mehrere Geschichten in einer erzählt, oder, besser gesagt: mehrere Texte in einem dargeboten; Texte, die sich nicht nur inhaltlich, sondern auch formal und ihrer Bauart nach unterscheiden und offenbar zum Teil auch entstehungsgeschichtlich voneinander unabhängig sind – so daß sich die Frage aufdrängt, ob es hier irgendeinen übergreifenden ›Plan‹, irgendeine ›Kompositionsidee‹ oder ›Gesamtkonzeption‹, nach der die einzelnen Teile zusammengefügt wurden, und überhaupt irgendeinen ›Zusammenhang‹ gibt. (Gerade in dieser letzten Frage gibt es in der Forschung die verschiedensten Ansichten: von der skeptischen Auffassung derer, die den Text als ein reines, mehr oder weniger willkürliches Phantasiespiel, eine Folge von allenfalls assoziativ verknüpften »Traumbildern und Gedankensplittern«[1] ansehen, bis zu den Interpretationen, die ihn als in sich zusammenhängende, wenn auch stellenweise schwerverständliche Geschichte betrachten und entsprechend zu deuten versuchen.) Dazu aber kommen die Komplikationen der Druck- und Überlieferungsgeschichte, die das Verständnis des Textes lange Zeit behindert haben und das Gespräch über ihn auch heute noch erschweren: der Text liegt bekanntlich in zwei sehr verschiedenen Fassungen vor – zwei Fassungen, die sich so stark voneinander unterscheiden, daß man sich fragen kann, ob der Begriff der »Fassung« hier überhaupt noch anwendbar ist –, war aber lange Zeit nur in der beide ineinanderschiebenden Mischfassung zugänglich, die Max Brod für den ersten Abdruck im fünften Band der ersten Kafka-Gesamtausgabe (1936) hergestellt hatte. Seit 1969 gibt es eine – textkritisch von Ludwig Dietz besorgte – Parallelausgabe der zwei Fassungen[2], die aber nicht sehr viele Leser erreicht zu haben scheint oder jedenfalls nicht die Beachtung gefunden hat, die man hätte erwarten können (übrigens auch seit langem vergriffen ist). Die Diskussion um diesen Text bzw. diese beiden Texte scheint heute, aufs Ganze gesehen, durch eine gewisse Unentschiedenheit und Stagnation gekennzeichnet, oft auch durch eine gewisse Unklarheit in bezug auf ihren Gegenstand: man spricht weiterhin von der *Beschreibung eines Kampfes* schlechthin, als einem bestimmten, einheitlichen Werk, wobei aber oft – besonders bei der Diskussion älterer Forschungsergebnisse – nicht recht klar wird, von welchem Text eigentlich die Rede ist: von der »Fassung A« (die allein den Titel ›Beschreibung eines Kampfes‹ trägt) oder der (titellos beginnenden) »Fassung B« oder der aus beiden hergestellten Mischfassung, die man zunächst unter diesem Titel las, die auch den ersten Interpretationen zugrunde lag und offenbar für die Rezeption und das Verständnis dieses Kafkaschen Frühwerks auch über die erste Zeit hinaus bestimmend geworden ist. Zwar gibt es bereits eine Reihe wichtiger Hinweise zum Unterschied und zu den Eigentümlichkeiten der beiden »Fassungen« – vor allem von Judith Ryan und von Ludwig Dietz[3] –, aber insgesamt kann man den Eindruck gewinnen, daß diese beiden originalen Kafkaschen Texte selbst auch heute noch gleichsam ›verdeckt‹ sind: ›verdeckt‹ unter den Ablagerungen der Überlieferungs- und Rezeptionsgeschichte, unter denen man sie überhaupt erst freilegen müßte. Die folgenden Überlegungen verstehen sich als Beitrag zu dieser gleichsam archäologischen Aufgabe. Ihr Hauptinteresse gilt der »Fassung A«, also dem ursprünglichen Text, in dem mir so etwas wie eine poetische Summe des ganz frühen Kafka – genauer: des frühen Kafka bis 1907 – vorzuliegen scheint; ihr Interesse gilt aber gleichzeitig auch dem eigentümlichen Stilwandel, der sich beim Übergang von der ersten zur zweiten »Fassung« vollzogen hat und der mir von erheblicher Bedeutung für Kafkas ganze literarische Entwicklung zu sein scheint. Was dabei gezeigt werden soll, ist vor allem zweierlei: zunächst, das erste dieser beiden Themen betreffend, also die »Fassung A«: daß hinter ihr tatsächlich so etwas wie eine Gesamtkonzeption steht (wenn auch kein strenger ›Bauplan‹), und sodann, zum zweiten Thema, also dem angedeuteten ›Stilwandel‹: wie diese ›Gesamtkonzeption‹ dann später, in der Phase der »Fassung B«, völlig neuen formalen und inhaltlichen Leitvorstellungen, die zugleich auch mit einer neuen Schreibweise verbunden waren, zu weichen hatte. Ich beginne mit einem kurzen Blick auf die Textverhältnisse und die überlieferungs- und entstehungsgeschichtlichen Gegebenheiten, um mich von hier aus dann den eigentlich konzeptionellen und strukturellen Fragen zuzuwenden.

## *Die zwei Fassungen: Überlieferung und Entstehung*

Die Überlieferungslage ist zuerst und mit großer Genauigkeit von Ludwig Dietz in einer Reihe von Aufsätzen, die im Zusammenhang mit seiner Paralleledition der zwei Fassungen entstanden[4], dargestellt worden. Um hieraus nur das Wichtigste und für das Verständnis der zwei Texte selbst Unentbehrliche zu wiederholen: man hat es zu tun mit zwei Handschriften, die sich schon äußerlich beträchtlich unterscheiden und zu deutlich verschiedenen Zeiten entstanden sind, obwohl die erste offensichtlich bei der Entstehung der zweiten vorgelegen hat und als »Vorlage« diente. Die erste – die der »Fassung A« – wurde in einem Schulheft niedergeschrieben, das mit diesem Text gerade bis zur letzten Seite gefüllt ist, und zwar in sogenannter »deutscher Kurrentschrift«, was darauf schließen läßt, daß die Niederschrift vor Ende 1907 stattfand (da Kafka diese Schrift nur bis zu diesem Zeitpunkt benutzt hat, um dann zur lateinischen Schreibschrift überzugehen). Sie beginnt mit einer eigenen Titelseite, auf der sich der Titel ›Beschreibung eines Kampfes‹ befindet und – senkrecht darunter – das bekannte Motto, das aus einer Kafkaschen Gedichtstrophe besteht (der zweiten und letzten Strophe eines Gedichts, das Kafka in einem Brief an Hedwig Weiler vom 29. 8. 1907 vollständig zitiert):

> Und die Menschen gehn in Kleidern
> schwankend auf dem Kies spazieren
> unter diesem großen Himmel,
> der von Hügeln in der Ferne
> sich zu fernen Hügeln breitet.

Die Handschrift der »Fassung B« wurde dagegen auf losen Blättern niedergeschrieben (etwas in Kafkas gesamter Produktion höchst Seltenes). Sie beginnt gleich mit dem Text, ohne Titel und Motto, und ist sehr wahrscheinlich gegen ihr Ende hin unvollständig erhalten, wie sich aus der Art des Textabbruchs am unteren Ende der letzten Seite ergibt. Die Datierung dieser Handschrift ist schwierig; doch kann man sicher sein, daß sie jedenfalls nach Frühjahr 1909 entstand, und zwar deshalb, weil Kafka, als er für das achte Heft des ›Hyperion‹ – das März/April-Heft des Jahrgangs 1909 – zwei Prosastücke aus der *Beschreibung eines Kampfes* herausschnitt – das *Gespräch mit dem Beter* und das *Gespräch mit dem Betrunkenen* (wie die Titel im ›Hyperion‹-Heft lauteten) – dabei noch die Handschrift der »Fassung A« benutzte, wie sich nicht nur am Textbefund, sondern auch an den entsprechenden Anfangs- und Endmarkierungen in der Handschrift ablesen läßt. Die Herauslösung dieser beiden Stücke aus der »Fassung A« ist zugleich ein wichtiges Detail aus der Geschichte von Kafkas eigenem Umgang mit diesem seinem Text: sie zeigt, daß Kafka zu dieser Zeit – die überhaupt eine Zeit literarischer Stagnation und tiefer Depression gewesen sein muß – das Werk offenbar bereits aufgegeben hatte und von dem Gedanken, es als Ganzes zu veröffentlichen – sofern eine solche Absicht jemals bestanden hat, worüber wir nichts wissen –, wohl endgültig abgerückt war. Aus Brods Biographie und aus gewissen Andeutungen in Kafkas Briefen aus dieser Zeit läßt sich schließen, daß die angedeutete Phase der Stagnation sich durch das ganze Jahr 1909 hindurchzog. (Um ihm aus ihr herauszuhelfen, zwang ihn Brod im Spätsommer dieses Jahres, die Schilderung der Flugwoche in Brescia – die *Aeroplane in Brescia* – zu schreiben.) Erst im Frühjahr 1910, am 10. März 1910, erscheint dann in den Briefen wieder ein Reflex spontaner literarischer Tätigkeit[5] und fast gleichzeitig auch eine neue Spur, ein neues ›Lebenszeichen‹ der *Beschreibung eines Kampfes:* am 14. März 1910 hat Kafka, einer Brodschen Tagebuchnotiz zufolge, dem Freund aus der *Beschreibung eines Kampfes* vorgelesen[6] – wobei es sich fraglos um die zweite Fassung gehandelt haben muß: die erste Fassung war ja Brod damals, ganz oder teilweise, seit langem bekannt und für Kafka selbst, wie bereits angedeutet, eine erledigte Sache und, zu wesentlichen Teilen zumindest, nicht mehr akzeptierbar. Es scheint mir deshalb das Nächstliegende, sich die Entstehung der »Fassung B« ebenfalls um diese Zeit, also um den März 1910, zu denken – wobei es offenbleiben mag, wie lang die Niederschrift dieses Textes sich hinzog.[7]

Soviel, in aller gebotener Kürze, zu den beiden überlieferten Handschriften. Wie schon dieser kurze Überblick erkennen ließ, gerät man mit ihnen in der Tat tief in die Kafkasche ›Frühzeit‹ hinein. Ja, man kann sagen – und eine genauere Analyse, vor allem der »Fassung A«, könnte das noch sehr viel deutlicher machen –, daß man in ihnen so etwas wie einen ›Abdruck‹ einer ganzen Epoche der Kafkaschen Frühzeit, mit einer ganzen Folge von Schaffensphasen, Krisen und Schaffenspausen, vor sich hat. Wichtig ist offenbar vor allem die große Zäsur, die zwischen den beiden Fassungen liegt und zeitlich mindestens die Jahre 1908 und 1909 umspannt. Bemerkenswert aber auch, wenngleich hier nur eben anzudeuten und nicht im einzelnen darzustellen, der Unterschied in der Entstehungsweise der beiden Fassungen: für die zweite von ihnen ist offenbar, schon aufgrund der Art ihrer Anknüpfung an die erste, ein relativ homogener, zusammenhängender Entstehungsvorgang anzunehmen – sehr im Gegensatz zur ersten, deren Entstehung sich, über viele Etappen hinweg, durch mehrere Jahre hingezogen haben muß. Eine genauere Beleuchtung dieses ganzen, vielstufigen und höchst komplizierten Prozesses würde eine eigene Abhandlung erfordern, zumal die Forschung hier noch durchaus im Fluß und in vielen Fragen von einer befriedigenden Klärung noch weit entfernt ist. Aber ich will hier doch, bevor ich mich endgültig den Texten selbst zuwende, wenigstens noch einige ›Eckdaten‹ andeuten, die mir hinlänglich gesichert und zugleich für das Textverständnis von Bedeutung scheinen.

Zunächst ein Datierungsindiz aus einer besonders frühen Phase dieses ganzen Entstehungsprozesses (also des Entstehungsprozesses der Erstfassung), auf das schon Wagenbach in seiner Biographie von Kafkas Jugend[8] hingewiesen hat und das seither viel diskutiert worden ist: der berühmte, wahrscheinlich am 28. 8. 1904 geschriebene Brief an Brod, in dem die Geschichte von den zwei Frauen im Garten erzählt wird, die sich fast mit denselben Worten auch in der *Beschreibung eines Kampfes* (und zwar in beiden Fassungen) findet. Um sie hier im Wortlaut des Briefes wiederzugeben: »Als ich an einem andern Tage nach einem kurzen Nachmittagsschlaf die Augen öffnete, meines Lebens noch nicht ganz sicher, hörte ich meine Mutter in natürlichem Ton vom Balkon hinunterfragen: ›Was machen Sie?‹ Eine Frau antwortete aus dem Garten: ›Ich jause im Grünen.‹ Da staunte ich über die Festigkeit, mit der die Menschen das Leben zu tragen wissen.«[9] Die kleine Geschichte bildet übrigens nicht die einzige Berührung zwischen diesem Brief und dem Text, von dem wir hier sprechen. Eine andere, wie mir scheint, sehr auffällige Koinzidenz findet sich am Anfang des Briefes: »Es ist sehr leicht« – so heißt es dort – »am Anfang des Sommers lustig zu sein. Man hat ein lebhaftes Herz, einen leidlichen Gang und ist dem künftigen Leben ziemlich geneigt.« Ein »lebhaftes Herz« – dieselbe etwas sonderbare, ungewöhnlich klingende Metapher findet sich auch in der »Fassung A« der *Beschreibung eines Kampfes*, und zwar ebenfalls im *Gespräch mit dem Beter*, in dem man auch die Geschichte von den zwei Frauen findet. »Ach Gott,« – sagt dort der Beter am Anfang des ganzen Gesprächs – »sie haben ein lebhaftes Herz und einen Kopf aus einem Block.« Allein diese auffälligen Textübereinstimmungen – zu denen man noch manche andere, weniger auffällige hinzunehmen könnte[10] – scheinen mit ziemlicher Sicherheit darauf zu deuten, daß eben damals bereits gewisse Textpartien der *Beschreibung eines Kampfes* oder doch zumindest gewisse Vorformen solcher Partien ›in Arbeit‹, ›in statu nascendi‹ waren, insbesondere die relativ geschlossene, kompakte Partie des Gesprächs mit dem Beter, die dann – unter eben diesem Titel[11] – von Kafka selbst im ›Hyperion‹ (Heft 8, März/April 1910) veröffentlicht wurde (bzw. eine Vorform dieser Dialogpartie).

Weitere wichtige ›Eckdaten‹ stammen aus dem Jahre 1907 und lassen schon damit erkennen (oder zumindest vermuten), wie die Entstehung unseres Textes keine Sache einiger weniger Wochen oder Monate und auch nicht die Folge eines einzigen ›Konzeptionsentschlusses‹ war, sondern – wie bereits angedeutet – ein langwieriger, komplizierter und mehrstufiger Prozeß, bei dem offenbar mehrere Einzeltexte zunächst mehr oder weniger unabhängig voneinander entstanden und schließlich zusammengefügt wurden. Besonders wichtig ist hier der oben bereits erwähnte Brief an Hedwig Weiler vom 29. 8. 1907, in dem Kafka das Gedicht zitiert, dessen zweite Strophe der *Beschreibung eines Kampfes* (d. h. der Erstfassung) als Motto vorangestellt ist. Nicht nur die Zitation dieses Gedichts, auch eine Fülle weiterer, mehr oder weniger wörtlicher Textberührungen scheinen mir hier darauf zu deuten, daß Kafka eben damals mit entscheidenden Arbeiten an diesem seinem ersten großen, integralen Text beschäftigt war, vielleicht eben im Begriff war, ihn abzuschließen[12]. Bestärkt werden kann man in solchen Vermutungen durch eine ganze Reihe anderer Briefstellen aus demselben Sommer 1907, die auf eine gleichzeitige literarische Tätigkeit deuten[13], aber auch durch ein merkwürdiges Detail im Text der Erstfassung der *Beschreibung eines Kampfes*, auf das Dietz bereits aufmerksam gemacht hat (wie auf so viele andere der hier zu erwähnenden Indizien): die Stelle im Gespräch mit dem Betrunkenen, wo die Sprecherfigur dieses Textstücks sagt: »[. . .] ich bin dreiundzwanzig Jahre alt, aber ich habe noch keinen Namen« (108): eine Stelle, die nach der von Dietz vorgeschlagenen und, wie mir scheint, überzeugenden Deutung[14] als verkappte, »kryptographische« Selbstcharakteristik des Autors zu verstehen ist und damit auf die Zeit zwischen Sommer 1906 und Sommer 1907 als Entstehungszeit dieses Textstücks verweist.

Insgesamt ergibt sich aus diesen und ähnlichen Hinweisen und Indizien für diesen Text ein ›chronologischer Einzugsbereich‹ von ungefähr drei oder vier Jahren. Man wird mit ›frühen‹ Bestandteilen aus der Zeit um 1904 zu rechnen haben (das Beter-Gespräch oder sein ›Kern‹ scheint mir ein solcher Bestandteil zu sein[15]); man wird mit ›späten‹ Bestandteilen aus den Jahren 1906 oder 1907 zu rechnen haben (ein Beispiel, vermutlich: das Gespräch mit dem Betrunkenen), und man wird schließlich mit einer ›Integrationsphase‹ zu rechnen haben, in der, wann und auf welche Weise auch immer, der uns erhaltene, große Text entstand und auf den oben erwähnten Schulheftseiten niedergeschrieben wurde: vom Aufbruch des Icherzählers und seines »Bekannten« zum Spaziergang auf den Laurenziberg, mitten »in schöner Nacht«, bis zu den letzten, dann wirklich auf dem Laurenziberg stattfindenden Szenen und Wortwechseln.

### *Zur Struktur der »Fassung A« (1): Aufbau und Erzählstruktur*

Mit alledem sind offenbar auch bereits gewisse Folgerungen oder doch gewisse Voraussetzungen für die Interpretation der beiden Texte angedeutet, denen wir uns nun endlich zuwenden wollen. Man wird sich beide Texte nicht allzu ›einheitlich‹ vorstellen dürfen, wird vielmehr auch bei der Interpretation zu berücksichtigen haben – was freilich auch schon der Textbefund als solcher deutlich genug zeigt –, daß es sich um nicht ›in einem Zuge‹ geschriebene, sondern um ›stückweise‹ – und überdies auf sehr verschiedene Weise – entstandene Gebilde handelt. Gleichzeitig aber und eben damit stellt sich – besonders im Hinblick auf die erste Fassung – nochmals die Frage, die wir bereits eingangs berührt haben: die Frage nach der Konzeption oder der ›Komposition‹ des Ganzen. Der Text präsentiert sich ja (schon durch die Überschrift und das Motto) als Ganzes, ist offenbar als solches gemeint und niedergeschrieben, und man wird deshalb fragen müssen, wie er als Ganzes organisiert ist, ob es hier irgendeinen ›Zusammenhang‹ gibt, trotz aller wirklichen oder scheinbaren Disparatheit, und worin dieser ›Zusammenhang‹ bestehen könnte. Wir wollen diesen Fragen hier in bezug auf die erste Fassung ein Stück weit nachgehen, also in bezug auf die ›eigentliche‹, vom Autor selbst allein so genannte *Beschreibung eines Kampfes*, ausgehend von einigen Bemerkungen zur äußeren Anlage, zum Aufbau und zur erzählerischen Struktur dieses Textes.

Kafka selbst hat den Überblick über Anlage und Struktur dieses Textes sehr erleichtert durch eine ungemein sorgfältig durchgeführte Gliederung, die zugleich mit großer, ja, mit auffallender Deutlichkeit kenntlich gemacht ist. Es ist eine Gliederung auf drei Ebenen: zunächst ist der Text im ganzen in drei Kapitel gegliedert, von denen jedes durch eine römische Ziffer bezeichnet und das mittlere überdies mit einer langen und nicht ohne weiteres verständlichen Überschrift versehen ist: »Belustigungen oder Beweis dessen, daß es unmöglich ist zu leben«; dieses mittlere Kapitel seinerseits ist wieder in vier Abschnitte eingeteilt, die mit arabischen Ziffern bezeichnet und ebenfalls mit eigenen Zwischentiteln versehen sind: »Ritt«, »Spaziergang«, »Der Dicke«, »Untergang des Dicken«; überdies ist schließlich der längste dieser Abschnitte – der dritte – in vier Unterabschnitte gegliedert: »a/Ansprache an die Landschaft«, »b/Begonnenes Gespräch mit dem Beter«, »c/Geschichte des Beters«, »d/Fortgesetztes Gespräch zwischen dem Dicken und dem Beter«. Die ganze Gliederung entspricht aufs genaueste der inneren und äußeren Struktur des Textes und gibt zugleich wichtige Hinweise zu ihrem Verständnis. Das erste Kapitel erzählt den eben schon erwähnten Aufbruch der beiden jungen Leute, des Icherzählers und seines »Bekannten«, zu ihrem Spaziergang auf den Laurenziberg und folgt den beiden Spaziergängern vom Abschied von der Hausherrin über den Gang durch die nächtliche Prager Innenstadt bis zum Erreichen der Karlsbrücke. Im dritten und letzten Kapitel findet man diese Erzählung wiederaufgenommen: die beiden Spaziergänger sind inzwischen auf dem Laurenziberg angekommen, wo sie ihr Gespräch fortsetzen und, nach einem kurzen Aufenthalt auf einer Bank beim »Gärtnerhäuschen«, sich auf den Heimweg begeben. Was aber geschieht dazwischen, im zweiten Kapitel, also in dem langen Zwischenspiel der »Belustigungen«? Etwas sehr Merkwürdiges und für den frühen Kafka sehr Charakteristisches, was von den Interpreten nicht immer richtig verstanden wurde[16] und auf den ersten Blick auch nicht ganz leicht zu verstehen ist: die Geschichte vom Spaziergang auf den Laurenziberg wird nicht etwa abgebrochen oder in eine andere verwandelt (wie man gemeint hat); sie geht vielmehr weiter, aber gleichsam hinter der Szene oder, unbildlich gesprochen, jenseits des Horizonts der Erzählung, weil jenseits des Horizonts der Hauptfigur, die sich nämlich, im Augenblick des Übergangs vom ersten zum zweiten Kapitel, sozusagen in zwei Teile spaltet: einen äußeren, der weiter mit dem »Bekannten« auf den Laurenziberg geht, und einen inneren, der sich in seine Innenwelt zurückzieht und hier seinen eigenen Vergnügungen, seinen Gedanken und Phantasien, nachgeht und sich auf diese Weise »belustigt«, nachdem er schon einige Zeit vorher angefangen hatte, Überdruß an seinem neuen »Bekannten« zu empfinden. »Warum gehst du mit diesem Menschen?« – so heißt es unmittelbar vor dem Schluß des ersten Kapitels – »Du liebst ihn nicht und du hassest ihn auch nicht, denn sein Glück besteht nur in einem Mädchen und es ist nicht einmal sicher, daß sie ein weißes Kleid trägt. Also ist dir dieser Mensch gleichgültig – wiederhole es – gleichgültig. Er ist aber auch ungefährlich, wie es sich erwiesen hat. Also geh mit ihm zwar weiter auf den Laurenziberg, denn du bist schon auf dem Wege in schöner Nacht, aber laß ihn reden und vergnüge dich auf deine Weise, dadurch – sage es leise – schützt du dich auch am besten.« (40)

Dies sind die letzten Worte des ersten Kapitels: unmittelbar darauf beginnt dann die Folge der Traumvisionen, der inneren »Belustigungen«, mit einem förmlichen »Sprung« und mit einer seltsamen Willentlichkeit, die aber doch offenbar, wie bereits gesagt, etwas für den frühen Kafka sehr Charakteristisches ist. Man könnte sagen: der Icherzähler dieser Erzählung tut eben das oder doch etwas sehr Ähnliches wie das, was Eduard Raban, der Held der *Hochzeitsvorbereitungen auf dem Lande,* sich in seinen bekannten, oft zitierten Wunschvorstellungen erträumt: »Und überdies kann ich es nicht machen, wie ich es immer als Kind bei gefährlichen Geschäften machte? Ich brauche nicht einmal selbst aufs Land fahren, das ist nicht nötig. Ich schicke meinen angekleideten Körper. Wankt er zur Tür meines Zimmers hinaus, so zeigt das Wanken nicht Furcht, sondern seine Nichtigkeit. [...] Denn ich, ich liege inzwischen in meinem Bett, glatt zugedeckt mit gelbbrauner Decke [...]«[17] In ganz ähnlicher Weise schickt offenbar der Held unserer Erzählung seinen »angekleideten Körper« auf den Laurenziberg, läßt ihn mit oder besser: neben dem Bekannten den einmal begonnenen Spaziergang fortsetzen, während er selbst, d. h. sein inneres Ich, sich unterdessen »auf seine Weise vergnügt«. So ergibt sich eine merkwürdig dualistische und zugleich dreiteilig-zyklische Struktur, die grundlegend für den ganzen Aufbau der Erzählung ist und eine genauere Betrachtung verlohnte, als sie hier gegeben werden kann. Viele Seiten, den weitaus größten Teil der Geschichte hindurch, ist man dann – nach dem »Sprung« vom ersten zum zweiten Kapitel – in der Innenwelt des Icherzählers, erlebt mit ihm die Abenteuer einer inneren Odyssee: den »Ritt« auf den Schultern des »Bekannten«, den »Spaziergang« durch eine traumhafte, nach Belieben geformte und veränderte Landschaft, das Erscheinen der seltsamen Gestalt des »Dicken« auf seiner »hölzernen Tragbahre«, der dann die lange, mehrteilige Geschichte vom »Beter« erzählt, und taucht schließlich mit ihm wieder aus der Welt des Traums in die des wachen Bewußtseins auf, nachdem man vorher noch, mit ihm, die letzten Schlußfolgerungen aus den »Belustigungen« und dem, was sie zu sehen und zu erkennen gaben, gezogen hat (denn sie sind ja – worauf gleich noch zurückzukommen sein wird – nicht nur »Belustigung«, sondern zugleich auch »Beweis«, Erkenntnisvermittlung, Begegnung mit Wahrheiten einer bestimmten Art). Überaus bemerkenswert, auch unter erzähltheoretischem Gesichtspunkt, sind dabei die Übergangsstellen zwischen den Kapiteln und die Art, in der hier jeweils von einer Welt in die andere oder genauer: von einem Bewußtseinszustand in den anderen hinübergewechselt wird. Da sind zunächst, gegen Ende des ersten Kapitels, gleichsam als Vorspiel der »Belustigungen«, die Anzeichen einer gewissen Bewußtseinstrübung beim Helden und Icherzähler, die ihrerseits durchaus nicht völlig unmotiviert ist: der Icherzähler, dessen Gedanken sich schon vorher mehr mit sich selbst und mit den Gebilden der eigenen Phantasie als mit der äußeren Wirklichkeit beschäftigt haben, fällt hin auf dem Glatteis – beim Versuch, dem Bekannten zu entfliehen, von dem er sich plötzlich bedroht glaubt –, kann sich danach nur mit Mühe aufrecht halten, verspürt Schwindelgefühle – Dinge, die eigentlich feststehen sollten, geraten in Bewegung –, wobei eine besondere erzählerische ›Pikanterie‹ darin besteht, daß ja alle diese Vorgänge, die inneren wie die äußeren, aus der Momentanperspektive des sie Erlebenden erzählt werden, also genau so, wie sie im jeweiligen Augenblick erlebt werden, in einer besonderen Art von »vision avec«, ohne jede Distanz und ohne jeden Kommentar eines von einem äußeren oder späteren Standpunkt auf sie blickenden Berichterstatters. (Es heißt also nicht: »Da schien es mir, als stürzte das Standbild Karls des Vierten von seinem Sockel herunter«, sondern: »[. . .] Karl der Vierte fiel doch herunter, gerade als es mir einfiel [. . .]«; nicht: »Mir war, als schwimme ich durch die Luft«, sondern: »[. . .] und es wurde mir leicht, als ich Schwimmbewegungen mit den lässigen Armen machend ohne Schmerz und Mühe vorwärts kam. Mein Kopf lag gut in kühler Luft [. . .]«; daß aber dieses Schweben trotzdem eine Phantasievorstellung, eine Halluzination des Ichs ist, nicht mehr und nicht weniger, wird deutlich, wenn es dann etwas später heißt: »Bei der fünften« – nämlich der fünften der Heiligenstatuen auf der Karlsbrücke, die das Ich kreisend umschwebt – »als ich mich gerade mit überlegenen Schlägen über dem Pflaster hielt, faßte mein Bekannter meine Hand. Da stand ich wieder auf dem Pflaster und fühlte einen Schmerz im Knie.«) – Ähnliche erzähltechnische Probleme, die auf ähnlich kunstvolle Weise gelöst werden, gibt es dann wieder beim Übergang aus der Traumwelt in die des wachen Bewußtseins, gegen Ende des zweiten Kapitels. Hier geht es darum, das Ende des Aufenthalts in der Traumwelt und das Herauskommen aus ihr darzustellen, und zwar so, wie beides vom Träumenden selbst erlebt wird, in dessen Augenblicksperspektive – was erzählerisch so bewerkstelligt wird, daß alle Dinge der Traumwelt, die Gestalt des Träumenden eingeschlossen, mit einem Mal ihre Konturen verlieren: alles verschwimmt zu einem landschaftslosen Raum, die Gliedmaßen des Träumenden dehnen sich ins Riesenhafte, und die ganze Traumwelt zerplatzt gleichsam:

Aber meine Beine, doch meine unmöglichen Beine lagen über den bewaldeten Bergen und überschatteten die dörflichen Täler. Sie wuchsen, sie wuchsen! Schon ragten sie in den Raum der keine Landschaft mehr besaß, längst schon reichte ihre Länge aus der Sehschärfe meiner Augen.

Aber nein, das ist es nicht – ich bin doch klein, vorläufig klein – ich rolle – ich rolle – ich bin eine Lawine im Gebirge! Bitte, vorübergehende Leute, seid so gut, sagt mir wie groß ich bin, messet mir diese Arme, die Beine. (126/128)[18]

Unmittelbar danach beginnt dann, nach der römischen Ziffer, das dritte Kapitel, mit dem man sich nun, wiederum durch einen Sprung, in die normale Welt, die zugleich die gemeinsame Welt, die Welt der ›geteilten‹, gemeinsam erfahrenen Wirklichkeit ist, zurückversetzt sieht: »›Wie ist das doch‹ sagte mein Bekannter, der mit mir aus der Gesellschaft gekommen war und ruhig neben mir auf einem Wege des Laurenziberges gieng. Bleiben sie endlich ein wenig stehn, damit ich mir darüber klar werde. [...]‹« (Bemerkenswert übrigens auch, wie hier bisweilen, wenn auch nur ganz kurz und flüchtig, auf den vorausgehenden Zustand des Icherzählers zurückgedeutet wird: aus kleinen Bemerkungen des anderen wird ersichtlich – andeutungsweise zumindest –, daß dieser nicht zugehört hat, sondern, allein mit sich und seinen Gedanken beschäftigt, vor sich hingegangen ist; so schon aus dem eben zitierten: »Bleiben sie endlich ein wenig stehn«, und dann später, erheblich deutlicher, in der Bemerkung des Bekannten: »Doch habe ich sie öfters während des Weges danach gefragt, ob sie das Mädchen schön finden, aber sie haben immer nach der andern Seite sich gedreht, ohne mir zu antworten.« [132])

Dies also ist die im Grunde sehr einfache, zugleich zyklisch-triadische und dualistische Grundstruktur des Textes, in der man wohl seine eigentliche ›Kompositionsidee‹ erblicken darf: eine Geschichte, in der für eine gewisse Zeit die Außenwelt gleichsam ausgeblendet ist, ohne daß die äußere Zeit und das äußere Geschehen deshalb aufhören würden, weiterzugehen. Es ist eine Form, die – mit ihrem ungeheuren Übergewicht der Innenwelt über die Außenwelt – offenbar gerade dem frühen Kafka besonders nahelag. Man könnte sie vergleichen mit mehreren der kleinen Prosastücke in der *Betrachtung* von 1908, seiner ersten Publikation – etwa dem *Fahrgast* oder der *Abweisung* – wo man ebenfalls in einen relativ belanglosen äußeren Moment ein inneres Geschehen von sehr viel größerer Bedeutung eingelagert findet: Reflexionen über die eigene »Stellung in der Welt« und manches andere im Falle des *Fahrgasts* und einen ganzen kleinen, erdachten Dialog im Falle der *Abweisung*[19]. Man könnte zum Vergleich auch eine Stelle aus einem Brief an Pollak von 1903 heranziehen, wo sich dieselbe Zeitstruktur und derselbe Antagonismus von innerer und äußerer Welt findet: »Irgendwo hab ich einmal die Frechheit aufgeschrieben, daß ich rasch lebe, mit diesem Beweis: ›Ich sehe einem Mädchen in die Augen und es war eine sehr lange Liebesgeschichte mit Donner und Küssen und Blitz‹, dann war ich eitel genug, aufzuschreiben: ›Ich lebe rasch‹. So wie ein Kind mit Bilderbüchern hinter einem verhängten Fenster. Manchmal erhascht es etwas von der Gasse durch eine Ritze und schon ist es wieder in seinen kostbaren Bilderbüchern.«[20]

Hat man sich dies klargemacht, so bekommt man einen weiteren Grundzug zu Gesicht, der gleichfalls nicht nur für unseren Text, sondern für den Kafka der frühesten Zeit überhaupt charakteristisch scheint und den man etwa, in Anlehnung an den Titel seiner ersten Publikation, den »kontemplativen« oder »theoretisch-kontemplativen« nennen könnte. Kafkas Erzählen ist in dieser frühen Zeit offenbar nicht n u r Erzählen, hat gleichsam nicht genug am bloß Erzählerischen, ist vielmehr immer auch »Betrachtung« oder hat doch zumindest eine Tendenz zur »Betrachtung«, zum Kontemplativen oder auch zur Meditation. (Ein Zug, der beim späteren Kafka sicherlich nicht schlechthin verschwindet, aber mit dem Erzählerischen sozusagen verschmilzt, die verschiedensten Formen der Symbiose mit ihm eingeht, während er hier noch mehr oder weniger selbständig neben dem erzählerischen Element auftritt; ein entscheidender Schritt in Richtung auf die ›Verschmelzung‹ und das Zurücktreten des rein Kontemplativen wird dann – um das hier schon kurz anzumerken – mit der Umarbeitung der *Beschreibung eines Kampfes,* also der »Fassung B«, getan werden.) Das deutlichste Beispiel für diese Janusköpfigkeit, dieses Nebeneinander von erzählerischer und theoretisch-kontemplativer Tendenz, ist das zweite Kapitel unseres Textes, das schon im Titel auf diese Doppeltendenz verweist: mit dem ersten Teil – »Belustigungen« – auf die erzählerische, mit dem zweiten Teil – »Beweis dessen, daß es unmöglich ist zu leben« – auf die theoretisch-kontemplative. Und in der Tat ist dieses Mittelkapitel beides: es ist Erzählung, vor allem in seinen ersten Teilen, und es ist »Betrachtung«, vor allem in den beiden ›Binnengeschichten‹ oder ›Einlagen‹: der Episode mit dem »Dicken« und der Geschichte vom »Beter« – wobei es besondere Beachtung verdient, wie der Text im Ganzen hier gleitend, kontinuierlich, vom einen zum anderen übergeht. Zunächst, in den beiden Abschnitten »Ritt« und »Spaziergang«, ist man noch im Bereich des Erzählerischen – und zwar, wie wir gesehen haben, der Erzählung von inneren Ereignissen – dann aber kommt, mit der Erscheinung des »Dicken« im dritten Abschnitt, der Übergang zum Theoretisch-Kontemplativen.

Damit aber sind wir bei einem neuen Thema dieser unserer Textbetrachtung und einer Reihe weiterer Probleme: Was hat es mit diesen beiden »theoretischen« Einlagen auf sich? Was wird hier ›betrachtet‹? Was ist das Thema oder welches sind die Themen dieser beiden offensichtlich ›theoretisch‹ zu verstehenden, etwas »beweisen« sollenden Texte? Wie hängen diese Themen zusammen? Und wie hängen diese beiden Teiltexte selbst mit den übrigen Teilen des Ganzen zusammen?

*Zur Struktur der »Fassung A« (2): Die zwei ›Binnengeschichten‹*

Betrachtet man die beiden eben genannten ›Binnengeschichten‹ genauer, so kann man zunächst feststellen: es sind zwei nicht nur inhaltlich, sondern vor allem auch formal und stilistisch sehr verschiedene Texte, die hier nebeneinander stehen, eng zusammengefügt und überdies erzähltechnisch miteinander verklammert – dadurch, daß der zweite, also die Geschichte vom »Beter«, von der Zentralfigur des ersten, also dem »Dicken«, erzählt wird. Und nicht nur dies: es ist auch nicht sehr schwer zu sehen, daß beide ursprünglich nicht zusammengehörten, sondern zunächst selbständig und unabhängig voneinander konzipiert wurden und erst im Gesamtverband dieses Textes zueinanderkamen. Man sieht das besonders deutlich an der Stelle der Verklammerung selbst, am Ende des ersten Auftritts des »Dicken« ebenso wie am Anfang der Geschichte vom »Beter«: deren Anfang ›paßt‹ augenscheinlich nicht zur vorausgehenden Episode mit dem »Dicken«, weder zu dessen Erscheinungsbild noch zur ganzen Anlage dieses kleinen Binnentextes und zum Verlauf dessen, was in ihm erzählt wird. Um kurz das Wichtigste in Erinnerung zu rufen: da sieht man zunächst, zusammen mit dem Icherzähler, hervortretend aus den

»Gebüschen des andern Ufers«, inmitten einer Landschaft, die in diesem Augenblick offensichtlich symbolisch wird, »vier nackte Männer«, die auf ihren Schultern eine »hölzerne Tragbahre« halten, und, auf dieser sitzend, in »orientalischer[21] Haltung«, die Hauptfigur dieser Episode: einen »ungeheuerlich dicken Mann«, dessen seltsames Äußeres dann ausführlich beschrieben wird und der dann, bisweilen die Augen schließend und wieder öffnend, einen langen, nicht weniger seltsamen Monolog, eine »Ansprache an die Landschaft«, zu halten beginnt: »›Die Landschaft stört mich in meinem Denken‹ sagte er leise ›sie läßt meine Überlegungen schwanken, wie Kettenbrücken bei zorniger Strömung. Sie ist schön und will deshalb betrachtet sein.‹« (60) (Auch die Sprache wird hier augenscheinlich symbolisch: die Metapher »Überlegungen« wird hier offenbar wörtlich genommen und im Sinne einer Brücke verstanden, die gleichsam »über« einen Fluß »gelegt« wird – den Fluß der Zeit oder des zeitlichen Wechsels der sinnlichen Erscheinungen.) Nach Beendigung seines Monologs beschließt der »Dicke«, sich auf seiner Sänfte über den Fluß tragen zu lassen, wobei aber die vier Träger ertrinken, die Sänfte mit sich hinunterziehend. Der »Dicke« wird »flußabwärts getragen, wie ein Götterbild aus hellem Holz, das überflüssig geworden war und das man daher in den Fluß geworfen hatte«, beginnt aber dann – in einem Augenblick, in dem man deutlich spürt, daß die Episode eigentlich zu Ende ist –, dem ihn am Ufer begleitenden Icherzähler die Geschichte vom »Beter« zu erzählen, deren Anfang schon sprachlich-stilistisch sehr wenig paßt zur Figur des jetzt Erzählenden und zur ganzen eben skizzierten Situation und eher an typische, klassische oder moderne Novellenanfänge erinnert (etwa, um ein Beispiel zu nennen, das Kafka sicher gekannt hat, an den Anfang von Hofmannsthals *Erlebnis des Marschalls von Bassompierre*[22]):

> Es gab eine Zeit, in der ich Tag um Tag in eine Kirche gieng, denn ein Mädchen, in das ich mich verliebt hatte, betete dort kniend eine halbe Stunde am Abend, unterdessen ich sie in Ruhe betrachten konnte.
> Als einmal das Mädchen nicht gekommen war und ich unwillig auf die Betenden blickte fiel mir ein junger Mensch auf, der sich mit seiner ganzen magern Gestalt auf den Boden geworfen hatte. Von Zeit zu Zeit packte er mit der ganzen Kraft seines Körpers seinen Schädel und schmetterte ihn seufzend in seine Handflächen, die auf den Steinen auflagen. (76)

All dies also deutet darauf, daß es sich hier um zwei ursprünglich selbständige Texte handelt, die erst im Gesamtkontext dieser Erzählung zusammengefügt wurden, ebenso wie dann auch der weitere Fortgang der Beter-Geschichte: das anschließende Gespräch mit dem Beter, in dem dieser sich dann, nach anfänglichem Widerstreben, über die Gründe für sein auffälliges und anstößiges Betragen ausfragen läßt: auch hier kann man sich schlecht in der Rolle des fragenden Partners die vorher geschilderte, monströse, an fernöstliche graphische Vorbilder erinnernde Gestalt des »Dikken« vorstellen. Auch hier aber ergeben sich aus der entstehungsgeschichtlichen Heteronomie gewisse, nicht unerhebliche Folgen für die Interpretation, gerade dann, wenn man nach der ›Thematik‹ der beiden Texte (oder Textteile) fragt: Man wird nicht unbedingt und nicht von vornherein eine Korrelation, ein Aufeinander-Zugeordnet-Sein der jeweiligen Themen und Motive, erwarten dürfen, vielmehr damit rechnen müssen, daß beide Texte erst nachträglich, d. h. nach ihrer ersten Konzeption und beim Einbau in diesen Gesamttext in thematische Beziehungen gebracht wurden – durch einen entsprechenden Akt der Interpretation und vielleicht auch durch gewisse Umformungen oder Erweiterungen der Texte selbst. Und so scheint es mir in der Tat zugegangen zu sein bei der definitiven Konzeption und Ausformung dieser ganzen Textpartie (worin zugleich, wie mir scheint, die Gründe für gewisse Unstimmigkeiten liegen, auf die man hier stößt). Um – thesenartig, ungeschützt und ohne die eigentlich notwendige Begründung – meinen Eindruck hier anzudeuten: es scheint mir, daß hier zunächst das schon mehrfach erwähnte, relativ in sich geschlossene Dialogstück des eigentlichen, von Kafka selbst unter diesem Titel publizierten *Gesprächs mit dem Beter* entstand, etwa in der Form, in der wir es jetzt lesen, zentriert um das kleine, aber höchst bedeutsame Gartengespräch der zwei Frauen, das wir oben zitiert haben – womit auch bereits der motivische Kern dieser Geschichte angedeutet ist: das Gefühl der Entfremdung gegenüber dem Leben im ganzen und das »Staunen« über die »Festigkeit« des Lebens der andern – und daß dann in einem weiteren Akt, irgendwann einmal, die so entstandene Geschichte integriert wurde in die Mittelpartie unseres Textes, als ein ›Hauptargument‹, ein ›Hauptbeweisstück‹ innerhalb des gesamten, hier dargebotenen »Beweises, daß es unmöglich ist zu leben«. Und es scheint mir weiterhin, daß beim selben Akt der Integration die ursprüngliche Geschichte erweitert wurde, nämlich um Zusätze, die ebenfalls unter das Rahmenthema von der »Unmöglichkeit zu leben« paßten und zugleich eine entsprechende, ausdrückliche Interpretation der ganzen, damit neu entstandenen, erweiterten Beter-Geschichte darboten; eine Interpretation, die wohl am deutlichsten zum Ausdruck kommt in dem kleinen, gleichsam abschließenden und das Fazit ziehenden Wortwechsel:

> »Sollte man nicht anders leben können?«
> »Nein« sagte er fragend, lächelnd. (118)

Soviel, in aller Kürze und mit allen gebotenen Kautelen, zur Beter-Geschichte in ihrer jetzigen, endgültigen Gestalt, ihrer Genese, ihrer Integration und der mit ihr verknüpften Interpretation – wobei hinzuzufügen ist, daß das Moment der ›Interpretation‹ offensichtlich und unabhängig von allen Entstehungshypothesen im Text selbst vorhanden und greifbar ist: die ganze, lange Partie des Dialogs mit dem Beter, mit allen ihren Unterabteilungen und Exkursen, wird tatsächlich im Text selbst ›interpretiert‹, zum Beispiel in dem eben zitierten kleinen Wortwechsel.

Weiter muß man nun aber auch sehen, wie diese ganze, lange Textpartie um den »Beter« ihrerseits neben die Episode vom »Dicken« gestellt ist, wie beide Geschichten parallel zueinander stehen und wie beide, jede auf ihre Weise, in jenen Beweis der Unmöglichkeit hineingehören. Auch die Episode vom »Dicken« ist offenbar als Teil, als »Beweisstück« innerhalb dieses »Beweises« gedacht, und auch sie wird am Schluß – d. h. an ihrem Schluß, am Ende des zweiten Kapitels – als solches interpretiert. Was ist hier der Inhalt und das charakteristische Motiv des »Beweises«? Offenbar nicht das Motiv der Entfremdung gegenüber dem Leben und der Welt im ganzen[23], das man im Kern der Beter-Geschichte antrifft, oder genauer: nicht das Motiv eines Leidens an dieser Entfremdung, sondern eher umgekehrt: das eines Leidens daran, die Dinge der Welt – vor allem die nahen Dinge, die Dinge der nächsten Umgebung – sehen zu müssen, und der Wunsch, ein Leben führen zu können, in dem es die Qual des Sehens, diese »Störung« durch die Dinge, nicht gibt. Und der »Beweis« der Unmöglichkeit zu leben besteht in diesem Fall darin, daß eben dieser Wunsch als unerfüllbar erwiesen wird: der »Dicke« muß, um dem Anspruch der Dinge zu genügen, immer wieder die Augen öffnen und erliegt schließlich, im Fluß versinkend, der »Rache der Dinge«, während der Icherzähler am Ufer steht und seinen Untergang kommentiert – mit derselben Metapher des »Atems« oder besser: des Nicht-Atmen-Könnens, die vorher der »Dicke« selbst gebraucht hatte. (»Jetzt aber – ich bitte euch – Berg Blume Gras, Buschwerk und Fluß, gebt mir ein wenig Raum, damit ich athmen kann«, so hatte damals der »Dicke« in seiner »Ansprache an die Landschaft« gesagt, und am Ende der »Belustigungen«, im Augenblick des Untergangs des »Dicken«, heißt es dann: »Ich, der soviele Belustigungen erfahren hatte, stand am Ufer und sah es. ›Was sollen unsere Lungen thun‹ schrie ich, schrie ›athmen sie rasch, ersticken sie an sich, an innern Giften; athmen sie langsam ersticken sie an nicht athembarer Luft, an den empörten Dingen. Wenn sie aber ihr Tempo suchen wollen, gehn sie schon am Suchen zugrunde.‹«) Das Ganze ein sehr seltsames Motiv, das aber wiederum für den frühen Kafka sehr charakteristisch scheint. Man kann es an verschiedenen bedeutsamen Stellen seines Frühwerks wiederfinden, etwa an einer bemerkenswerten Stelle in den *Hochzeitsvorbereitungen,* an der ebenfalls das Bild des »Atems« begegnet (einer Stelle, die übrigens von Max Brod in einem frühen, kunsttheoretischen Vortrag[24] zitiert wurde): »Der Zug fuhr an, verschwand wie eine lange Schiebetür und hinter den Pappeln jenseits der Geleise war die Masse der Gegend, daß es den Atem störte.«[25] Man kann dasselbe Motiv aber auch in Beziehung setzen zu dem schon besprochenen »kontemplativen« Grundzug des frühen Kafka, zu seiner Tendenz zum Rückzug aus der Außenwelt in die Innenwelt, von der wir oben anhand von Beispielen aus der *Betrachtung* gesprochen haben, die sich aber auch für den ganzen Erzählverlauf unseres Textes als bestimmend erwiesen hat. Ja, man könnte die Figur des »Dicken« geradezu als Symbol dieser erzählerischen Tendenz und insofern, in gewisser Weise, als ›Kommentar‹ zu dem ganzen erzählenden Text auffassen, in den sie, samt allen übrigen Motiven der »Belustigungen«, eingelegt ist.

Eine letzte Bemerkung noch zur Form dieser kleinen, aber für den Aufbau des ganzen Textes offenbar entscheidenden Episode vom »Dicken«, die auf den ersten Blick so monströs-phantastisch, ja, abstrus anmuten kann; eine Bemerkung, mit der wir uns zugleich dem letzten Thema dieser unserer Untersuchung nähern. Auch die Form dieser Episode ist offenbar etwas für den ganz frühen Kafka Charakteristisches: dergleichen gibt es später nicht mehr: ein Motiv von so deutlich ausgeprägter Symbolik – eine Figur, die offensichtlich symbolisch angelegt ist und ihre Bedeutung in der Form eines Monologs selber ausspricht – und schon die zweite Fassung unseres Textes wird denn auch, wie gleich näher zu sehen sein wird, gerade dieses Motiv fallenlassen. Ja, es scheint mir sogar – und eben darauf soll jetzt noch kurz eingegangen werden – daß hier eine der wenigen Stellen liegt, wo man beim frühen Kafka so etwa wie Einflüsse oder fremde Vorbilder feststellen oder vermuten kann. Gewiß, es ist Kafkas Erfindung, seine Sprache und auch seine Thematik, in einem sehr ernsthaften Sinne, den ich versucht habe auseinanderzusetzen. Aber es gibt hier doch, wie mir scheint, in der Erfindung selbst etwas, was hinüberweist zu einem Autor, auf den man bei der Beschäftigung mit dem frühen Kafka immer wieder stößt und der auch hier schon gelegentlich genannt wurde – nämlich zu Hofmannsthal. Nahezustehen scheint mir besonders das *Kleine Welttheater*, ein Werk, das Kafka nachweislich hoch geschätzt hat. (Es war, nach Brods Bericht, eines der drei ersten Bücher, die Kafka ihm geschenkt hat.[26]) Ich denke dabei vor allem an die formale Konstruktion und die szenisch-visuelle Anlage dieses Dramas: ein einzelner Zuschauer, der »Dichter«, auf einer Brücke stehend, von der aus er einen Zug von Gestalten vorübergleiten sieht, vor dem Hintergrund einer abendlichen »Uferlandschaft« – und insbesondere an die ersten Visionen des »Dichters«: die Gestalten von badenden Kriegern und anderen, die aus dem Gebüsch des Ufers hervortreten (»Warum bewegen sich so fürchterlich/Die Weidenbüsche? andre Arme greifen/Daraus hervor, mit jenen nackten Schultern/Seh ich gemischt Gepanzerte, sie kämpfen . . .«[27]); eine Folge von Visionen, die in einer in der ›Neuen Rundschau‹ (Anfang 1904) erschienenen Rezension des Dramas folgendermaßen beschrieben wird: »Als Prologus des kleinen Welttheaters kommt der Dichter. Seine Stimme spricht in Worten, die ›von Licht und Wasser triefen‹. Ihm wird alles ringsum Gestalt, Bewegung; die Vorstellungen des inneren Bildersaals treten sichtbar heraus und bevölkern die Szene. [. . .] Michelangeleske Krieger, nackt, von den Panzern frei, im Wasser sich tummelnd [. . .] und nach verworrenem Getöse der Eine, schwimmend im Widerspiel der hohen Wolken und des stillen Goldes, das zwischen Kieseln liegt im Grund, selig gleitend, ›wie ein wilder Faun, der trunken aus dem

Schiff des Bacchus sprang‹, selig gleitend in ungeheuere Fernen fort.«[28] Man mag sogar bei bestimmten Einzelheiten dieses Gestaltenzuges (etwa den nackten Gestalten der Krieger, den »Weidenbüschen« am Ufer und überhaupt der ganzen Flußlandschaft) Assoziationen an Entsprechendes bei Kafka haben – oder auch nicht. In jedem Fall wird man doch in der ganzen Anlage des Hofmannsthalschen Textes, in der Art, wie die Bilder und Figuren auftauchen und gesehen werden – in dem, was der Rezensent der ›Neuen Rundschau‹ als »inneren Bildersaal« bezeichnete – gewisse tiefere, strukturelle Analogien zu Kafkas Konzeption nicht übersehen können, und zwar nicht nur zur Episode mit dem »Dicken« als solcher, sondern zu der ganzen Folge von »Belustigungen«, die mit dem Auftritt des »Dicken« und seiner vier Träger beginnt und mit seinem Untergang endet.

Wir brechen die Betrachtung dieser Textphänomene und damit zugleich die Analyse der eigentlichen *Beschreibung eines Kampfes*, also der Erstfassung, an dieser Stelle ab, im Bewußtsein, daß über viele Fragen, die hier nur kurz, vor allem unter strukturellem Gesichtspunkt, beleuchtet wurden, noch vieles zu sagen wäre, und wenden uns zu den Problemen des Fassungsvergleichs, die zugleich noch einmal Gelegenheit geben werden, Form und Charakter der Erstfassung im ganzen, von der späteren Entwicklung aus, in den Blick zu nehmen.

## *Fassungsvergleich*

Eine der wichtigsten Änderungen beim Übergang von der ersten zur zweiten Fassung – also bei dem merkwürdigen Vorgang der Neukonzeption, den wir uns in der Zeit um Frühjahr 1910 vorstellen müssen – haben wir eben bereits angedeutet: es fällt die Episode mit dem »Dicken« zusammen mit einem beträchtlichen, ihr vorausgehenden und auf sie hinführenden Teil des traumhaften »Spaziergangs«. Damit aber ist bereits etwas Entscheidendes nicht nur über den Aufbau, sondern auch über den Charakter des neuen Textes gesagt: er ist nicht mehr, auch nicht teilweise, als »Betrachtung«, als »Kontemplation« oder »Meditation« angelegt; es entfällt das Moment des »Beweises« irgendwelcher Wahrheiten, und es gibt hier auch keine »Belustigungen« mehr: beide Titelformulierungen des alten zweiten Kapitels entfallen, ebenso wie das mit ihnen Ausgedrückte; ebenso wie auch die ganze Reihe der übrigen Zwischenüberschriften, ja, das Prinzip der Gliederung und Erläuterung des Textes durch Zwischentitel überhaupt hier aufgegeben ist. Statt dessen erscheint eine sehr viel geradlinigere und einfachere Bau- und Gestaltungsweise, die deutlich auf die Darstellung von ›Handlung‹, von linear fortschreitenden Geschehensabläufen ausgerichtet ist. Dabei sind vom ursprünglichen Text überhaupt nur zwei Teile übernommen und zugleich auf die eigentümlichste Weise umgestaltet: der erste Teil der Geschichte von den beiden Spaziergängern, vom Aufbruch der beiden aus der Gesellschaft bis zum »Sprung« des Icherzählers in eine andere Realitätssphäre (der hier gleichfalls anders erzählt wird), und die Beter-Geschichte – auch sie tiefgreifend verändert. Zwischen sie eingeschaltet ist ein neu hinzugekommenes Stück: eine Rückblende in die Vergangenheit des Icherzählers – in seine Jugendzeit – hinein, eben das kleine Prosastück, das man in Kafkas erster Buchpublikation, der *Betrachtung* von 1912/13, unter dem Titel ›Kinder auf der Landstraße‹, als ersten Text dieser Sammlung abgedruckt findet. Insgesamt ergibt sich so eine Abfolge von im wesentlichen zwei Haupttextstücken und einem vermittelnden Zwischenstück, die alle dasselbe Erlebnissubjekt haben: Spaziergangsgeschichte (im angedeuteten Umfang)/›Kinder auf der Landstraße‹ (hier noch ohne Titel)/Gespräch mit dem Beter (in neuer Gestalt) – wobei eine gewisse Schwierigkeit für die Deutung des Ganzen daraus erwächst, daß hier kein »Ganzes« vorliegt: der Text der betreffenden Handschrift bricht ja ab (wie vorhin schon angedeutet), mitten im neugestalteten Gespräch mit dem Beter, auf eine Weise, die zeigt, daß an dieser Stelle wahrscheinlich noch weiterer Text vorhanden war, ohne daß sich angeben ließe, wie er ausgesehen haben könnte und ob Kafka damit jemals zu einem Abschluß gekommen ist. Es ist also auch durchaus unsicher, ob etwa nach dem Beter-Gespräch noch ein weiteres Kapitel geplant war – etwa eine Rückkehr zur Spaziergänger-Handlung des Anfangs. Es ist denkbar, daß eine solche Rückkehr, in Analogie zur Erstfassung, vorgesehen war; es ist aber auch durchaus möglich, daß diese erste Geschehensphase als endgültig zurückliegende Episode konzipiert war (womit sich, wie man leicht sieht, eine vollständig andere Realitäts- bzw. Phantasiestruktur des Ganzen ergäbe als im Falle der ersten Lösung).

Dazu aber kommen weitere Änderungen, die mit den eben

bereits genannten zusammenhängen: Änderungen in der Darstellungsweise der einzelnen Vorgänge, aber auch solche in der Geschehensführung selbst und, nicht zuletzt, in der Figurenkonzeption sowie in der Gestaltung des Verhältnisses der Figuren zueinander. Aufs Ganze gesehen, kann man zunächst sagen: das Verhältnis der Figuren wird gespannter, der Ton aggressiver – womit zugleich eine wichtige und unmittelbar auffallende formale Änderung zusammenhängt: die Darstellung im ganzen ist sehr viel stärker von Dialogen durchsetzt als in der Erstfassung. Ja, sie ist wesentlich szenisch-dialogisch angelegt, und man sieht erst von hier aus, wie sehr die ursprüngliche Fassung ›monologisch‹ gedacht, wie sehr hier alles auf die Darstellung innerer Zustände und Vorgänge eingestellt war – innerer Zustände und Vorgänge, die zwar in einen bestimmten äußeren Moment eingebettet, manchmal auch durch ihn veranlaßt waren, sich aber sehr bald, immer wieder, verselbständigten. Mit der Tendenz zur szenisch-dialogischen Gestaltung aber verbindet sich nun ein weiterer, merkwürdiger und nicht ganz leicht zu beschreibender Zug der zweiten Fassung: eine Tendenz zu einer ›Allegorisierung‹ oder, wie man auch sagen könnte: zu einer ›symbolischen Aufladung‹ der dargestellten Vorgänge, die zugleich dazu beiträgt, daß das Dargestellte sehr viel weniger ›real‹, sehr viel traumhafter und phantastischer erscheint als in der Erstfassung; eine Tendenz, die im ersten Textstück – der Spaziergangsgeschichte – sehr viel deutlicher hervortritt als im zweiten, also in der Betergeschichte, sich aber auch dort gelegentlich andeutet. Die Figuren erscheinen, zumindest in gewissen Augenblicken, weniger als wirkliche Menschen denn als Manifestationen oder ›Verkörperungen‹ irgendwelcher, schwer greifbarer Prinzipien oder Mächte oder Kräfte, auf eine Weise, die vorausweist auf die Gestaltungsweise späterer Kafkascher Texte, etwa des *Urteils*. Mit einem Begriff, den Kafka selbst in einer bekannten Äußerung in den Felice-Briefen[29] mit Bezug auf das *Urteil* gebraucht hat, könnte man sagen: die Figuren erscheinen auch hier bereits, an gewissen Stellen zumindest, als »Abstraktionen«. Am deutlichsten wird diese Tendenz, wie schon gesagt, im ersten Textstück der neuen Fassung, also in der Schilderung des Spaziergangs durch das nächtliche Prag. Hier wird die Figur des »Bekannten« mehr und mehr zur Verkörperung einer Art von ›Lebensprinzip‹: der Icherzähler hofft durch ihn, ja »bei« ihm einen »Platz« in der Welt zu finden, und fürchtet, wenn der »Bekannte« ihn fallen ließe, »aus der Welt herausgeworfen« (23) zu werden. In diesem Sinne wird – mehr und mehr im Verlauf der Erzählung – jede belanglose Äußerung des anderen durch den Icherzähler gedeutet, wobei gleichzeitig auch das dargestellte, szenisch-dialogische Geschehen selbst mehr und mehr durch diese Deutung bestimmt wird. Schließlich glaubt der Icherzähler, aus bestimmten Anzeichen schließen zu können, daß der andere ihn »fortschicke«, woran sich ein – neuentstandenes – Dialogstück schließt, in dem der Icherzähler dem anderen erklärt, er brauche nichts von ihm als seine »Gnade«. Nach der anschließenden Szene mit dem Fluchtversuch des Icherzählers – die sich auch schon in der Erstfassung findet – entspinnt sich ein – wiederum neuentstandener – Wortwechsel von wiederum ausgeprägt traumhaft-phantastischem und zugleich symbolischem, gelegentlich auch leicht gespenstischem Charakter, in dem der andere für Augenblicke geradezu die Züge eines alter ego, eines Doppelgängers des Icherzählers anzunehmen scheint, etwa an der folgenden Stelle, nach dem Sturz auf dem Glatteis: »Aber er dachte nicht daran, mich aufzuheben. Ich stützte den Kopf auf meine rechte Hand – der Ellbogen lag auf einem Pflasterstein – und sagte: ›Da sind wir also wieder einmal beisammen.‹ Und da ich wieder jene Angst bekam, drückte ich beide Hände gegen seine Schienbeine, um ihn so wegzuschieben. ›Geh doch, geh doch‹ sagte ich dabei.« (35) Am Ende aber entzieht sich der Icherzähler der ausweglosen Situation auf eine Weise, die ebenfalls charakteristisch abweicht vom Schluß des ersten Kapitels in der Erstfassung. Der ganze Passus, in dem dort der Icherzähler sich über die Gleichgültigkeit und Ungefährlichkeit des anderen Rechenschaft gibt und beschließt, sich auf seine Weise zu »vergnügen«, ist hier eliminiert und durch eine völlig andere Reflexion ersetzt, die auch in einer völlig anderen Form mitgeteilt wird, nicht mehr im inneren Monolog, sondern in einer Art von erlebter Rede: »Für mich aber gab es jetzt eine dritte Möglichkeit zugrundezugehn. Ich mußte mich nicht erstechen lassen, ich mußte nicht weglaufen, ich konnte mich einfach in die Luft werfen. Er soll nur auf seinen Laurenziberg gehn, ich werde ihn nicht stören, nicht einmal durch Weglaufen werde ich ihn stören.« (41) (Was offenbar bedeutet, daß der Icherzähler sich einfach und schlechthin aus der gegenwärtigen Situation – auf eine realistisch nicht mehr nachrechenbare Weise – verabschiedet, vielleicht für immer, vielleicht auch nicht; letzteres eine Frage, die aus den oben angegebenen Gründen nicht entschieden werden kann.)

Es ist offensichtlich und auch aus diesen wenigen Hinweisen und Beispielen wohl schon erkennbar geworden, daß mit alledem in der Tat ein neuer ›Stil‹, eine neue ›Schreibweise‹ vorliegt; ein Stil, den man etwa, stichwortartig, durch folgende Merkmale charakterisieren könnte; szenisch-dialogische Gestaltung (statt Darstellung innerer Vorgänge, etwa in der Form von inneren Monologen); Tendenz zum Traumhaft-Phantastischen, ja Gespenstischen; Tendenz zu allegorischer oder, wenn man lieber will, ›symbolischer‹ Aufladung, die den Leser zwingt, nach der ›Bedeutung‹ des Dargestellten zu fragen, es als Manifestation irgendwelcher Mächte oder Prinzipien aufzufassen. Man könnte ihn den ›Stil von 1910‹ nennen, und man könnte ihn ebensogut wie an dem eben betrachteten Textstück auch an anderen, gleichzeitig entstandenen Texten oder Textpartien demonstrieren; etwa an der zweiten Version der Beter-Geschichte oder an dem kleinen Prosastück *Unglücklichsein*, das der zweiten Fassung der *Beschreibung eines Kampfes* in vielem sehr nahesteht und sogar einen ganzen Satz, wortwörtlich, mit ihr gemeinsam hat[30], oder auch an dem Erzählfragment, das in Kafkas Tagebuch auf dieses Prosastück unmittelbar folgt: dem Erzählfragment, das mit den Worten »›Du‹, sagte ich« beginnt und offensichtlich, wie schon Max Brod erkannt hat, eine Weiterentwicklung der Beter-Geschichte in ihrer zweiten Fassung ist.[31] Überall kann man hier dieselbe Tendenz zum Traumhaft-Phantastischen, ja (besonders deutlich in *Unglücklichsein*) zum Gespenstischen, Doppelgängerhaften finden, ebenso wie auch den Zug zum Dialogisch-Szenischen, zur ›Inszenierung‹ der Vorgänge, überall aber auch die Tendenz zur ›symbolischen Aufladung‹ der dargestellten Vorgänge (einer ›symbolischen Aufladung‹, die nicht immer, aber doch oft an die Symbolik des Traums – im realen, psychischen Sinne des Wortes ›Traum‹ – erinnert). So ist ja der seltsame, von Kafka dann so oft variierte Dialog, der mit den Worten »›Du‹, sagte ich« beginnt, offensichtlich ein Dialog weniger zwischen zwei wirklichen Menschen als zwischen zwei Möglichkeiten des Menschseins, die Kafka selbst vor sich sah und zwischen denen er zu wählen hatte (und fürchtete, längst gewählt zu haben): des Lebens in der Gemeinschaft und des Lebens als »Junggeselle«, und in dem ihm vorausgehenden Prosastück *Unglücklichsein* dürfte die Figur des gespenstischen Kindes im wesentlichen doch wohl auch als ›Symbol‹, als ›Manifestation‹ von etwas Unsinnlichem, nämlich als ›Manifestation‹ oder ›Verkörperung‹ des eigenen Unglücks, aufzufassen sein.

Das alles führt nun aber auch nochmals zurück zum Anfang dieser Überlegungen und Textanalysen: zu dem, was ich eingangs über die Komplikationen der Textgeschichte und namentlich der Überlieferungs- und Rezeptionsgeschichte gesagt habe. Es kann jetzt – nach diesem Durchgang durch die beiden wichtigsten Stationen der Textgeschichte selbst, im engeren Sinne – deutlicher und ohne allzugroße Schwierigkeiten gesagt werden, worin diese Komplikationen bestanden und worin sie ihren Grund hatten. Es genügt, daran zu erinnern, in welcher Weise Brod damals, 1936, seine Ausgabe, die dann so lange das Bild dieses Textes bestimmte, zusammengesetzt hatte[32]; er hatte sich, was den Aufbau des Ganzen betrifft, im wesentlichen an die Erstfassung gehalten, als die einzige vollständig erhaltene und zugleich abgeschlossene, hatte aber überall dort, wo sich überhaupt Textentsprechungen in der zweiten Fassung fanden, diese bevorzugt. Und das hieß: er hatte das ganze erste Kapitel, also die Schilderung des Spaziergangs durch Prag (bis zur Karlsbrücke), ebenso wie auch den Anfang des anschließenden ›Traumspaziergangs‹ und einen beträchtlichen Teil der Beter-Geschichte nach der zweiten Fassung abdrucken lassen, alles übrige dagegen nach der Erstfassung. Das aber hieß, nach allem eben Gesagten: er hatte eine Kreuzung, eine Kontamination zweier ›Stile‹ dargeboten – und nicht nur das, sondern zugleich eine Kreuzung zweier verschiedener Konzeptionen, die sich nicht nur durch ihre Aufbauprinzipien, sondern auch ihre Erzähl- und Gestaltungsprinzipien im einzelnen erheblich unterscheiden. Was las man hier? Und wie las man es? Man las zunächst die Schilderung des Spaziergangs durch Prag, und zwar in der zweiten Fassung, also als eine phantastisch-traumhafte, leicht gespenstische Geschichte mit ausgesprochen szenisch-dialogischer Gestaltungsweise und einer Tendenz zu symbolischer Hintergründigkeit, die dazu aufzufordern schien, die Vorgänge und Figuren auf ihre ›Bedeutung‹ hin aufzuschlüsseln. Weiter aber las man dann, als zweites Kapitel, die »Belustigungen«, und zwar zu einem wesentlichen Teil, der insbesondere die Episode mit dem »Dicken« einschloß, in der ersten Fassung; dabei mußte es, aufgrund der Gestalt des Vorausgehenden, einigermaßen schwerfallen, den Übergang vom Geschehen des ersten Kapitels zu dem der »Belustigungen« richtig, d. h. seiner ursprünglichen Konzeption gemäß, zu verstehen (nämlich als ›Rückzug‹ aus der Außenwelt in die Innenwelt, wie wir uns das klargemacht haben), zumal Brod gerade an der Übergangsstelle die Verhältnisse durch mehrfachen Wechsel zwischen den beiden Fassungen zusätzlich verunklärt hatte: nichts lag näher, als hier einfach den ganzen Erzählverlauf als einen einzigen phantastisch-irrationalen, chaotischen Zug von »Traumbildern und Gedankensplittern« aufzufassen. Weiter las man dann – ebenfalls noch im Kapitel »Belustigungen«, nach dem Auftritt des »Dicken« und seinem Monolog – die Anfangspartie der Beter-Geschichte in der Gestalt der zweiten Fassung, was nochmals eine dieser entsprechende Leseweise begünstigen mußte, und schließlich den Rest der Geschichte wieder in der ersten Fassung. Was auf diese Weise ermöglicht, ja nahegelegt wurde, war eine allegorische Interpretation des ganzen Textes, wie man sie in der Sekundärliteratur in den verschiedensten Formen antreffen kann.[33] Was gleichsam verschüttet und kaum zu erkennen war und offenbar auch später noch, für lange Zeit, schwer erkennbar blieb, das war die Struktur der ersten Fassung, insbesondere ihre einfache ›triadisch-dualistische‹ Grundstruktur, die wir hier herauszuarbeiten versucht haben, mit ihrem Wechsel von der Außenwelt in die Innenwelt und wieder zurück zur Außenwelt, ihrem starken Übergewicht der Innenwelt, ihrem »kontemplativen« Grundzug, ihrer Nähe zur *Betrachtung* von 1908, also zu Kafkas erster Publikation. Was dabei gleichfalls schwer erkennbar blieb, war die zeitlich-historische Schichtung innerhalb des Kafkaschen Frühwerks, die Unterschiede zwischen den ›Stilen‹ oder ›Schreibweisen‹, auf die wir gestoßen sind. Vieles wird sich hier zweifellos noch genauer erforschen und darstellen lassen. Aber soviel dürfte doch aus dem hier Dargelegten bereits deutlich geworden sein: daß die Zeit der großen Stagnation von 1908/09 so etwas wie eine ›Epochenschwelle‹ war und daß es vor ihr eine Zeit gab, in der das Motiv der Angst, »aus der Welt herausgeworfen« zu werden, und das gespenstische Kind des Prosastücks *Unglücklichsein* noch nicht aufgetreten waren.

1 So Heinz Politzer in seinem Kafka-Buch (*Franz Kafka, der Künstler*, Frankfurt am Main 1965), S. 46.

2 Franz Kafka, *Beschreibung eines Kampfes. Die zwei Fassungen. Parallelausgabe nach den Handschriften. Herausgegeben und mit einem Nachwort versehen von Max Brod, Textedition von Ludwig Dietz*, Frankfurt a. M. 1969. – Hiernach die folgenden Zitate aus den beiden Fassungen, mit bloßer Seitenangabe in Klammern, unter Weglassung der Darstellung der Korrekturvorgänge im Manuskript. – Sonstige Kafka-Zitate nach den folgenden Bänden der Brodschen Gesamtausgabe: *Briefe 1902-1924*, Frankfurt a. M. 1958 (= Br); *Briefe an Felice*, Frankfurt a. M. 1967 (= F); *Tagebücher*, Frankfurt a. M. 1948/49 (= T); *Hochzeitsvorbereitungen auf dem Lande und andere Prosa aus dem Nachlaß*, Frankfurt a. M. 1953 (= H); *Erzählungen*, Frankfurt a. M. 1952 (= E).

3 Judith Ryan, *Die zwei Fassungen der ›Beschreibung eines Kampfes‹. Zur Entwicklung von Kafkas Erzähltechnik*, in: Jb. d. Dt. Schillergesellschaft 14 (1970), S. 546-572. – Besonders aufschlußreich, zur angedeuteten Frage: Ludwig Dietz, *Kafkas Randstriche im Manuskript B der ›Beschreibung eines Kampfes‹ und ihre Deutung. Eine Ergänzung zur Edition der zweiten Fassung*, in: Jb. d. Dt. Schillergesellschaft 16 (1972), S. 648-658.

4 Vgl. besonders: *Zwei frühe Handschriften Kafkas*, in: Philobiblon 13 (1969), S. 209-218, und: *Die Datierung von Kafkas ›Beschreibung eines Kampfes‹ und ihrer vollständigen Handschrift A*, in: Jb. d. Dt. Schillergesellschaft 17 (1973), S. 490-503.

5 »Jetzt um vier Uhr bin ich im Bureau und schreibe und morgen nachmittag werde ich schreiben und heute abend und morgen abend und so fort.« (Postkarte an Brod vom 10. 3. 1910, Br 79)

6 Vgl. Max Brod, *Über Franz Kafka*, Frankfurt a. M. 1974, S. 60, sowie H 434. – Wahrscheinlich hat Kafka zur selben Zeit, unmittelbar nach der erwähnten Lesung, das Manuskript der »Fassung A« dem Freund überlassen; hierauf scheint eine Stelle in Kafkas Postkarte vom 18. 3. 1910 zu deuten, an der es heißt: »An der Novelle, lieber Max, freut mich am meisten, daß ich sie aus dem Haus habe.« (Vgl. Br 80 sowie Brods Kommentar zur Stelle, Br 500.) Ganz auszuschließen scheint es mir freilich nicht, daß es sich dabei um das Manuskript der »Fassung B« handelte, trotz aller Argumente, die dagegen sprechen könnten; die Sache bedürfte genauerer Diskussion, als sie hier möglich (und nötig) ist.

7 Sicher aber kann sich die Beschäftigung mit dieser Niederschrift nicht über den Herbst 1910 hinaus erstreckt haben, da um diese Zeit das Fragment *»Du«, sagte ich* (T 17 ff.) entstand, das eine Weiterentwick-

lung der zweiten Fassung der Beter-Geschichte ist.

8 Klaus Wagenbach, *Franz Kafka. Eine Biographie seiner Jugend 1883–1912*, Bern 1958, S. 122 f.

9 Br 29.

10 Ich denke dabei besonders an die Bitte um Mitleid am Beginn des Dialogs mit dem Beter (»Sie sind mitleidig, mein Herr, und sie werden mich nachhause gehen lassen. Ich bin bedauernswert, das ist die Wahrheit«), die man vergleichen könnte mit der folgenden Stelle im Brief vom 28. 8. 1904: »Wir durchwühlen uns wie ein Maulwurf und kommen ganz geschwärzt und sammethaarig aus unsern verschütteten Sandgewölben, unsere armen roten Füßchen für zartes Mitleid emporgestreckt.« – Zu anderen Berührungen mit anderen Partien der Erzählung vgl. Hartmut Binder, *Kafka-Kommentar zu sämtlichen Erzählungen*, München 1975, S. 44 ff.

11 In der »Fassung A« der *Beschreibung eines Kampfes* steht sie unter der Überschrift »Begonnenes Gespräch mit dem Beter«.

12 Vgl. etwa die Formulierung am Schluß dieses Briefes: »Über die vielen Abhänge aller Buchstaben ist die Feder geglitten und es ist zu Ende [. . .]« (Br 40). Ferner, aus dem Anfang des Briefes: »Ich aber glaube, ich schreibe Dir aus einem Krieg oder sonst woher aus Ereignissen, die man sich nicht gut vorstellen kann, weil ihre Zusammensetzung zu ungewöhnlich und ihr Tempo das unbeständigste ist« (was man in Beziehung setzen könnte zu dem wichtigen Motiv von der Suche nach dem richtigen »Tempo« am Schluß des zweiten Kapitels). Höchst bemerkenswert aber auch, im selben Brief, die Metaphern vom »Kampf« und vom »Spaziergang«: »Wie Flintenkugeln fliege ich aus einem ins andere und die versammelte Aufregung, die in meinem Kampf Soldaten, Zuschauer, Flintenkugeln und Generäle unter einander verteilen, bringt mich allein ins Zittern. [Absatz] Du aber willst, ich soll Dich gar nicht entbehren, ich soll durch einen großen Spaziergang meiner Gefühle sie ermüden und zufrieden machen [. . .]«. Insbesondere scheinen gewisse allgemeine, ›ethische‹ Themen des Schlußteils der Erzählung hier reflektiert zu sein: nicht nur das der Schwierigkeit, das rechte »Tempo« des Atmens zu finden, sondern auch das der Liebesunfähigkeit und der mangelnden Teilnahme am Leben: Im Brief heißt es, unmittelbar nach der Zitation des Gedichtes: »Und so habe ich nicht einmal jenes Interesse an den Menschen, welches Du verlangst. [Absatz] Du siehst, ich bin ein lächerlicher Mensch; wenn Du mich ein wenig lieb hast, so ist es Erbarmen, mein Anteil ist die Furcht.« Und im Schlußteil der Erzählung sagt der Bekannte zum Icherzähler: »Lieben können Sie nicht, nichts erregt Sie außer Angst.« (134) Weitere, ähnliche Beziehungen kann man auch im nächsten Brief an dieselbe Partnerin finden, insbesondere im Zusammenhang mit den Motiven des »Tröstens« und des »Sich-Morden-Müssens« (vgl. Br 41).

13 Siehe hierzu vor allem, im Brief an Brod von Mitte August 1907, die Stelle: »Dagegen das Geschäft und der Trost am Abend«, aber auch die Reflexion auf das Brodsche und das eigene »Gerichtsjahr«: Brod betreffend, sei es so gut wie sicher, daß er sich während des »Gerichtsjahres« – also des für Juristen vorgeschriebenen Praktikumsjahres – eine »literarische Stellung« verschaffen werde; er selbst, Kafka, dagegen habe – das sei »klar« – während seines nun bald zu Ende gehenden »Gerichtsjahres« »nichts fertig gebracht« (was offenbar keineswegs ausschließt, daß er während dieses Zwischenstadiums zwischen Studium und Beruf versucht hat, etwas »fertig zu bringen«). (Vgl. zum selben Brief auch Dietz, *Zur Datierung*, S. 500 f.)

14 Dietz, *Zur Datierung*, S. 501 f.

15 Daß es auch noch frühere Bestandteile gab, kann eine bekannte Äußerung zu Felice vom 11. 12. 1912, bei Erscheinen des Buchs *Betrachtung*, zumindest mutmaßen lassen: »Ob Du wohl erkennst, wie sich die einzelnen Stückchen im Alter voneinander unterscheiden. Eines ist z. B. darunter, das ist gewiß 8-10 Jahre alt« (F 175) – was möglicherweise auf eines der beiden kleinen Stücke geht, die man auch schon, natürlich ohne Titel, in der Erstfassung der *Beschreibung eines Kampfes* findet: *Bäume* und *Kleider*.

16 Vgl. etwa die Wiedergabe der betreffenden Vorgänge in der oben genannten Arbeit von J. Ryan.

17 H 11 f.

18 Diese Stelle ist in der Sekundärliteratur bisweilen als Beleg für die Thematik einer allgemeinen »Dissoziation der Persönlichkeit« oder des »modernen Subjekts« angeführt worden, wobei offenbar ihr Stellenwert im Ablauf des ganzen Geschehens und überhaupt der Charakter des Geschehens, insbesondere an dieser Stelle, nicht erkannt wurde.

19 Ein Dialog, der übrigens eine merkwürdige Beziehung zu der oben erwähnten Namenreflexion im Gespräch mit dem Betrunkenen aufweist: »Du bist kein Herzog mit fliegendem Namen«, sagt hier – in der *Abweisung* – das Mädchen; eine Bemerkung, die eine weitere Stütze für die oben entwickelten Datierungsvorstellungen bietet, da dies kleine Prosastück nachweislich aus dem Spätjahr 1906 stammt (vgl. Br 50).

20 Br 22. – Überaus charakteristisch für die hier beschriebene erzählerische Tendenz beim ganz frühen Kafka ist auch das kleine, von Max Brod überlieferte Gespräch über den Anfang einer Thomas Mannschen Novelle, die im Januar-Heft 1904 der ›Neuen Rundschau‹ erschienen war: »Ich erinnere mich, daß er mir am Anfang unserer Freundschaft eine Novelle von Thomas Mann zeigte, deren Anfangssatz ihm unendlich gefiel. Sie war damals noch nicht in Buchform, nur in der ›Neuen Rundschau‹ erschienen (deren treuer Abonnent er viele

Jahre lang war). Der Satz lautete: ›Still! Wir wollen in eine Seele schauen.‹ Immer wieder wiederholte er diesen Satz, legte dabei jedesmal pantomimisch den Finger an seine Lippen, ließ die Melodie nachklingen. Von der Erzählung selbst sagte er nichts und ich habe sie erst Jahrzehnte später gelesen. Sie führt den Namen ›Ein Glück‹ und trägt das Entstehungsdatum 1904.« (*Über Franz Kafka*, S. 295)

21 Das Epitheton erinnert (wie schon Binder in seinem Kommentar zur Stelle angemerkt hat) an den oben zitierten Briefanfang vom 28. 8. 1904 – zu dem auch sonst das hier eingeführte Motiv gut paßt – und könnte damit auf eine ›frühe‹ Konzeption dieses Textstücks oder zumindest der ihm zugrundeliegenden Bilderfindung hindeuten.

22 »Zu einer gewissen Zeit meines Lebens brachten es meine Dienste mit sich, daß ich ziemlich regelmäßig mehrmals in der Woche um eine gewisse Stunde über die kleine Brücke ging (denn der Pont neuf war damals noch nicht erbaut) und dabei meist von einigen Handwerkern oder anderen Leuten aus dem Volk erkannt und gegrüßt wurde, am auffälligsten aber und regelmäßigsten von einer sehr hübschen Krämerin [...]« (Hugo von Hofmannsthal, *Die Erzählungen*, Frankfurt a. M. 1945, S. 63).

23 Dieses Motiv, also das Hauptmotiv der Beter-Geschichte, ließe sich – wie an dieser Stelle nur angedeutet werden kann – in Beziehung setzen zu entsprechenden Themen und Aussagen bei anderen Autoren der Zeit, insbesondere bei Hofmannsthal. Besonders nahe stehen gewisse Passagen in dem Kafka offenbar sehr gut bekannten Balzac-Essay Hofmannsthals (*Über Charaktere im Roman und im Drama*, 1902), etwa die folgenden Worte über die Dichter: »Und so geschickt sind sie, in das Auf und Nieder aller menschlicher Seelen das Spiegelbild ihrer eigenen Ekstasen und Abspannungen hineinzudeuten, daß allmählich, mit der Zunahme der lesenden Menschen und der unheimlichen Ausgleichung der Stände, an welcher wir leiden, die sonderbarsten Erscheinungen auftreten werden, und zwar nicht vereinzelt, sondern in Masse. Um 1890 werden die geistigen Erkrankungen der Dichter, ihre übermäßig gesteigerte Empfindsamkeit, die namenlose Bangigkeit ihrer herabgestimmten Stunden, ihre Disposition, der symbolischen Gewalt auch unscheinbarer Dinge zu unterliegen, ihre Unfähigkeit, sich mit dem existierenden Worte beim Ausdruck ihrer Gefühle zu begnügen, das alles wird eine allgemeine Krankheit unter den jungen Männern und Frauen der oberen Stände sein.« (*Prosa II*, Frankfurt a. M. 1951, S. 40) Man kann hier nicht nur das oben angedeutete Motiv einer Entfremdung gegenüber dem Leben wiederfinden – einer als Krankheit interpretierten Entfremdung – sondern auch das der Unkenntnis der wahren Namen der Dinge, das im Beter-Gespräch Kafkas eine so große Rolle spielt.

24 Siehe den Bericht Max Brods in seinem Buch *Der Prager Kreis*, Stutt-

gart 1966, S. 90 (wo allerdings die *Hochzeitsvorbereitungen* mit der *Beschreibung eines Kampfes* verwechselt werden). Der Vortrag fand am 28. 1. 1910 in Prag statt.

25 H 27. – Ein später, aber höchst aufschlußreicher Nachklang desselben Motivs findet sich in einem Brief an Grete Bloch vom 12. Mai 1914: »Übrigens ein alter unerfüllbarer Wunsch: Vor dem Tisch bei einem großen Fenster sitzen, eine weite Gegend vor dem Fenster haben und bei Sonnenuntergang ruhig schlafen ohne die Last des Lichtes, des Ausblicks zu fühlen, unbeirrt ruhig zu atmen.« (F 574)

26 Vgl. Wagenbach, a.a.O., S. 215.

27 Hugo von Hofmannsthal, *Gedichte und lyrische Dramen*, Frankfurt a. M. 1946, S. 298.

28 Die Neue Rundschau 15 (1904), Bd. 1, S. 125. – Eine besonders intensive Hofmannsthal- ebenso wie ›Rundschau‹-Lektüre scheint gerade für die Zeit um Anfang 1904 aus vielen Anzeichen hervorzugehen. Bemerkenswert hier vor allem das vorhin schon erwähnte Gespräch über den Anfang von Thomas Manns Novelle *Ein Glück*, die im Januar-Heft 1904 erschienen war (s. o. Fußnote 20), aber auch die starke und nachhaltige Wirkung von Hofmannsthals *Gespräch über Gedichte* (erschienen im Februar-Heft 1904), die wiederum durch Brods Bericht bezeugt ist (*Über Franz Kafka*, S. 47), aber auch im Werk Kafkas selbst ihre Spuren hinterlassen hat – unter anderem im zweiten Kapitel unseres Textes, im Bereich der Episode mit dem »Dicken«: in den dort auftretenden Hofmannsthal-Reflexen, die schon Wagenbach angemerkt hat (vgl. Wagenbachs Biographie, S. 122): »Von den Obstbäumen schlugen unreife Früchte irrsinnig auf den Boden« (58); »eine feuchte Wolke mit leise durchleuchtetem Rand« (64).

29 »Die Geschichte steckt voll Abstraktionen, ohne daß sie zugestanden werden. Der Freund ist kaum eine wirkliche Person, er ist vielleicht eher das, was dem Vater und Georg gemeinsam ist.« (10. Juni 1913, F 396 f.).

30 Der Satz, der sowohl im Prosastück *Unglücklichsein* (dem letzten Text des Buchs *Betrachtung* von 1912/13) als auch in der zweiten Fassung der *Beschreibung eines Kampfes* zu finden ist, lautet: »Ein Weilchen lang hielt ich den Mund offen, damit mich die Aufregung durch den Mund verlasse.« (*Beschreibung eines Kampfes*, S. 29; E 45)

31 Vgl. T 17 ff. sowie die Anmerkung Brods dazu (T 696).

32 Vgl. den Wiederabdruck in: Franz Kafka, *Beschreibung eines Kampfes. Novellen, Skizzen, Aphorismen aus dem Nachlaß*, Frankfurt a. M. 1946, S. 7-66.

33 Vgl. etwa die Interpretation W. Sokels im ersten Kapitel seines Kafka-Buches (*Franz Kafka – Tragik und Ironie*, München/Wien 1964, S. 33-43), aber auch noch die (auf die Erstfassung bezogenen) Ausführungen bei J. Ryan, a.a.O., S. 562 f.

*Walter H. Sokel*

# Narzißmus, Magie und die Funktion des Erzählens in Kafkas *Beschreibung eines Kampfes*
## Zur Figurenkonzeption, Geschehensstruktur und Poetologie in Kafkas Erstlingswerk

Die erste Fassung der *Beschreibung eines Kampfes* stellt das erste uns erhaltene Werk Kafkas dar[1] und enthält bereits in thematischer und formaler Hinsicht das Gesamtwerk in nuce.[2]

Dem Leser bieten sich aber enorme Schwierigkeiten, auf die die Sekundärliteratur zur Genüge hingewiesen hat.[3] Sie liegen vor allem in der völlig unkonventionellen Figurenkonzeption und der sprunghaften, oft scheinbar zusammenhanglosen Handlung.[4] Nichtsdestoweniger besteht ein genau verfolgbares Geschehen, ein »Mythos« im aristotelischen Sinne des Wortes, der sich im Titelwort »Kampf« ausdrückt. Dieser »Kampf« wird allerdings nicht als eine einheitliche Handlung, sondern als Folge von Variationen eines thematischen Geschehens dargeboten, wobei das Verständnis dadurch erschwert wird, daß manche dieser Variationen nicht ausgeführt sind oder von Kafka gestrichen wurden. Der Kampf stellt unter anderem Thematisierung und Problematik von Kafkas Schreiben in seinen beiden Aspekten dar, die wir als »Magie« und »Erzählen« identifizieren werden.

Bereits in einem frühen Brief hat Kafka sein Schreiben »Magie« genannt[5], und noch in einem späten Brief verurteilt er es in einer Terminologie, die der abendländischen, jüdisch-christlichen Rezeption der Magie entlehnt ist. Er bezeichnet da sein Schreiben als »Lohn für Teufelsdienst«, als hervorgegangen aus einem »Hinabgehen zu den dunklen Mächten«, aus »Entfesselung von Natur aus gebundener Geister, fragwürdige[r] Umarmungen«.[6] Dabei wird die von einem eher traditionellen, religiöser Sichtweise verwandten Standpunkt her verurteilte Magie gleichgesetzt mit »Eitelkeit und Genußsucht, die immerfort um die eigene oder auch um eine fremde Gestalt – die Bewegung vervielfältigt sich dann, es wird ein Sonnensystem der Eitelkeit – schwirrt und sie genießt«.[7]

Darin, also im Narzißmus, sieht die Briefstelle das eigentlich »Teuflische« jenes Schreibens, welches das einzige ist, das aus eigener Erfahrung zu kennen Kafka behauptet.

Das »Sonnensystem der Eitelkeit« in genau derselben Weise, in der es die oben zitierte Briefstelle versteht und beschreibt, liegt als Strukturprinzip der Figurenkonzeption der *Beschreibung eines Kampfes* zugrunde. Nur in der Anfangsszene der *Beschreibung eines Kampfes* erscheint ein gesellschaftlich erkennbares Milieu mit scheinbar mimetisch konzipierten Figuren. Gleich darauf entflieht die Erzählung in einen Raum, der nur vom Icherzähler und dessen Variationen bevölkert wird, und in dem andere Figuren, wenn überhaupt, nur ganz am Rande erscheinen. Der Dicke und der Beter, die im zweiten Teil der *Beschreibung eines Kampfes* das erzählte Geschehen beherrschen, sind einerseits Varianten des Icherzählers, die als Stimmen, die in der ersten Person erzählen, also als sukzessive Ichs, die Aktivität des Icherzählers mit anderer Etikettierung fortsetzen.[8] Andererseits variieren sie in ihrer Beziehung zueinander die Beziehung des Icherzählers zum Bekannten im ersten Teil.[9] Wo – wie beim Bekannten – zunächst Eigenständigkeit zu bestehen scheint, wird sie bald als reine Funktionalität des Ichs enthüllt. Von Anfang an ist er zu sehr als einfacher Gegensatz zum Icherzähler konzipiert, zu sehr auf die eine Eigenschaft eines Liebhabers von Mädchen reduziert, als daß er mehr denn funktionalstrategische Bedeutung im Kampf mit dem Ich der Erzählung (wir wollen von nun an den Icherzähler »das Ich der Erzählung« nennen) besitzen könnte. Er repräsentiert nur das, was dem Ich zu fehlen scheint – die erotische Bindung an die Frau.[10] Aber er ist nicht nur reiner Gegensatz. Er ist auch unerwartete Parallele zum Ich, dessen Einsamkeit, von seiner Anziehung auf Mädchen abgesehen, er zu teilen scheint. Mit seiner Isoliertheit unter den Gästen der Abendgesellschaft begründet er ja sein Herantreten an das Ich, »da ich sonst keine Bekannten hier habe, denen ich vertraue« (BK 10)[11], und die Hausfrau kennt ihn als »ernst und gelangweilt« (BK 12), Eigenschaften, die er mit dem Icherzähler teilt. Die Figuren sind also Masken, Projektionen, gegnerische Aspekte, »Verdoppelungen«[12] des Icherzählers.

Das Ich seinerseits ist aber in unterschiedliche, miteinander wechselnde Aspekte aufgeteilt. Man kann die folgenden deutlich unterscheiden:

1. Das Junggesellen- oder Einsiedler-Ich, mit dem die Hand-

lung beginnt und zu dem sie immer wieder zurückzuführen tendiert.

2. Das narzißtisch-magische Ich, das den Rückzug des Einsiedler-Ichs aus der Gesellschaft in eine magische Herrschaft über die Welt umwandelt.

3. Das »Beter«- oder Bittsteller-Ich, das den umgekehrten Weg zum Nicht-Ich sucht und den Eintritt in die menschliche Existenz durch mitmenschliche Anerkennung zu erwerben gezwungen ist. Können wir die beiden ersten Aspekte des Ichs, Charles Bernheimers glänzender *Psychopoetik* folgend[13], mit Freuds »Thanatos«-Trieb aus *Jenseits des Lustprinzips* identifizieren, müßte der dritte Ichaspekt »Eros« zugeteilt werden.[14]

4. Das fliehende, sich selbst »kastrierende« Ich geht aus der ödipalen Angstsituation hervor und bildet eine Vorstufe zu dem Ausgangsaspekt des Ichs, dem Einsiedler.

Diese verschiedenen Aspekte des Ichs sind Strategien im Kampf, der die eigentliche Bewegung des Werkes bestimmt. Sie sind Notwendigkeiten, die, aus der totalen Unsicherheit des Ichs hervorgehend, Kampf in der einen oder anderen Form aufzwingen, und sie sind Positionen, die je nach dem Kampfesverlauf eingenommen werden. Der Bekannte ist der Andere schlechthin, dem gegenüber jede Handlung des Icherzählers Strategie, Abwehr- und Gegenzug eines sich angegriffen wähnenden, bzw. um sein Anerkanntwerden werbenden Bewußtseins ist. Der Bekannte ist aber auch, wie wir sehen werden, ein Aspekt des Ichs, Wunsch- und »Schreckbild«[15], welches das Ich in den Anderen hinein»projiziert«.

Wie die Figurenkonzeption entspricht auch die Geschehensstruktur jener Charakterisierung seines Schreibens, die Kafka in dem oben zitierten Brief gegeben hat. Das Geschehen ist ein »Schwirren um sich selbst«, das kreisförmig immer wieder zu seiner Ausgangssituation zurückstrebt. Was Jürgen Kobs für den Abschnitt »Wir sind nämlich so wie Baumstämme im Schnee« festgestellt hat[16], gilt für die gesamte *Beschreibung eines Kampfes* (oder vielmehr eine ihrer beiden Haupttendenzen). Die Struktur jedes einzelnen Abschnitts ist zirkulär, indem das Geschehen immer wieder zum Anfangspunkt zurückzukehren droht.

Diese Geschehensstruktur stimmt genau mit Freuds Begriff des »sekundären Narzißmus« überein. Im Gegensatz zum »primären Narzißmus«, der bei allen Menschen im frühen Kindheitsstadium anzutreffen ist, nennt Freud den »sekundären Narzißmus« »pathologisch«, weil er Regression, Rückkehr zu einer überwundenen Stufe der Libidobesetzung darstellt. Das kreisförmig immer wieder zu seinem Ausgangspunkt zurückstrebende Geschehen der *Beschreibung eines Kampfes* stellt ein narratives Korrelat zu Freuds Narzißmus-Begriff dar.*

Auch bei Freud gehören Narzißmus und Magie aufs engste zusammen. Freuds Beschäftigung mit der Mentalität der Primitiven in *Totem und Tabu* ging der *Einführung in den Narzißmus* von 1914 voran. Was nach Freud der Magie zugrundeliegt, ist der Glaube des »Zwangsneurotikers« an die »Allmacht der Gedanken«.[19] Diesen Glauben findet Freud wieder »in dem ungeheueren Glauben« des Primitiven »an die Macht seiner Wünsche über die Außenwelt.«[20] Er begegnet diesem magischen Glauben auch im Kleinkind. So gelangt Freud kurz nach *Totem und Tabu* zur Idee des »primären Narzißmus«, bei dem die Libido, noch völlig auf den eigenen Körper konzentriert, dem Ich das Gefühl der Allmacht und der Einheit von Innen- und Außenwelt verleiht. Mit der Entwicklung des Kindes wie der Menschheit gerät die Ichlibido in Konflikt mit der Objektlibido, die sich zunächst auf die Mutter, später auf die Mitmenschen überhaupt erstreckt und zu dem führt, was die »normal« entwickelte Menschheit und der »gesunde« Erwachsene unter Liebe verstehen. Wo aber durch Störungen in der Gefühlsentwicklung die Libido den Objekten wieder entzogen und ausschließlich auf das Ich zurückgeworfen wird, kommt es zum »pathologischen« Phänomen des »sekundären Narzißmus.«

Nichts aber ist zutreffender für Kafkas Werk als Gerhard Kurz'

* Daß Kafkas 1904/5 verfaßte Erzählung[17] durch Freuds im Jahre 1914 veröffentlichte Narzißmus-Abhandlung nicht beeinflußt sein kann, bedarf selbstverständlich nicht der Erwähnung. Es soll aber betont werden, daß es sich hier überhaupt nicht um eine Untersuchung auf »Einflüsse« handeln wird, sondern um auffallende Strukturparallelen, die Kafkas Frühwerk in erstaunlichem Maße zu erhellen geeignet sind. Das, was Freud unter »Narzißmus« verstand, war übrigens schon um die Jahrhundertwende ein wichtiges Thema der Literatur der Doppelmonarchie. Man denke an Leopold von Andrians *Garten der Erkenntnis*, Beer-Hofmanns *Der Tod Georgs* und vor allem an Hugo von Hofmannsthals Lyrik, lyrische Dramen und *Märchen der 672. Nacht.*[18] Eine gründliche Behandlung des wichtigen Themas Hofmannsthal-Kafka steht noch aus. Die erstaunlichen Parallelen, die z. B. zwischen der Figur des Dicken und Hofmannsthals *Der Kaiser von China spricht* und dem *Märchen der 672. Nacht* bestehen, wären einer eigenen Behandlung wert.

Bemerkung, »daß das Wort vom artistischen Narzißmus Kafkas nicht das letzte sein kann. Kafka manifestiert eine gegennarzißtische Tendenz«.[21] Schon die *Beschreibung eines Kampfes* zielt, wie wir sehen werden, auf die Widerlegung des narzißtischen Ichs hin. Auf die *Beschreibung eines Kampfes* angewendet, soll uns Freuds Narzißmus-Begriff dazu verhelfen, einsichtig zu machen, daß in Kafkas Erstlingswerk ein Konflikt zwischen zwei Schreibprinzipien beschrieben wird, in denen sich zugleich ein Konflikt zwischen objektbezogenem »Eros« und selbstbezogenem »Narzißmus« darstellt. Ein Prozeß mit Variationen wird gezeigt, in dem ein Ich, eines primären Narzißmus verlustig[22], sich durch den Rückzug in einen »sekundären Narzißmus« zu magischer Allmacht erhebt, die aber ihrerseits durch das »Prinzip des Erzählens« selbst als Ohnmacht entlarvt wird. Das soll anhand einer genauen Untersuchung der Geschehensstruktur des *Kampfes* erhärtet werden, wobei wir aus Raummangel hier nur den ersten Teil, bis zum Ende des »Spaziergangs«, behandeln können und den mit dem Dicken einsetzenden zweiten Teil des Geschehens einer weiteren Arbeit vorbehalten müssen.

Der Anfangspunkt des Kampfes ist der Angriff des Bekannten auf das Ich, das inmitten einer bereits im Aufbruch befindlichen Abendgesellschaft in selbstgenügsamer Einsamkeit »an einem kleinen Tischchen« sitzt und »an dem dritten Gläschen Benediktiner [nippt]« (BK 10).[23] Da tritt sein »neuer Bekannter« an das Ich heran und berichtet von seinen Liebeserfolgen. Er bedenkt dabei nicht, »wie unpassend es ist, einem der allein sitzt und Schnaps trinkt, von einem liebenden Mädchen zu erzählen« (BK 12). Im Gegenzug macht das Ich den Vorschlag, aus der Gesellschaft aufzubrechen, und in der kalten Winternacht auf den Laurenziberg zu gehen, einen Vorschlag, den der Bekannte annimmt. Die Kälte draußen offenbart sich als eigentliches Element des Ichs. Sie ist das Reich seiner »Lustigkeit«, später »Belustigung« genannt, die einerseits als Unterhaltung und Umwerbung des Bekannten, andererseits als Vorstufe zur magischen Icherhöhung erscheint. Die »Lustigkeit« ist zunächst der Versuch des Ichs, den Eros des Bekannten von dem Mädchen auf sich selbst zu lenken. Darin wird der Einsiedler zum werbenden »Bittsteller«. Wie später der Beter die Anderen, so glaubt der Icherzähler *den* Anderen zu brauchen, um sich dem Leben zu verbinden, selbst ins Leben zu gelangen.[24]

> [...] mein Bekannter wurde für mich sehr wertvoll als einer, der mir vor den Menschen Wert gibt, ohne daß ich ihn erst erwerben muss! Ich sah meinen Bekannten mit liebevollen Augen an. [...] Sein Leben wurde mir theuerer als meines [...] und ich nahm an den Küssen theil, die er an diesem Abend von den zwei Mädchen bekommen hatte/Oh dieser Abend war *lustig*! (BK 20/22; Hervorhebung WHS)

In der »Lustigkeit« versucht das Ich zunächst am Eros des Bekannten teilzunehmen.

Das Ich wird aber abgewiesen. Der Bekannte zieht sich in sich selbst zurück und wird dem Ich unnahbar. Der erste Erzählabschnitt endet mit dem Wunsch des Ichs, in seine Einsamkeit zurückzukehren, nach Hause schlafen zu gehen. Dieser Rückzugswille ist aber nicht das Primäre. Der Leser sieht, daß er erst als Folge der Abweisung durch den Anderen auftaucht. Die Macht, die ihm die Abweisung des Ichs verleiht, erhebt den Bekannten zur frühesten Macht- und Vaterfigur des Kafkaschen Oeuvres.[25] Er wird zu der Gestalt, von der Wohl und Wehe des Ichs abhängen.

Das Einsiedler-Ich ist zu trostlos, um den Kampf mit endgültigem Rückzug auf sich selbst zu beenden. Mit der erneuten Intervention des Bekannten, der sich dem Ich wieder zuwendet, kann also das Geschehen wieder von vorne beginnen. Wieder wird das Ich zum Bittsteller. Es braucht den Anderen als seinen Verbindungsast zum Dasein, als das, was Kafka seinen Freund Oskar Pollak nannte, »etwas wie ein Fenster«[26] auf das Leben. Aber in exakter Wiederholung des vorhergehenden Abschnitts zieht sich der Bekannte wieder zurück und droht damit, das Ich erneut auf seine Isoliertheit zurückzuwerfen. Diesmal aber reagiert das Ich anders. Es erhebt sich zum ersten Mal zu dem, was ich das magisch-narzißtische Ich nennen möchte.

> Morgen wird mein Bekannter mit Fräulein Anna reden; gewöhnliche Dinge zuerst, wie es natürlich ist, aber dann wird er plötzlich sagen: »Gestern in der Nacht war ich mit einem Menschen beisammen, wie du ihn, liebes Annerl, sicher noch nie gesehen hast. [...] Ich war ja gestern gebeugt von eigenem Glück, aber fast vergass ich an dich. Es war mir als höbe sich mit den Athemzügen seiner platten Brust die harte Wölbung des gestirnten Himmels. Der Horizont brach auf und unter entzündeten Wolken wurden Landschaften sichtbar endlos, so wie sie uns glücklich machen [...]« (BK 22)

Die magische Macht des Ichs ist hier Gleichnis, das von einer vom Ich imaginierten Figur in eine imaginierte Erzählung eingeflochten wird. Es ist ja nicht der »wirkliche« Bekannte, der das Ich im Gleichnis zum himmelbewegenden Magus erhebt. Es ist der Bekannte, wie ihn sich das Ich vorstellt, dessen »Mitteilung« an sein Annerl also innerer Rollenmonolog des Ichs ist. Magie ist ein Geschehen der Imagination. Die im Gleichnis sich vollziehende Aufhebung der Naturgesetze ist Konsequenz der Unfähigkeit des Ichs, zum »wirklichen« Anderen durchzudringen. Der wirkliche Bekannte wird durch einen imaginären ersetzt, der als Stimme im Ich zu einer ebenfalls nur im Ich vorhandenen Geliebten spricht. Beide – der Bekannte und sein Annerl –, scheinbare Figuren der Außenwelt, sind Teile des Ichs.

Die im Gleichnis ausgedrückte himmelbewegende Macht des Ichs fungiert als Versuch, einen Gegensatz mitzuteilen zu jener »Gewöhnlichkeit« und »Natürlichkeit«, die das Verhältnis des Bekannten zu seinem Mädchen, aus der Perspektive des Ichs gesehen, bestimmt. Das Reich des Magischen ist also das diesem erotischen Alltag Entgegengesetzte, das ihm völlig Andere. Im Gegensatz zur irdischen Natürlichkeit des Eros hat das Ich mit Himmel und Weite, mit plötzlichem Aufleuchten und Erscheinen zu tun, das in gleichnisloser Sprache nicht nennbar, auch mit dem Gleichnis nur »angedeutet«[27] werden kann. Durchaus vergleichbar dem, was Martin Heidegger unter »Sein« versteht[28], handelt es sich hier um ein »Glück«, das nur dadurch definiert wird, daß es ein dem erotischen Glück völlig Entgegengesetztes darstellt. Der Eindruck, den das Ich auf den imaginierten Bekannten macht, läßt ihn sein Annerl »fast« vergessen.

Dies ist zwar ein Schritt zum Narzißmus, da ja der vom Ich faszinierte Bekannte im Ich selbst steckt und durch ihn sich das Ich selbst fasziniert. Andererseits hat aber das Wesentliche am sekundären Narzißmus, der Objektentzug der Libido, noch nicht stattgefunden. Das Ich imaginiert sich zwar als Liebesgegenstand, denkt aber diese Liebe als von einem Anderen, dem Nicht-Ich, kommend. Die Anziehungskraft des mit dem weiblichen Liebesobjekt rivalisierenden Icherzählers soll dem Liebesobjekt klargemacht werden. Der vom Ich imaginierte Bekannte steht also zwischen zwei Polen des Eros und versucht zwischen ihnen zu vermitteln. »[. . .] ich aber, dessen Seele ganz zerflogen ist vor Liebe zu dir, freute mich seiner Gegenwart« (BK 22). Eros bestimmt sowohl den Inhalt dieses Erzählens als auch die Rezipientin. Daß Eros das Ziel dieses Erzählens ist, zeigt sich am Schluß darin, daß die Liebe des Bekannten zu dem Mädchen der Faszination des Ichs widersteht:

> »[...] Mein Himmel, wie liebe ich dich Annerl und [...] dein Kuss ist mir lieber als eine Landschaft. Reden wir nicht mehr von ihm und haben wir einander lieb.« (BK 22)

In dem nun folgenden Teil dieses Abschnitts bleibt Erzählen weiter Funktion der Bindungssuche des Ichs. Diesmal aber ist das Erzählen ein »wirkliches«, an den »wirklichen« Bekannten gerichtet. Aus Taktgefühl, »daß ihm [dem Bekannten] vielleicht meine lange Gestalt unangenehm sein könnte« (BK 26), geht das Ich plötzlich gebückt. Analog dazu ist sein Erzählversuch ein Werben um den »wirklichen« Bekannten und entspringt der Beschämung des Ichs über seine eigene Gleichgültigkeit gegenüber dem Partner.

> Beschämt beeilte ich mich zu reden, um mein Gähnen zu unterdrükken: [...] (BK 24)

Dem Ich geht es nun explizit um die Kunst des Erzählens.

> [...] *[Man könnte es in dieser Art erzählen].* Einmal sass ich auf einer Bank am Ufer eines Flusses am Abend in verrenkter Haltung. Ich sah, den Kopf auf den Arm gelegt, der auf der hölzernen Lehne der Bank auflag, die wolkenhaften Berge des anderen Ufers und hörte *eine zarte Geige,* die jemand *im Strandhotel* spielte. Auf beiden Ufern fuhren hin und wieder schiebende Züge mit erglänzendem Rauch. – So *redete ich* und suchte krampfhaft hinter den Worten *Liebesgeschichten* mit merkwürdigen Lagen zu *erfinden* [...] (BK 24/26; Hervorhebungen WHS)

Wie die gestrichene Stelle, »man könnte es in dieser Art erzählen«, und der »krampfhafte« Versuch, »Liebesgeschichten mit merkwürdigen Lagen zu erfinden«, deutlich machen, kreisen die Gedanken des Ichs um die Kunst des Erzählens als eines wirkungsvollen Mittels, die Aufmerksamkeit des Anderen auf das Ich zu lenken und seine Gunst zu erwerben. Die Szene wurde ursprünglich sogar in der dritten Person über einen »jungen Mann« erzählt, wodurch das Erzählerische im Werben des Ichs noch klarer hervortrat. Der Inhalt dieses Erzählens ist ein ganz anderer als der im imaginierten Erzählen des Bekannten, das im Ich selbst vor sich gegangen war. Während dieses das Außergewöhnliche und Unsagbare gleichnishaft mitzuteilen versuchte, wird hier gerade die Gewöhnlichkeit zum Erzählgegenstand. Eros wird anvisiert als Klischee, als das Durchschnittliche mondäner Gesellschaftlichkeit – »die zarte Geige im Strandhotel« – als »Liebesgeschichten«, in denen »auch ein wenig Roheit und feste Nothzucht [...] nicht zu fehlen [brauchte]« (BK 26). Wie das Gebücktgehen aus Taktgefühl ist das Erzählen des Ichs ein zarter Anpassungs- und Einfühlungsversuch in den Bekannten, dessen erotischem Interesse das werbende Erzählen entgegenzukommen sucht.

Das »Erzählen« des Ichs bleibt bloßer Versuch, es bleibt beim bloßen »Reden«. Die »Liebesgeschichten« werden nicht »erfunden«. Doch stellt selbst der Versuch den Höhepunkt dar in dem Werben des Ichs um den Mitmenschen. Dieser Versuch ist die Fortsetzung seines »lustigen« Exhibitionismus im vorangehenden Abschnitt des nächtlichen Spaziergangs. In beiden Versuchen verhält sich das Ich analog zu einem Kleinkind, das darum wirbt, von den Eltern beachtet zu werden, und danach trachtet, deren ihm verlorengegangene Libido wieder auf sich zu lenken.

Beide Versuche des Ichs führen zum gleichen Fehlschlag. Der Bekannte ignoriert das Ich. Die stumme Abweisung seines Werbens führt das Ich wiederum zum Rückzug in sein Einsiedlertum, aber diesmal in bedeutend radikalerer Form. Das Ich verwandelt nämlich den Bekannten vom bloß Nichtzuhörenden, Gleichgültigen, zu einer mörderisch drohenden Gestalt, in der sich unschwer die Vaterfigur entdecken läßt, die von der »Städtischen Welt« an Kafkas Werk beherrscht und deren autobiographische Genesis er im *Brief an den Vater* gezeichnet hat.[29] Nichtanerkanntwerden wird Todesdrohung. Da der Bekannte ihm nicht zuhört und die Kommunikation verweigert, fürchtet sich das Ich plötzlich, von ihm ermordet zu werden.[30] Ein objektiver Grund für dieses plötzliche Hervorbrechen panischer Angst läßt sich nirgends finden. Die Angst wird auch später durch das hilfreiche Verhalten des wirklichen Bekannten als bloß subjektives und fiktives Gefühl enthüllt. Als drohender Mörder ist der Bekannte reine Projektion des Ichs.

> Ich aber sagte zu mir: »Wie herzlos ist dieser Mensch! Wie bezeichnend und deutlich ist seine Gleichgültigkeit gegen meine demüthigen Worte! Er ist eben glücklich und das ist die [grausame] Art der Glücklichen, alles natürlich zu finden, was um sie geschieht. [...] ja, wenn er in die

Laune käme – *ein Glücklicher ist so gefährlich, das ist unzweifelhaft* – würde er mich auch *todtschlagen wie ein Strassenmörder*. Das ist *sicher* und da ich feig bin, würde ich vor Schrecken nicht einmal zu schreien wagen. – Um Gotteswillen! – Ich sah mich *in Angst* um. (BK 28/30 Hervorhebungen WHS)

Offensichtlich projiziert das Ich seinen Zorn über sein Ignoriertwerden und seinen sich aus bitterem Neid entwickelnden Haß auf den Anderen in diesen hinein und reagiert dann in paranoid-ichbezogener Weise auf ihn so, als ob der Gedanke der Bedrohung tatsächlich von dem Anderen und nicht vom Ich selbst ausginge.[31]

Der Bekannte wird also für das Ich aus dem Mitmenschen schlechthin, dem Verbindungsglied zu Leben und Eros, zunächst zum undurchschaubaren Anderen, der Sartres »L'Autrui« vorwegzunehmen scheint[32], und danach zur ödipalen Vaterfigur. Ähnlich wie im *Brief an den Vater* und in der *Verwandlung* ist bereits hier die Reaktion auf die ödipale Vaterfigur die Formation des Ichs als eines Sich Exilierenden und Verbergenden. Aber im Unterschied zu den späteren Werken Kafkas ist die Drohung noch eine rein imaginäre, die als solche dem Leser klargemacht wird. Was hier als Projektion der Psyche evident ist, wird im späteren Werk zu einem von dem Bewußtseinsträger der Erzählung scheinbar unabhängigen Geschehen »objektiviert«.

In dem nun Folgenden fügt sich das Ich die »Kastration«, die Wunde am Knie, selbst zu. In seiner Angst fällt es und bleibt verwundet im Dunkel liegen.

Als ich aufzustehn versuchte, fiel ich wieder. »Es ist Glatteis«, sagte ich und verspürte einen Schmerz im Knie. Aber doch freute es mich, daß mich die Leute [. . .] nicht sehen konnten und es schien mir daher das Bequemste hier bis zur Dämmerung liegen zu bleiben. (BK 34)

Damit mündet auch dieser Abschnitt wieder in der Resignation, dem Sich-im-einsamen-Dunkel-Einrichten des Junggesellen-Ichs, womit die »Beschreibung« des »Kampfes« begonnen hatte. Wir sind am Ende dieses Abschnitts also wieder zum Ausgangspunkt der ganzen Erzählung zurückgekehrt.

Der nun folgende Abschnitt beginnt ebenso wie die beiden anderen mit der Aufrüttelung des resignierten Ichs durch den Bekannten und endet mit einem Rückzug, der, radikaler als die beiden ersten, ein Rückzug aus der Menschheit in den magischen

Narzißmus ist. Wiederum läßt der Bekannte das Ich nicht ruhen und versucht, es ins Leben zurückzubringen. Dabei macht es der Text nun ganz klar, daß der Bekannte als empirischer Anderer nichts zu tun hat mit der drohend-verfolgenden, »kastrierenden« Vatergestalt, die die Projektion des Ichs war. Der Bekannte als der empirisch Andere ist zärtlich, hilfsbereit und helfend. Erst dadurch wird er zu jenem Objekt, dem Libido entzogen werden kann, um auf das Ich konzentriert zu werden. Für das verwundete Ich wird jede Berührung zum Schmerz. Es besteht für den Icherzähler daher kein Unterschied zwischen dem wohlwollenden Bekannten an sich und dem drohenden Gewalttäter, der er für das Ich ist. In Hegelscher Terminologie wird »der Andere an sich« zum »Anderen für sich«, d. h. zum Anderen für das Ich. Dieser erinnert das Ich dauernd an seine Wunde. In diesem Für-das-Ich-Werden des Anderen zeigt sich die völlige Wendung zur Subjektivität, die zum magischen Narzißmus führt.

Die erste Gegenbewegung des Ichs auf den Schmerz hin ist der Versuch der Sublimierung, der nun buchstäblich gezeigt wird als Versuch des Ichs, sich von der irdischen Schwerkraft zu befreien und in der Luft zu schwimmen. Vier Jahre vor Freuds *Der Dichter und das Phantasieren* inszeniert Kafka hier dessen Poetik. Wie der Dichter nach Freud durch die gestaltende Phantasie sich über seine unbefriedigende Lebenslage in höhere Regionen erhebt, wo seine Wünsche in Erfüllung gehen, erhebt sich das Kafkasche Ich über den Erdboden, auf dem es nur mit Schmerz und Mühe gehen kann, um durch eine überlegene Bewegungsform, das Schwimmen, in einem höheren Element, der Luft, seine irdische Schwäche in magische Kraft zu verwandeln. Wie bei Edmund Wilsons Philoktet ist es die Wunde, die den Bogen gebiert.[33]

Die Sublimierung des Leidens in die Wunschwelt ist zunächst an die Verinnerlichung des Eros gebunden. Es ist der Gedanke an die Liebe eines vom Ich vorgestellten Mädchens im weißen Kleid, das, da wir bisher nichts von ihm erfahren haben, durchaus Phantasiewesen sein mag, das dem Ich zu den Anfangserfolgen seiner magischen Kunst, der Überwindung der Schwerkraft, verhilft.

Das schwimmende Schweben, die Befreiung des Ichs von der Schwerkraft, ist Kunst im ursprünglichsten Sinne, Kunststück, einzigartiges Können – Kunst als Magie. Im Gegensatz zum Erzählen ist Magie rein narzißtische Kunst. Denn sie ist nicht wie das Erzählen ein Mitteilen, ein Versuch zu kommunizieren, ein

Werben um den Anderen. Sie ist reine Erhöhung des Ichs. Diese Kunst ist an keinen Adressaten gerichtet; sie dient niemandem, sie sucht niemanden, sie ist reine Selbst-»Belustigung«.

In *Totem und Tabu* spricht Freud von der Kunst als der letzten Zufluchtsstätte der Magie, dem letzten Gebiet, in dem die Allmacht der psychischen Realität noch gültig ist. Auch der Kafkasche Tagtraum von der Magie ist die Sphäre, in der seine Kunst ihre Wurzeln hat. Abgesehen von dem bereits erwähnten Umstand, daß Kafka kurz vor der *Beschreibung* sein Schreiben selbst als Magie empfindet, ist das Prinzip, das diesem »Ritt« und »Spaziergang« des Ichs zugrundeliegt, genau dasselbe wie das, was dem Gesamtwerk Kafkas seine einzigartige Signatur gibt – das Darstellungsmittel der »Projektion«.[34] Was als unerklärliches Ereignis von außen zu kommen, dem Protagonisten von der Außenwelt her zuzustoßen scheint, erweist sich bei näherem Lesen des Textes als nach außen gewendete Tendenz des Protagonisten. Die magische Allmacht des Ichs in Kafkas erster Erzählung stellt eine Art Prolegomenon seines Schreibens dar als magische Beherrschung des Äußeren durch das Innere, der Außenwelt durch den Wunsch.

Dies wird im folgenden Abschnitt, dem »Spaziergang«, ganz deutlich.

> Die Steine verschwanden nach meinem Willen und der Wind wurde still und verlor sich im Abend [. . .] Da ich Fichtenwälder liebe, gieng ich durch Fichtenwälder und, da ich gerne stumm in den ausgesternten Himmel schaue, so giengen mir auf dem großausgebreiteten Himmel die Sterne langsam und ruhig auf [. . .] Dieser Anblick freute mich so, daß ich als ein kleiner Vogel [. . .] schaukelnd daran vergass, den Mond aufgehn zu lassen [. . .] (BK 48).

In dieser »Kunst« ist das magische Ich eins mit seiner Welt, die es beherrscht und bestimmt, ja die es gewissermaßen erst erschafft. Es scheint zurückgekehrt zu dem, was Freud »primären Narzißmus« nennt. Dessen Zeichen ist die Einheit von Ich und Welt in Folge der Allmacht des Ichs.

Nun beruht aber diese Magie in der *Beschreibung eines Kampfes* auf der Opferung des Mitmenschen, in Freuds Narzißmusterminologie, auf dem Rückbezug der Libido auf das Ich. Die Kunst der Magie – und das bedeutet, in Kafkas traumhafter, buchstäblich zu verstehender Bildsprache, die Magie der Kunst – wird erst zur wahren Meisterschaft, wenn sie völlig narzißtisch ist. Solange sie sich auf die Vorstellung vom Mädchen im weißen Kleid und damit also auf eine Liebe – wenn auch eine bloß eingebildete – stützt, bleiben die Fortschritte des Ichs in der magischen »Kunst« sehr bescheiden. Erst indem es dem Anderen alle Libido entzieht und sie völlig auf sich selbst, als »Selbstbelustigung«, konzentriert, erhebt sich das Ich zum wahrhaft magischen Könner. Erst wenn der Bekannte, und mit ihm Eros, den er repräsentiert, dem Ich gleichgültig werden, kann das Ich Beherrscher der Natur durch die Kunst werden.

> »[...] Also ist dir dieser Mensch gleichgültig, – wiederhole es – gleichgültig. Er ist aber auch ungefährlich, wie es sich erwiesen hat [...] Also [...] lass ihn reden und vergnüge dich auf deine Weise, dadurch – sage es leise – schützt du dich auch am besten.« (BK 40)

Der Andere muß so radikal gleichgültig werden, daß er nicht mehr an sich, sondern nur mehr als Objekt für das Ich existiert, als reines Instrument seiner Selbstbefriedigung tauglich ist. Im Augenblick, da das Ich den Mitmenschen zum Reittier degradiert, fügt sich auch die Landschaft seinem Willen.

> Schon sprang ich mit ungewohnter Geschicklichkeit meinem Bekannten auf die Schultern und brachte ihn dadurch, daß ich meine Fäuste in seinen Rücken stieß, in einen leichten Trab [...] Es gelang und wir kamen mit guter Schnelligkeit in das Innere einer grossen, aber *noch unfertigen Gegend,* in der es Abend war. *Die Landstrasse,* auf der ich ritt, war steinig und stieg bedeutend, aber gerade *das gefiel mir und ich liess sie noch steiniger und steiler werden* [...] während ich mich mit beiden Händen fest an seinem Halse hielt, beugte ich weit meinen Kopf zurück und betrachtete die mannigfaltigen *Wolken, die schwächer als ich* schwerfällig mit dem Winde flogen. Ich *lachte* und zitterte vor Muth. (BK 44; Hervorhebungen WHS)

Der Selbstgenuß des Ichs, »Belustigung« genannt, erreicht aber seinen Höhepunkt erst, als der »Ritt« zum »Spaziergang« wird. In absoluter Wunscherfüllung hat das Ich die Rollen vertauscht. Die kastrationsgleiche Wunde am Knie hat jetzt der Bekannte, und sie macht ihn nutzlos für die weitere Belustigung des Ichs.

> Da er mir nicht mehr nützlich sein konnte, liess ich ihn auf den Steinen und pfiff nur einige Geier herab, die sich gehorsam und mit ernstem Schnabel auf ihn setzten, um ihn zu bewachen. (BK 46)

Die Geier, Variation des prometheischen Adlers und Vorausahnung von Kafkas kleiner Geschichte *Der Geier*, drohen der gestürzten Machtfigur Zerhackung an, werden aber in einer Anwandlung von »Generosität« vom Ich bloß zur Bewachung angestellt.

Das Ich kann jetzt seinen absoluten Rückzug aus aller menschlichen Gemeinschaft und zugleich aus der empirischen Welt mit ihren das Ich beschränkenden Naturgesetzen feiern. Es kann die Kunst der Weltbeherrschung durch den Wunsch, als gottgleicher Arrangeur der Natur, zunächst völlig ungestört ausüben. Wesentliche Vorbedingung dafür ist eben die Eliminierung des Mitmenschen, so daß er nie wieder als Störung der Selbstbefriedigung und als Mahner zu mitmenschlicher Wirklichkeit auftauchen kann. Die narzißtisch-magische Kunst der Weltbeherrschung durch den Gedanken, bzw. den Wunsch, macht das Strukturprinzip der späteren Werke Kafkas, den Primat des Psychischen über das Mimetisch-Empirische deutlich, freilich mit dem wesentlichen Unterschied, daß hier mit vollem Bewußtsein des Erzähl-Ichs erreicht wird, was in den späteren Werken Kafkas gegen das »einsinnige« Bewußtsein, das in der Erzählung vorwaltet, geschieht.

Wie bei Plato und Aristoteles Ruhe das Attribut des Göttlichen ist, so ist Ruhe auch das Kennzeichen des primären Narzißmus. Der Ruhende bedarf nichts. Es mangelt ihm an nichts. Alle Wünsche sind ihm erfüllt, und er ist vollauf von sich selbst beseligt. Im sekundären Narzißmus aber ist diese Ruhe freilich nur das Ziel. Sie ist es auch für Kafkas magisch-narzißtisches Ich. Es kann sie aber nicht erlangen, jedenfalls nicht dauernd in ihr verweilen. Typisch für Kafkas Einstellung zum magischen Narzißmus ist es, daß die Momente des narzißtisch-magischen Paroxysmus nicht anhalten können, daß sie letzten Endes unwirklich sind. In den *Hochzeitsvorbereitungen auf dem Lande* ist die magische Beherrschung der Welt durch Rabans selig-ruhendes Ich bloßer Wunschtraum. Im *Bau* wird die Ichseligkeit des Tiers im Augenblick der wollüstigsten Selbstzufriedenheit und Allmachtsillusion sofort durch ein rätselhaftes Zischen beendet, das sich von da an zu immer furchtbarerer Bedrohung des Icherzählers steigert. Ebenso stört das Ich in der ersten Fassung der *Beschreibung eines Kampfes* gerade in dem Moment, da es sich selbstzufrieden dem Schlaf hingeben möchte, eine redende Stimme, die bald darauf zu einem »Weinen« und »Schluchzen« wird. Standort und Zugehörigkeit dieser Stimme bleiben geheimnisvoll. Aber es ist klar, daß die Stimme die Funktion des Bekannten fortsetzt. Denn im vorhergehenden Abschnitt war der Bekannte auch Stimme, die das Ich in seinem Reden, seinem dauernden Kommunikationszwang und Berührungsversuchen störte, bis sich das Ich nur durch seine Unterjochung und schließliche Eliminierung befreien konnte. Das Ich fing diese Selbstbefreiung mit dem Entschluß an, das Reden des Bekannten zu ignorieren. »Laß ihn [den Bekannten] reden und vergnüge dich auf deine Weise.« (BK 40) Mit dieser Selbstaufforderung hob die Selbsterhebung des Ichs zur zauberhaften Allmacht an. Jetzt aber mahnt die redende Stimme, daß auch nach der Eliminierung des Mitmenschen dem Ich keine Ruhe gewährt werde. Denn die Störungsquelle scheint im Ich selbst zu liegen.

Die Worte, die das Ich hört, sind nämlich seine eigenen. Die geheimnisvolle Stimme zitiert Bruchstücke jenes Erzählungsversuchs, den der Icherzähler unternommen hatte, als er mit »Liebesgeschichten« um den Bekannten geworben hatte. »Bank am Flußufer«, »wolkenhafte Berge«, Züge mit erglänzendem Rauch« (BK 52) sind wörtliche Zitate seines eigenen Erzählens, mit denen jetzt »die Stimme« das Ich am Ruhen hindert. Es ist also das Erzählen selbst, das an die Stelle des Bekannten getreten ist und das Ich in seinem Selbstgenuß nicht ruhen läßt. Damit setzt es auch der magischen Macht des Ichs Schranken, denn das Ich kann sich der Stimme nicht erwehren.*

Wie die Wiederholung der vom Ich einst selbst gebrauchten Worte zeigt, ist die störende Stimme buchstäbliches Echo jenes um den Anderen werbenden Aspekts des Ichs, den es zum Verschwinden zu bringen trachtete, als es sich in die magische Selbstbelustigung rettete. Seine Selbsterhebung zur magischen Allmacht basierte ja, wie wir gesehen haben, auf der Verdrängung des Kommunikationswillens. Das unablässige Reden der Stimme erweist

* In der endgültigen Fassung der *Beschreibung eines Kampfes* hat Kafka den hier gestalteten Konflikt zwischen Reden und Ruhen, Stimme und Ich, stark reduziert. Er wird in dem Satz ausgedrückt: »Erfreut über diesen Anblick [einer schönen Landschaft mit Fluß und Obstalleen] legte ich mich nieder und dachte, *während ich mir die Ohren gegen gefürchtetes Weinen zuhielt,* hier könnte ich zufrieden werden. Denn hier ist es einsam und schön.« (BK 58; Hervorhebung WHS) Dieser auf das Wesentliche reduzierten Stelle geht in der ursprünglichen Fassung eine längere Stelle voraus, die den Verdrängungs- und Abwehrversuch des Ichs ausführlich beschreibt.

aber die Verdrängung als unwirksam. Die Verbindung suchende Tendenz taucht also wieder auf – auf subversive Weise. Es ist das Kommunizieren als solches, das dem ruhenwollenden Ich als »Weinen« und Schluchzen«, als Trauer um Unterlassenes und Verlorenes entgegentönt.[35] Die Laute plagen das Ich, sie machen ihm »wüthende *Angst*« (BK 56; Hervorhebung WHS). Sie stürzen es aus seiner Höhe, treiben es den Abhang hinab, bewirken, daß es flieht, »um endlich allen geisterhaften Menschen zu entgehn« (BK 56). Der »Spaziergang«, der mit der magischen Allmacht des Ichs anhob, endet in seiner totalen Niederlage, die zu dem verzweifelten Entschluß des Ichs führt, »diese Gegend zu verlassen und in [seine] frühere Lebensart zurückzukehren« (BK 58). Das allmächtige Ich wird als machtlos entlarvt, in seine »frühere Lebensart«, seine trostlose Ausgangssituation, das Einsiedler-Junggesellen-Dasein zurückgedrängt. Zwar rettet es davor vorläufig der »Einfall«, die Figur des Dicken erscheinen zu lassen, doch schiebt dessen Erscheinung das katastrophale Ende der »Belustigungen« nur hinaus, um den »Untergang« des narzißtischen Ichs an einem Riesenbeispiel vorzuführen.

Im Endabschnitt des »Spaziergangs« stehen sich zwei Schreibprinzipien gegenüber. Das eine ist Magie, der Tagtraum, die ich-erhöhende Phantasie, die wir aus Freuds *Der Dichter und das Phantasieren* kennen. Es ist das Prinzip der Wunscherfüllung und des Zaubers, aber auch des In-Sich-Kreisens, welches das Ich immer wieder zu sich selbst zurückbringt, und das Erzählen, immer wieder zu verhindern, bzw. zu seinem Ausgangspunkt zurückzutreiben sucht. Das zweite ist das »erotische« Prinzip des Kommunizierens, des Sich-Mitteilens und Teilens, des dem Nicht-Ich zuströmenden Redeflusses, dem »Fluß« entsprechend, in dem erzählend das ungeheuere Ich des Dicken untergeht.

Das Ziel des Ichs im »Spaziergang« ist es, das erste Prinzip zu verwirklichen. Sein Ziel ist also das Aufhören des Erzählens, die selbstgenießende, glückselige Ruhe. Aber das Erzählen läßt sich nicht unterdrücken. Es bedroht die Ruhe und wirkt ihr entgegen als Störung. Mit der Störung des einsamen Ichs, dem der Bekannte von seinen erotischen Erfolgen erzählte, hatte ja die *Beschreibung eines Kampfes* begonnen, und Störung des Ichs ist es, was die Erzählung immer wieder erneuert. Nach dem Verschwinden des Bekannten übernimmt das »Reden« selbst, Vorstufe des Erzählens, dessen Funktion. Da Laute hörbar werden, die das Ich am

Ruhen hindern und es zwingen zu reagieren, erneuert sich die Erzählung. Erzählen fungiert also als Störung, Aufrüttelung, Bedrohung und schließlich Sturz und Vertreibung des Ichs. Im Versuch, das Erzählen, d. h. die Stimme, ihr Reden, Weinen und Schluchzen, von sich ferne zu halten, sie »gewaltthätig [abzu]wälzen« (BK 56), »hartnäckig zu vergessen« (BK 58), wiederholt das Ich jene Verdrängung des Bekannten, mit der es den magischen »Ritt« und »Spaziergang« begonnen hatte. Es versucht, diesmal aber ohne Erfolg, sich jeder Bindung, jedes Erinnertwerdens an das Nicht-Ich zu entledigen.

Insofern nun das Prinzip der ich-seligen Magie das Kommunizieren zu verdrängen sucht, taucht ein drittes Strukturprinzip auf, das als »Wiederkehr des Verdrängten« das Unheimliche erzeugt. Die Enthüllung der Ohnmacht des magisch-narzißtischen Ichs geschieht ja buchstäblich durch die »Wiederkehr des verdrängten« Kommunizierens in der geheimnisvollen Stimme und entspricht somit in frappierender Weise Freuds Begriff des Unheimlichen. Daß sich in den rätselhaften Lauten das Unheimliche repräsentiert, geht schon daraus hervor, daß das Ich diese Laute als »geisterhaft« empfindet und ihnen »entgehn« will.

Das Unheimliche bei Kafka ist Gegenmagie – Magie, die, ihrer ursprünglichen Funktion zuwider, gegen das Ichbewußtsein eingesetzt wird. Im ›reifen‹ Werk Kafkas geht die Aufhebung der Naturgesetze nicht mehr vom Ich der Erzählung, d. h. von dem Bewußtsein der die Erzählperspektive »einsinnig« beherrschenden Figur aus, sondern stößt diesem Bewußtsein als rätselhaft bleibendes Unglück scheinbar von außen her zu.[36] Kafka läßt also im Werk seiner Reife den Zauber des »Spaziergangs«, den Primat des Inneren über das Äußere, die Macht des Psychisch-Geistigen über das Empirisch-Physische, weiter walten. Aber dieser Zauber rührt jetzt nicht mehr von dem Element der Erzählung her, das sich dem Leser als wahrnehmendes Bewußtsein der Erzählung darstellt, sondern wendet sich gegen dieses Bewußtsein und widerlegt es.[37] Im Unheimlichen spaltet sich das Erzählen vom Erzählbewußtsein ab. Dieses Strukturprinzip des dargestellten Geschehens zeigt sich bereits im Endabschnitt des »Spaziergangs« mit jener abstrakt-schematischen Deutlichkeit, die Entstehendes kennzeichnet. Hinter dem Icherzähler deuten sich da die Umrisse eines umfassenderen Erzählers an, der mehr zu wissen scheint als das Ich, der das Ich zuschanden macht, selbst aber »geisterhaft«

bleibt und nie als eigene Stimme hörbar wird.

Durch das Prinzip der Wiederkehr des Verdrängten gelingt es Kafka, die beiden sich bekämpfenden Grundintentionen seines Schreibens zu vereinigen. Er konnte die dem magischen Narzißmus inhärente Allmacht des Geistigen über das Physische darstellen und gleichzeitig das Ich, das, als an den Körper gebunden, für Kafka ein »Moi haïssable« war, von ihr besiegen lassen. Die »Allmacht der Gedanken« beruhte somit nicht mehr auf der Spitze des Eisbergs, dem Ichbewußtsein, von dem sie ausgegangen, sondern auf der Totalität des Psychischen, in welchem auch die Grenze von Ich und Nicht-Ich hinfällig wird, was sich im Endabschnitt des »Spaziergangs« in der Unerkennbarkeit des Ursprungsorts der Störungsquelle zeigt, von der das Ich heimgesucht wird. Die Zauberkraft entspringt nicht mehr, wie am Anfang des »Spaziergangs«, dem Ichbewußtsein, sondern entspricht nun dem, was Kafka »die ungeheuere Welt [. . .] im Kopfe«[38] nennt. Ihr wird im Phantastischen seines reifen Werkes die Macht der Magie gegen und über das Bewußtsein seines Protagonisten verliehen. Wenn wir diese das Ich weit übersteigende Gesamtpsyche »Geist« nennen wollen, so würde für Kafka eine tiefgreifende Änderung des Freudschen Programmsatzes: »Wo Es war, soll Ich sein« gelten. Statt dessen müßte es bei Kafka heißen: »Wo Ich war, soll Geist sein.« Diese Grundintention seines Werkes, die man »Ich-Verdrängung« nennen könnte[39], ist zwar erst im *Urteil*, dem Werk seines »Durchbruchs«, mit erzähltechnischer Meisterschaft verwirklicht. In ihrem embryonischen Entstehen aber läßt sie sich im Endabschnitt des »Spaziergangs« mit geradezu krasser Deutlichkeit verfolgen. Vielleicht hat Kafka gerade wegen dieser Überdeutlichkeit diese Episode später drastisch reduziert.

## *Anmerkungen*

1 Wir stützen uns in dem Folgenden ausschließlich auf die erste Fassung der *Beschreibung eines Kampfes*, da sie nicht nur die ältere, sondern auch die bei weitem vollständigere ist. Zum Vergleich der beiden Fassungen, s. Judith Ryan, *Die zwei Fassungen der ›Beschreibung eines Kampfes‹. Zur Entwicklung von Kafkas Erzähltechnik*, in: Jahrbuch der deutschen Schillergesellschaft 14 (1970), S. 546-572.

In einem Vortrag, der im Herbst 1976 an der Universität von Virginia gehalten wurde, führte Claude David aus, daß das älteste erhaltene Erzählwerk Kafkas sich in einem Brief an Oskar Pollak vom 20. Dezember 1902 befindet. Die dort erzählte Gegenüberstellung zweier Figuren, des »schamhaften Langen« und des »Unredlichen in seinem Herzen«, erstreckt sich über fast zwei Druckseiten und antizipiert, wie Claude David völlig richtig feststellte, die Konfrontation von Icherzähler und Bekanntem in der *Beschreibung eines Kampfes.* Man kann David nur zustimmen, wenn er behauptet, daß es sich bei dieser kurzen im Brief enthaltenen Erzählung um Kafkas »Ur-Werk« handelt, das zum ersten Mal die Gegenüberstellung von Junggesellenfigur und erotisch fixiertem »Anderen« darstellt. (Vgl. Franz Kafka, *Briefe 1902-1924*, hg. v. Max Brod, New York 1958, S. 14 ff.) Da dieses »Ur-Werk« aber nur die Ausweitung einer Briefstelle ist, ist die *Beschreibung eines Kampfes* dennoch als das uns erhaltene »Erstlingswerk« Kafkas anzusehen, da es, anders als die Briefstelle, als unabhängiges Erzählwerk intendiert war.

2 S. dazu Walter H. Sokel, *Franz Kafka. Tragik und Ironie,* München/Wien 1964 (»Das Urmodell des Kampfes«).

3 So vor allem James Rolleston, *Kafka's Narrative Theater*, University Park-London 1974, S. 3-8; Henry Sussman, *Franz Kafka. Geometrician of Metaphor,* Madison/Wisconsin 1979, S. 61-74; James Rolleston, *›Beschreibung eines Kampfes‹*, in: *Kafka-Handbuch in zwei Bänden,* unter Mitwirkung zahlreicher Fachwissenschaftler hg. v. Hartmut Binder, Stuttgart 1979, Bd. 2, S. 245-248.

4 Die weitgehendste Untersuchung der Aufbauprinzipien der *Beschreibung eines Kampfes* hat bisher Sussman geliefert.

5 Kafka, *Briefe,* S. 17.

6 Kafka, *Briefe,* S. 384.

7 Kafka, *Briefe,* S. 385.

8 Zur Parallelität des Icherzählers und der beiden Figuren des Dicken und des Beters, s. Judith Ryans vorbildliche Analyse, S. 561 f.

9 Zu letzterem, vgl. Sokel, a.a.O., passim

10 Vgl. Sussman, a.a.O., S. 62.

11 Franz Kafka, *Beschreibung eines Kampfes. Die zwei Fassungen. Parallelausgabe,* nach den Handschriften hg. und mit einem Nachwort versehen von Max Brod, Textedition von Ludwig Dietz, Frankfurt a. M. 1969. Alle Hinweise, die sich auf diese Ausgabe beziehen, und alle aus ihr zitierten Stellen werden mit entsprechender Paginierung im Text parenthetisch als BK angeführt.

12 Sussman, a.a.O., S. 64, spricht von »doubles«.

13 *Flaubert and Kafka. Studies in Psychopoetic Structure,* New Haven and London 1982, S. 9-44.

14 Vgl. Bernheimer, a.a.O., S. 144.

15 Franz Kafka, *Erzählungen und kleine Prosa. Zweite Ausgabe*, hg. v. Max Brod, Bd. 1, New York 1946 [1935], S. 62.

16 *Kafka. Untersuchungen zu Sprache und Bewußtsein seiner Gestalten*, hg. v. Ursula Brech, Bad Homburg 1970, S. 7 f.

17 Vgl. Malcolm Pasley/Klaus Wagenbach. *Datierung sämtlicher Texte Franz Kafkas*, in: Jürgen Born/Ludwig Dietz/Malcolm Pasley/Paul Raabe/Klaus Wagenbach, *Kafka Symposion. Datierung Funde Materialien*, Berlin 1965, S. 58; Klaus Wagenbach, *Franz Kafka. Eine Biographie seiner Jugend. 1883-1912*, Bern 1958, S. 123.

18 Ansätze dazu vor allem bei Wagenbach, a.a.O., S. 121.

19 Sigmund Freud, *Studienausgabe*, Bd. III: *Psychologie des Unbewußten*, hg. v. Alexander Mitscherlich/Angela Richards/James Strachey, Frankfurt a. M. 1975, S. 43.

20 Ebd.

21 *Traum-Schrecken. Kafkas literarische Existenzanalyse*, Stuttgart 1980, S. 14.

22 S. dazu Bernheimers Kapitel, *Decaying Representations: From the ›Balcony‹ to the ›Pawlatsche‹*, S. 144-152. Ein wesentliches Element des gestörten bzw. fehlenden »primären Narzißmus« im Ich der *Beschreibung* läßt sich aus der Funktion des Spiegels in der einsamen Behausung des Icherzählers ersehen. Genau das, was nach Jacques Lacans »stade du miroir« die Identitätsbildung durch das Spiegelbilderlebnis – »Ich bin immer auch ein anderer« – bewirkt, fehlt im Spiegel des Icherzählers. (Vgl. zum »stade du miroir« Lacans epochalen Aufsatz, *Le stade du miroir comme formateur de la fonction du Je*, in: Revue française de psychanalyse, no. 4, Oktober-Dezember 1949, S. 449-455.) Der »Goldrahmenspiegel«, der »an der Rückwand« seines Zimmers aufgehängt ist, spiegelt nur den »schräg abfallenden« »Fußboden« wider, nicht aber das Ich, das auf diesem Fußboden »Stunden allein« verbringt. Es ist der Gedanke an den leeren Spiegel, der es dem Ich unmöglich macht, den Kampfschauplatz, den es mit dem Bekannten teilt, zu verlassen und in seine Einsamkeit zurückzukehren (vgl. BK 18).

23 Vgl. dazu vor allem Peter Beickens Analyse der »Sehweise« in Kafkas Erstlingswerk in: *Perspektive und Sehweise bei Kafka*, Dissertation Stanford University 1971 (masch.).

24 Vgl. dazu Ryan, S. 562.

25 Zum Begriff der Vater- und Machtfigur des Kafkaschen Œuvres s. Fred Peters, *The Transformation of the Father Image in the Works of Franz Kafka*, M. A. Thesis Columbia University 1963 (masch.), und Sokel, *Tragik und Ironie*, passim.

26 Kafka, *Briefe*, S. 20. S. dazu auch Wagenbach, a.a.O., S. 120.

27 Vgl. Kafkas Aphorismus: »Die Sprache kann für alles außerhalb der sinnlichen Welt nur andeutungsweise [. . .] gebraucht werden [. . .]«

(*Hochzeitsvorbereitungen auf dem Lande und andere Prosa aus dem Nachlaß*, hg. v. Max Brod, New York 1953, S. 45).

28 *Sein und Zeit*, Einleitung, Zweites Kapitel, 7, A: »Der Begriff des Phänomens«.

29 Vgl. Anmerkung 25.

30 Vgl. BK 30.

31 Vgl. Walter H. Sokel, *Freud and the Magic of Kafka's Writing*, in: *The World of Franz Kafka*, hg. v. J. P. Stern, London 1980, S. 153-156.

32 Vgl. *L'Être et le néant*, 3. Teil.

33 Edmund Wilson, *The Wound and the Bow. Seven Studies in Literature*, Boston 1941.

34 Vgl. Anmerkung 30.

35 Das »Weinen« und »Schluchzen« erinnert in seiner kommunikativen Funktion an Herders sympathetisch tönende »Sprache der Natur«, die für Herder das vormenschliche, »tierische« Stadium der Sprache darstellt. Vgl. *Ursprung der Sprache*, Erster Teil, Erster Abschnitt.

36 Vgl. Sokel, *Tragik und Ironie*, S. 17 f.

37 Walter H. Sokel, *Franz Kafka*, New York and London (Columbia Essays on Modern Writers, no. 19) 1966, S. 15 f.

38 Franz Kafka, *Tagebücher 1910-1923*, hg. v. Max Brod, New York 1948 und 1949, S. 306.

39 S. dazu Kurz, a.a.O., S. 28: »Die Auflösung der Einheit des Subjekts lag schon Kafkas kreativen Selbsterfahrungen zugrunde.«

*Charles Bernheimer*

# Psychopoetik. Flaubert und Kafkas *Hochzeitsvorbereitungen auf dem Lande*

Kafka war ein bescheidener Mann. Nichtsdestoweniger sandte er am 15. November 1912 seiner zukünftigen Verlobten eine Ausgabe von Flauberts *L'Éducation sentimentale* und erklärte mit verhaltenem Stolz: »Die ›Éducation sentimentale‹ ist ein Buch, das mir durch viele Jahre nahegestanden ist, wie kaum zwei oder drei Menschen; wann und wo ich es aufgeschlagen habe, hat es mich aufgeschreckt und völlig hingenommen, und ich habe mich dann immer als ein geistiges Kind dieses Schriftstellers gefühlt, wenn auch als ein armes und unbeholfenes.«[1] In diesem Aufsatz möchte ich verschiedene Stränge des »geistigen« Familienromans verfolgen, die Kafka an Flaubert binden, und zeigen, wie sie in Kafkas erstem Versuch, einen Roman zu schreiben, in den fragmentarischen *Hochzeitsvorbereitungen auf dem Lande*, ineinander verschlungen sind.

Wann genau Kafka zum ersten Mal Flaubert las, ist nicht bekannt. In einem Brief an Brod, wahrscheinlich aus dem Jahre 1904, zitiert Kafka seinen Freund mit den Worten: »Hier im Flaubert sind lauter Einfälle über Tatsachen, weißt Du, kein Gemütsschwefel.«[2] Diese Bemerkung legt nahe, daß Flaubert ein ständiger Gesprächsgegenstand zwischen den Freunden war. Es ist jedoch wahrscheinlich, daß Kafka zu dieser Zeit Flaubert besser kannte als Brod, der in seiner Biographie Kafka dafür dankt, daß er ihn in den französischen Meister eingeführt habe.[3] Brods wirkliche Auseinandersetzung mit Flaubert begann, als die Freunde auf Kafkas Vorschlag hin anfingen, sich ein- oder zweimal die Woche in ihren Wohnungen zu treffen, um *L'Éducation sentimentale* und *La Tentation de saint Antoine* laut im Original zu lesen. Zwei Hinweise in den Briefen (63 und 75) erlauben uns, die Lektüre der *Tentation* auf 1908-1909 zu datieren. Während Wagenbach glaubte, die Freunde hätten mit der *Éducation* im folgenden Jahr – in der neuen französischen Ausgabe von 1910[4] – begonnen, hat Binder überzeugend nachgewiesen, daß sie sie vor der *Tentation* gelesen haben müssen.[5] Auf jeden Fall las Kafka die

*Éducation* ständig von neuem, oft, wie es scheint, laut (vgl. den Tagebucheintrag vom 16. März 1912: »Flaubert zufrieden vorgelesen«[6]). Im Juli 1912 hatte er seine Ausgabe bei sich, als er sich in ein Naturheilsanatorium (für Nudisten) in den Harz begab, wo er eines Morgens einem gewissen Dr. Schiller das gesamte erste Kapitel vorlas. Um diese Zeit hatte er wahrscheinlich auch schon *Bouvard et Pécuchet,* worüber Brod 1910 einen Zeitungsartikel veröffentlicht hatte, sowie die anderen bedeutenden Werke Flauberts gelesen.[7] Eine Bemerkung von Brod in einem Artikel über Flaubert aus dem Jahr 1908 (bezeichnenderweise *Metamorphose* überschrieben) deutet an, daß die Freunde sich in diesem Jahr mit dem Leben des französischen Romanciers zu beschäftigen begannen.[8] Sie lasen übersetzte Sammlungen seiner Briefe und den Erinnerungsband seiner Nichte Caroline Commanville, die 1909 von Brod interviewt wurde, als sie Prag besuchte (B 74, Nr. 7). Kafka zitierte häufig die Bemerkung, die Flaubert, der Hohepriester der Kunst, gegenüber seiner Nichte machte, nachdem sie eine große Familie besucht hatten, die in häuslichem Glück auf einem Bauernhof nahe der Seine lebte: »Ils sont dans le vrai. Oui, ils sont dans le vrai.«[9] Anderes biographisches Material, das Kafka höchstwahrscheinlich gelesen hat, sind E. W. Fischers *Études sur Flaubert inédit* (Leipzig, 1908), das in seiner Bibliothek gefunden wurde[10], und zwei Bücher, die er Brod schenkte: René Dumesnils *Flaubert. Son hérédité, son milieu, sa méthode* (Paris 1905) und François Coppées *Souvenirs d'un Parisien* (Paris 1910). Wie Binder dargelegt hat[11], ist es wahrscheinlich, daß Kafka Theodor Reiks *Flaubert und seine Versuchung des heiligen Antonius* kannte, eine glänzende psychoanalytische Studie, die auszugsweise 1911 in der Zeitschrift ›Pan‹ erschien. Kafka las diese Zeitschrift zu jener Zeit höchstwahrscheinlich regelmäßig, da sowohl Brod als auch Walser in ihr veröffentlichten. Bei seiner Besprechung von Reiks Buch aus dem Jahre 1912 betonte Brod Flauberts ungewöhnlich enge Bindung an die Mutter und den dadurch bedingten Haß auf den Vater.

Diese Erkenntnisse dokumentieren die Faszination, die Flauberts Leben und Werk auf Kafka ausübten. Es bleibt die schwierige Frage, wie die Folgen dieser Faszination für Kafkas künstlerisches Schaffen analysiert werden sollen. Man könnte positivistisch vorgehen und nach Bildern und Themen suchen, die Kafka möglicherweise bei Flaubert entlehnt hat. Binder hat in der Tat entdeckt, daß bestimmte deskriptive Details in den *Hochzeitsvorbereitungen auf dem Lande* auf eine Passage in *L'Éducation* zurückgehen, die Kafka nach Aussagen von Brod besonders bewunderte.[12] Eine rein stilistische Analyse von Flauberts Einfluß würde sich zweifelsohne auf die Haupttechnik seiner unpersönlichen Erzählweise konzentrieren, den »style indirect libre«.[13] Von einer thematischen Perspektive her sind Parallelen zwischen dem wiederholten Scheitern eines Frédéric Moreau und demjenigen des typischen Kafka-Helden offensichtlich. Kafka selbst entdeckte eine Ähnlichkeit zwischen der letzten Szene der *Éducation* und dem Ende des Fünften Buches Moses und bemerkte: »Nicht weil sein Leben zu kurz war, kommt Moses nicht nach Kanaan, sondern weil es ein menschliches Leben war.« (T 392) Der offensichtliche Unterschied zwischen Frédérics froher Erinnerung an seine verwirrte Flucht aus einem Bordell, unter Wahrung seiner physischen und romantischen Unberührtheit, und Moses' Tod, unmittelbar nachdem ihm ein Blick ins Gelobte Land gewährt worden war, schien Kafka offenbar weniger auffällig als die Grundvorstellung, die beiden Texten gemein ist: daß sich das menschliche Leben immer im Exil vollzieht, daß das Wesen der Verheißung, ob sexuell oder territorial, darin liegt, daß sie nur der Möglichkeit nach bestehen kann.

Diese Möglichkeit konnte nach Kafkas Erfahrung allein durch die Dichtung sichergestellt werden. Die Dichtung umgrenzt die Verheißung ebenso, wie sie Raum bietet für ein unbegrenztes Wandern in der Wüste. Dieses Wandern ist geistig in genau dem Sinne, in dem Kafka sich Flauberts geistigen Sohn nannte: es ist eine Funktion ihrer gemeinsamen Identifikation mit dem Schreiben selbst. Kafka schätzte die Art, in der Flauberts Stil und Thematik diese Identifikation widerspiegelten, und darin liegt, wie ich glaube, die Ursache für seine große Bewunderung des französischen Meisters. Mein psychopoetisches Verfahren wird sich erstens auf die Befürchtungen und Wünsche konzentrieren, die die Suche der beiden Schriftsteller nach einem völlig befriedigenden literarischen Stil motivierten, und zweitens auf die strukturellen Spaltungen und erzählerischen Spannungen in den *Hochzeitsvorbereitungen*, die Kafkas anfängliches Scheitern bei der Suche nach einem adäquaten Ausdrucksmittel für sein grenzenloses Streben deutlich machen.

Eine Anzahl von Hinweisen legt nahe, daß Kafka seine »Blutsverwandtschaft« (BF 460) mit Flaubert am intensivsten empfand, wenn er Flauberts Werke laut las. In einem Brief, den er an Felice schrieb, unmittelbar nachdem er in gehobener Stimmung von einer öffentlichen Lesung seiner »Durchbruch«-Erzählung *Das Urteil* zurückgekehrt war, bringt er das Vergnügen, das ihm diese Lesung bereitete, mit einer Phantasie in Verbindung, die ihn häufig überkam:

> Als Kind – vor ein paar Jahren war ich es noch – träumte ich gern davon, in einem großen mit Menschen angefüllten Saal – allerdings ausgestattet mit einer etwas größeren Herz-, Stimm- und Geisteskraft als ich sie augenblicklich hatte – die ganze *Éducation sentimentale* ohne Unterbrechung so viel Tage und Nächte lang, als sich für notwendig ergeben würde, natürlich französisch (o du meine liebe Aussprache!) vorzulesen und die Wände sollten widerhallen. (BF 155)

In seiner Phantasie gewinnt Kafka Herrschaft über ein Auditorium, indem er Flauberts Sprache mit seiner eigenen Stimme zum Leben erweckt. Er stellt sich vor, daß die mündliche Wiedergabe von Flauberts Text ihm die Autorität verleihe, »Menschen [zu] kommandieren« (BF 155). Die Quelle dieser Autorität ist offensichtlich nicht die Anwesenheit einer beherrschenden Persönlichkeit, eines stark expressiven psychologischen Subjekts. Im Gegenteil, die Autorität, die Kafka in seiner Vorstellung durch Flaubert gewinnt, leitet sich, genau genommen, vom Auslöschen des Subjekts her, wie es durch den Stil des Meisters bewirkt wird. Es ist dieses völlige Aufgehen des Schriftstellers in seinem Werk, das Kafka in einem späteren Brief Felice am Beispiel eines Satzes aus der *Éducation* zu bewundern empfiehlt.

> Ach lies das, Liebste, lies das nur: ›Elle avoua qu'elle désirait faire un tour à son bras, dans les rues.‹ Was ist das für ein Satz! Was ist das für ein Gebilde! Die zerstrichenen Seiten, Liebste, bedeuten nicht Nächte, in denen es an Kraft fehlte. Gerade das sind Seiten, in die er sich ganz vertiefte, in denen er sich jedem menschlichen Auge verlor. Und noch bei der dritten Niederschrift erlebte er, wie Du aus dem Anhang des Bandes ersehen kannst, dieses unendliche Glück. (BF 252)

Kafkas Bewunderung für die Form und Struktur von Flauberts Satzbau entspringt natürlich vollständig Flaubertscher Denkweise. Das Glück, das er Flaubert aufgrund seines völligen Eintauchens in den schriftstellerischen Prozeß zuspricht (wobei er offenbar die ständigen Klagen des Meisters über »les affres du style« vergißt), ist das Glück, das er nachzuempfinden vermeint, wenn er die *Éducation* laut liest. Das ekstatische Gefühl stellt sich ein, da die Unterscheidung zwischen Schriftsteller (oder Leser) und Text aufgehoben ist.

Auf die psychologische Bedeutung von Kafkas Drang, Flaubert zu folgen, wie »er sich jedem menschlichen Auge verlor«, deutet ein Tagebucheintrag vom 4. Januar 1912 hin, in dem Kafka seine Gefühle bei der Rezitation vor seinen Schwestern mit der Leseerfahrung vor seinen männlichen Freunden vergleicht. Wie er beobachtet, liest er für seine Schwestern »tatsächlich bewundernswert«, weil ihre Aufmerksamkeit, ihr Lob und ihre Unterstützung ihm das Gefühl erlauben, »daß ich mit [...] den guten Arbeiten, die ich vorlese [...] in eins verfließe« (T 164). Im Gegensatz dazu ist er sich bei der Lektüre »vor Brod oder Baum oder andern« der Tatsache bewußt, »daß der Zuhörer die Sonderung zwischen mir und dem Gelesenen aufrecht erhält«, woraus für ihn folgt: »Ich darf mich mit dem Gelesenen nicht gänzlich verbinden«. Obwohl er weiß, daß er unter diesen Umständen schlecht liest, strebt er dennoch danach, »endlos vorzulesen, in der unbewußten Sehnsucht, daß im Verlauf des langen Lesens zumindest in mir das eitle falsche Gefühl der Einheit mit dem Vorgelesenen sich erzeugen wird, wobei ich vergesse, daß ich niemals die genügende augenblickliche Kraft haben werde, aus meinem Gefühl auf den klaren Überblick des Zuhörers einzuwirken, und daß es zu Haus immer die Schwestern sind, welche mit der erwünschten Verwechslung beginnen« (T 165). Die Schwestern sind Mittler einer Verbindung zwischen Leser und Text, die männlichen Freunde Mittler einer Sonderung. Die Verwechslung, die die Schwestern in die Wege leiten, ermöglicht ein gewisses Vergessen der Unterscheidung, ein Vergessen dessen, was »das Gefühl der Einheit« eitel und falsch erscheinen läßt. Die schwesterliche Vermittlung erlaubt Kafka das Gefühl, »daß ich [...] als Ursache an allem Einfluß teilnehme, welchen das Werk selbst geübt hat« (T 164-5).

Aus psychoanalytischer Sicht deutet dieser Abschnitt auf die charakteristischen Konflikte der präödipalen Phase hin. Die »Ursache« für Kafkas »unbewußte Sehnsucht« ist die Mutter, mit der er die Vereinigung sucht und für die die Schwestern »zu Haus« ein symbolischer Ersatz sind. Die männlichen Freunde zwingen ihm ein ängstliches Bewußtsein der Trennung, der Vereinzelung, des Ausgestoßenseins auf. Als Vertreter des Vaters vermitteln sie Selbstbewußtsein und ontologische Unsicherheit. Sie verwunden Kafkas narzißtisches Glück und die zufriedene Eitelkeit, die aus seiner Illusion der Verschmelzung erwächst.

Daß Kafka die Auslöschung des Subjekts mit der egoistischen Erfüllung seines narzißtischen Strebens verbindet, mag paradox erscheinen. Aber hier sollten wir uns an die Kraft erinnern, die Kafka Flauberts Fähigkeit zuerkennt, in seinem Schreiben aufzugehen. Denn dieses Aufgehen beinhaltet aus Kafkas Sicht ein Anfüllen der Worte mit Sein, mit dem Sein des Subjekts. Dadurch erfüllt sich für das Subjekt, obwohl individuell nicht gegenwärtig, eine Omnipotenzphantasie. Das entspricht in der Tat genau der Phantasie, die Flauberts Lehre von der Unpersönlichkeit zugrundeliegt. Denn diese Lehre garantiert die Allgegenwart des Autors und seine daraus folgende Beherrschung der Leser. Kafka kannte zweifellos Flauberts berühmte Erklärung gegenüber Louise Colet: »L'auteur, dans son œuvre, doit être comme Dieu dans l'univers, présent partout et visible nulle part. [...] L'effet, pour le spectateur, doit être une espèce d'ébahissement. Comment tout cela s'est-il fait! doit on dire! et qu'on se sente écrasé sans savoir pourquoi.«[14] Flaubert möchte seinem Leser das Gefühl vermitteln, daß Sprache weniger als Kommunikationsmittel benutzt wird denn als ästhetisches Werkzeug, durch das der Autor sich selbst die Wirklichkeit aneignet. Das Wort ist die Welt, und das schreibende Subjekt nimmt an dieser Welt in ganz ähnlicher Weise teil wie das Kind an der Umwelt seiner Mutter. Der Psychoanalytiker D. W. Winnicott beschreibt die Mutter-Kind Beziehung wie folgt: »Das Eingehen der Mutter auf die Bedürfnisse des Kindes gibt, wenn es in ausreichendem Maße geschieht, dem Kind die Illusion, daß eine äußere Wirklichkeit existiert, die seiner eigenen schöpferischen Kraft entspricht. Mit anderen Worten, es gibt eine Überschneidung zwischen dem, was die Mutter bietet und dem, was sich das Kind vorstellen kann. [...] Allmacht ist beinahe eine Erfahrungstatsache.«[15] Sowohl in Flauberts wie in Kafkas Idealvorstellung ist Sprache ein Medium, in welchem das Ich umgewandelt, erweitert und in der Tat als unabhängige Einheit aufgelöst wird.[16] Sprache verhält sich wie eine gute Mutter, indem sie die Illusion (so Winnicotts Ausdruck) eines Seinszusammenhanges zwischen Vorstellung und Wirklichkeit, zwischen

Innerem und Äußerem vermittelt.

In seinem wichtigen Aufsatz *Kafka's Poetics of the Inner Self* verbindet Walter Sokel das »Verschmelzen von Entselbstung mit Selbsterhöhung« in Kafkas Poetik mit der genitalen Sexualität.[17] Das heißt meines Erachtens, die machtvoll regressive mutterorientierte Natur von Kafkas Streben nach ontologischer Integration in und durch Sprache verkennen. Ohne seine frühere Interpretation ausdrücklich zu revidieren, scheint Sokel die Notwendigkeit einer solchen Revision einzubeziehen, wenn er in einem neueren Aufsatz, *Language and Truth in the Two Worlds of Franz Kafka*, die Untersuchung von Rudolf Kreis *Die doppelte Rede des Franz Kafka. Eine textlinguistische Analyse* zitiert, »um die Verbindung zwischen der Mutterfigur und Kafkas Auffassung von Sprache und Wahrheit zu bestätigen«.[18] Kreis weist, wie ich meine, zu Recht darauf hin, daß die früheste Beziehung Kafkas zu seiner Mutter ihm nicht das Vertrauen in einen verläßlichen Zusammenhang zwischen dem Ich und der Welt vermittelte, welches entscheidend zur Herausbildung eines starken Identitätsgefühls beiträgt. Wie René Spitz gezeigt hat, macht solch ein Mangel den Erwerb der Sprache für das Kind besonders problematisch. Denn es erfährt Sprache als das Werkzeug des mütterlichen Verbotes, ihrer Ablehnung des kindlichen Wunsches. Mit dieser Verweigerung konfrontiert, wie es sie vom Gegenstand seiner Liebe erfährt, sucht das Kind, die Macht der Verneinung für sich selbst zu erwerben und sie als Herrschaftsinstrument innerhalb der Familie, dem Prototyp aller sozialen Strukturen, zu gebrauchen. Aber die Introjektion dieser negativen sprachlichen Kraft, die mit der »bösen« lustverweigernden Mutter identifiziert wird, ist gefährlich, wenn nicht die Erinnerung des Kindes an die »gute« nährende Rolle der Mutter ihm die Gewißheit einer positiven Basis seines In-der-Welt-Seins wiedergibt.

Diese Gefahr begründet, wie ich glaube, das Konfliktschema sowohl für Flauberts wie für Kafkas schöpferische Entwürfe. In seiner großen Studie über Flaubert, *L'Idiot de la famille*, stellt Sartre sich vor, daß sich das Kind Gustave mehr als Objekt kalter, pflichtgemäßer Behandlung durch die Mutter gefühlt habe denn als einzig wichtiges Zentrum eines liebevollen Universums. Sartre meint, diese Behandlung habe die entfremdete Reaktion des jungen Gustave auf den Spracherwerb bestimmt. (Caroline Commanville berichtet, daß ihr Onkel sehr langsam lesen gelernt und als Kind oft Stunden mit dem Daumen im Mund in Zuständen offensichtlicher Geistesabwesenheit still verbracht habe.) Wörter, behauptet Sartre, erschienen Flaubert von Anfang an nicht als ein Mittel der Verständigung, des Austausches und der Gegenseitigkeit, sondern als ein materielles Herrschaftsinstrument, durch das seine Mutter ihre Kontrolle über ihn fortsetzen wollte. In der Vorstellungswelt des jungen Gustave, so wie Sartre sie rekonstruiert, war deshalb sprechen lernen gleichbedeutend mit gesprochen werden, verfaßt werden, in dem Sinne, daß man in eine Gesprächsordnung eintrat, die völlig vom andern bestimmt wurde. Das Wort überträgt kein Gefühl: es ist ein Zeichen der Äußerlichkeit. In einem Brief von 1845 beschreibt Flaubert selbst seine Entfremdung von der Sprache in eben diesen Ausdrücken, obwohl er den Vorgang der Entfremdung hier mit seiner kurz zurückliegenden Nervenerkrankung in Verbindung bringt (eine absichtliche Wiederholung der früheren Erfahrung, wie Sartre behauptet):

> Il y a maintenant un si grand intervalle entre moi et le reste du monde, que je m'étonne parfois d'entendre dire les choses les plus naturelles et les plus simples. Le mot le plus banal me tient parfois en singulière admiration. Il y a des gestes, des sons de voix dont je ne reviens pas, et des niaiseries qui me donnent presque le vertige. As-tu quelquefois écouté attentivement des gens qui parlaient une langue étrangère que tu n'entendais pas? J'en suis là. À force de vouloir tout comprendre, tout me fait rêver. Il me semble pourtant que cet ébahissement-là n'est pas de la bêtise. [...] Pour qu'une chose soit intéressante, il suffit de la regarder longtemps.[18a]

Ich habe an anderer Stelle versucht, die Entwicklung der literarischen Strategien nachzuzeichnen, die Flaubert konzipierte, um die Entfremdung, die der Sprache innewohnt, zu entmachten und so eine präverbale Empfindung wohltätiger Verschmelzung und ursprünglicher Harmonie zu schaffen.[19] Die stilistische Methode seiner reifen Werke macht aus den materiellen Qualitäten der Sprache, ihrem Rhythmus und Klang, eine ästhetische Waffe des Umsturzes, gerichtet gegen die soziale Welt, auf die Wörter sich beziehen. Proust schreibt sehr schön über Flauberts Stil, daß er eine Absorption von Unterscheidungen bewirke: »Dans le style de Flaubert [...] toutes les parties de la réalité sont converties en une même substance, aux vastes surfaces, d'un miroitement monotone. Aucune impureté n'est restée. Les surfaces sont devenues réfléchissantes. Toutes les choses s'y peignent, mais par reflet, sans en altérer la substance homogène. Tout ce qui était différent a été converti et absorbé.«[20]

Diese »Konversion« der Welt (einschließlich des Autors selbst) in eine homogene verbale Substanz ist zweifellos einer der Aspekte von Flauberts Werk, auf die Kafka am stärksten ansprach. Sie entspricht der »erwünschten Verwechslung«, die bei seinen Rezitationen durch die Anwesenheit der Schwestern hervorgerufen wurde. Kafka teilte meiner Ansicht nach mit Flaubert ein starkes Gefühl des Verbanntseins von einer ursprünglichen mütterlichen Sprache, die auf irgendeine Weise das Sein und die Wörter in einem natürlichen Zusammenhang vereinigt. Aber wenn auch die narzißtische Sehnsucht der beiden Schriftsteller in einem ähnlichen sprachlichen Ideal zum Ausdruck kommt, so sind doch ihre Methoden, mit der Negativität des sprachlichen Mediums umzugehen, deutlich voneinander verschieden. Indem er die ursprüngliche Verweigerung der Mutter wiederholt, beutet Flaubert in sadistischer Weise das Anderssein der Sprache aus, um dem Leser die ihr innewohnende Negativität unangenehm bewußt zu machen. Anders als Flaubert introjiziert Kafka nicht die böse Mutter, um so ihre Fähigkeit zum Entzug für sich zu gewinnen. Statt dessen verteidigt er seine Bindung an die gute Mutter, indem er die Attribute der bösen Mutter auf Gegenstände in der äußeren sozialen Welt projiziert. Indem er die negative Kraft der Sprache benutzt (sowohl das Gericht als auch das Schloß leiten ihre Autorität von doppeldeutigen Texten her), verfolgen ihn diese Gegenstände und bedrohen ihn mit den Verlusten, die mit der bösen Mutter verbunden sind: Verlust des ursprünglichen Vertrauens und des damit verbundenen Gefühls der Kontinuität, Verlust der Identität und der Selbstachtung. Die Tatsache, daß dies auch die typischen Bedrohungen sind, die in der ödipalen Krise mit dem Vater verbunden werden, deutet, wie Hartmut Böhme gezeigt hat, darauf hin, daß die feindliche Macht des Vaters in dieser Krise für Kafka deshalb so zerstörerisch ist, weil sie eine präödipale Furcht der Trennung und des Angriffs von außen übernimmt und weiterführt.[21] Wir haben gesehen, daß Kafkas männliche Freunde dieses ängstliche Gefühl der Unsicherheit anregten, wenn er vor ihnen rezitierte.

Im *Brief an den Vater* schildert Kafka selbst eine Episode aus seiner Kindheit als eine Art Ursprungserklärung, die genau die narzißtischen Spannungen veranschaulicht, die ich analysiert habe. Er erzählt von einer Nacht, in der er »immerfort um Wasser [...] winselte«, und die primitive Reaktion seines Vaters war, ihn hinaus auf »die Pawlatsche« zu tragen und ihn »dort vor der geschlossenen Tür ein Weilchen im Hemd stehen« zu lassen. Zur Erklärung des inneren Schadens, der ihm durch diese Handlung zugefügt wurde, schreibt Kafka:

> Das für mich Selbstverständliche des sinnlosen Ums-Wasser-Bittens und das ausserordentlich Schreckliche des Hinausgetragenwerdens konnte ich meiner Natur nach niemals in die richtige Verbindung bringen. Noch nach Jahren litt ich unter der quälenden Vorstellung, dass der riesige Mann, mein Vater, die letzte Instanz, fast ohne Grund kommen und mich in der Nacht aus dem Bett auf die Pawlatsche tragen konnte und dass ich also ein solches Nichts für ihn war.[22]

Die Bitte des Kindes um Wasser ist »sinnlos« weil sie ihrem Wesen nach eine Bitte ist, auf der vorsprachlichen Ebene des reinen Bedürfnisses behandelt zu werden. Die Stillung dieses Bedürfnisses durch die gute Mutter sollte »selbstverständlich« sein. Sprache sollte nichts anderes erwirken als eine Erweiterung des Seins. Aber jetzt ist die Verbindung zur Mutter unterbrochen. Die Bitte um mütterliche Hilfe und Nahrung (Wasser als Ersatz für Milch) wird vom Vater als Aggression gedeutet, die ein vorübergehendes Exil rechtfertigt. Wie Kafkas Brief deutlich macht, handelte seine Mutter als Vertreterin des Vaters, dem sie »immer noch enger verbunden« (BV 58) wurde. Das Kind wird hinausgestoßen in eine Welt »quälender Vorstellungen«, wo Autorität dadurch gekennzeichnet ist, daß sie »fast ohne Grund« ausgeübt wird. Die Pawlatsche ist ein Bauteil auf der Grenze, weder drinnen noch draußen. Sie steht noch mit dem schützenden Innern in Verbindung, während sie gleichzeitig Exil, Willkür und Negativität bedeutet.

Die Folgen für die Sprache, die sich aus diesem traumatischen Ausschluß von der »richtigen Verbindung« ergeben, werden in einem Abschnitt aus *Beschreibung eines Kampfes* angedeutet, dessen entscheidende Bedeutung für das Verständnis von Kafkas Poetik von Walter Sokel[23] betont wurde. Eine Figur mit Namen »der Beter« erklärt dem Erzähler, warum er die Aufmerksamkeit der Leute in der Kirche benötigt, die sein auffälliges Beten beobachten.

Es hat niemals eine Zeit gegeben, in der ich durch mich selbst von meinem Leben überzeugt war. Ich erfasse nämlich die Dinge um mich nur in so hinfälligen Vorstellungen, daß ich immer glaube, die Dinge hätten einmal gelebt, jetzt aber seien sie versinkend. Immer, lieber Herr, habe ich eine Lust, die Dinge so zu sehen, wie sie sich geben mögen, ehe sie sich mir zeigen. Sie sind da wohl schön und ruhig. Es muß so sein, denn ich höre oft Leute in dieser Weise von ihnen reden. [...] Wirklich, Sie glauben nicht daran? Ach, hören sie doch; als ich als Kind nach einem kurzen Mittagsschlaf die Augen öffnete, hörte ich, noch ganz im Schlaf befangen, meine Mutter in natürlichem Ton vom Balkon hinunterfragen: »Was machen Sie, meine Liebe. Es ist so heiss.« Eine Frau antwortete aus dem Garten: »Ich jause im Grünen.« Sie sagten es ohne Nachdenken und nicht allzu deutlich, als müßte es jeder erwartet haben.[24]

Es ist bezeichnend, daß die Geschichte vom Gespräch zwischen der Mutter und einer Frau aus dem Blickwinkel eines Kindes erzählt wird. Denn was der Bericht zu beschreiben scheint, ist eine frühe Erfahrung der Entfremdung von unmittelbar kommunikativer Rede, eine Erfahrung, die sehr stark Flauberts erstaunter Reaktion gleicht, wenn er »les choses les plus naturelles et les plus simples« zu hören bekommt. Kafka assoziiert solche Rede mit Mutterschaft, Weiblichkeit, Natur, und einem Gemeinschaftsleben, in dem Unmittelbarkeit durch die Stabilität erfüllter Erwartungen aufrechterhalten wird. Diese ontologisch erfüllte Rede bezieht sich auf die Dinge, »wie sie sich geben mögen«, noch vor reflektierender Erkenntnis. Wörter besitzen dann dieselbe lebendige Gegenwart wie Dinge und dieselbe Eigenschaft »sinnloser« Schönheit, von der Kafka fühlte, daß Flaubert sie in bestimmten Sätzen wieder einfing, und die Flaubert selbst mit einer faszinierten Ergriffenheit durch die »Dinglichkeit« der Wörter assoziierte. Sobald jedoch der Prozeß der Reflexion einsetzt, kann das Leben nicht länger als Gegenwart erfaßt werden, sondern nur noch in Form von »hinfälligen Vorstellungen«, als »versinkend«. In *Beschreibung eines Kampfes* findet der Beter, daß die ganze Welt von dieser Falschheit und diesem Verfall ergriffen worden ist, er versteht sich selbst als intermittierenden Schatten; Hochhäuser stürzen um ihn her ein, »ohne daß man einen äußeren Grund finden könnte« (G 15); der Wind fegt den Menschen den Boden unter den Füßen weg.

Die Möglichkeit, daß diese in Auflösung begriffene, schnell sich verändernde Welt tatsächlich das Ergebnis der Loslösung der

Sprache von ihrer mütterlichen Verbindung ist, wird durch die Beschreibung nahegelegt, die der Erzähler vom Zustand des Beters gibt, so wie er sich ihm darstellt:

> Ich sage, daß es eine Seekrankheit auf festem Lande ist. Deren Wesen ist so, daß Ihr den wahrhaftigen Namen der Dinge vergessen habt und über sie jetzt in einer Eile zufällige Namen schüttet. Nur schnell, nur schnell! Aber kaum seid ihr von ihnen weggelaufen, habt Ihr wieder ihre Namen vergessen. Die Pappel in den Feldern, die Ihr den ›Turm von Babel‹ genannt habt, denn Ihr wußtet nicht oder wolltet nicht wissen, daß es eine Pappel war, schaukelt wieder namenlos, und Ihr müßtet sie nennen ›Noah, wie er betrunken war‹. (G 13)

»Seekrankheit auf festem Lande« beschreibt die Krankheit des Kindes, das willkürlich auf die »Pawlatsche« hinausgeworfen wurde. Diese Willkür wird hier in Verbindung gebracht mit den potentiell unendlichen Assoziationen metaphorischer Rede. Das Vergessen der wahren Namen der Dinge steht in Beziehung zur Entfremdung des Kindes, das die Rede seiner Mutter hört. Solch ein Vergessen destabilisiert die Welt, indem es die Wahrnehmung selbst zur Funktion einer fieberhaften Hervorbringung verlogener metaphorischer Ersetzungen macht. Obwohl die Reihe solcher Ersetzungen tatsächlich verständlich sein kann, wie Walter Sokel gezeigt hat, verdunkelt der Vorgang nur den ursprünglichen Bezugspunkt und trennt den Sprecher von der Verstehensgemeinschaft, die allein die Wahrheit der Namen verbürgt. Deshalb, so kommentiert Sokel, »erscheint die poetische Rede, sofern sie ihrem Wesen nach metaphorisch ist, als der erste Schritt zum Ausschluß des Individuums aus der menschlichen Gemeinschaft. [...] Sie signalisiert die Auflösung des Ich, welche der Verlust der Erinnerung zur Folge hat.«[25]

Sokel argumentiert, daß für Kafka die Aufrechterhaltung der individuellen Identität eine Funktion des Zusammenhangs einer Sprechergemeinschaft sei, eines Modells wahrhafter Kommunikation, das Kafka als ein utopisches Ideal erkannt habe. Aber man müßte seine Auffassungen von persönlicher Identität von Grund auf revidieren, wenn dieses Argument standhalten sollte. Denn wie Sokel richtig beobachtet, basiert Kafkas Vorstellung von der idealen Gemeinschaft auf seiner Sehnsucht nach einer idealen Familie, die ihrerseits aus seinem Verlangen nach der idealen Mutter hervorgegangen ist. Dieses Verlangen beinhaltet, wie ich oben dargelegt habe, eine Aufhebung von individueller Unterscheidung, da sich das Ich narzißtisch in die Welt verströmt. Daher ist die ideale Stimme der Gemeinschaft völlig unpersönlich: das Ich wird in der Unmittelbarkeit von Kommunikation völlig transparent. Sich an »den wahrhaftigen Namen« zu erinnern, bedeutet, keine Erinnerung an die eigenen Akte metaphorischer Schöpfung zu haben, diese verlogenen Werke subjektiver Individualität. Es heißt, das Ich als ein Erzeugnis der Geschichte zu vergessen.

Obwohl Kafka all den Paradoxien dieser Situation erst am Ende seines Lebens in *Josephine, die Sängerin* vollen literarischen Ausdruck verlieh, untersucht seine Dichtung von Anfang an das Dilemma eines provisorischen Ich zwischen zwei Arten seiner eigenen Auflösung, der regressiven narzißtischen Verlangens und der progressiver zeitlicher Erosion und Zerstückelung. Bei der ersten geht das Selbst im sprachlichen Medium unter, und die Wörter werden zu einer kontinuierlichen Erweiterung des Seins. Das Schreiben von *Das Urteil* in einer Nacht »mit [...] vollständigen Öffnung des Leibes und der Seele« (T 210), war die einzige schöpferische Erfahrung, in der nach Kafkas Gefühl diese Sehnsucht ihre Erfüllung gefunden hatte. Diese Erzählung, schrieb er in seinem Tagebuch, kam aus ihm heraus »wie eine regelrechte Geburt«, T 212). Von daher fühlte er sich ihr in einer Blutsverwandtschaft wie derjenigen von Mutter zu Kind verbunden.

Das ist die organische Verbindung, die Kafka noch ein Jahr früher nie erreichen zu können geglaubt hatte. Zur Erklärung der Unzufriedenheit, die er beim Vorlesen einer seiner Erzählungen durch Max Brod empfunden hatte, schrieb er am 5. November 1911:

> Ich erkläre es mir damit, daß ich zuwenig Zeit und Ruhe habe, um die Möglichkeiten meines Talentes in ihrer Gänze aus mir zu heben. Es kommen daher immer nur abreissende Anfänge zutage, abreissende Anfänge zum Beispiel die ganze Automobilgeschichte durch. Würde ich einmal ein größeres Ganzes schreiben können, wohlgebildet vom Anfang bis zum Ende, dann könnte sich auch die Geschichte niemals endgültig von mir loslösen, und ich dürfte ruhig und mit offenen Augen, als Blutsverwandten einer gesunden Geschichte, ihrer Vorlesung zuhören, so aber läuft jedes Stückchen der Geschichte heimatlos herum und treibt mich in die entgegengesetzte Richtung. – Dabei kann ich noch froh sein, wenn diese Erklärung richtig ist. (T 101)

Dieser Abschnitt setzt Kafkas Dichtung deutlich in Beziehung zur psychologischen Erfahrung der Trennungsangst. Wenn die

Erzählung nicht den Zusammenhalt und die organische Einheit eines biologischen Wesens hat, dann bricht sie in fremde Stücke auseinander, vielfältige Anfänge erscheinen, deren jeder von einem verborgenen Ursprung losgerissen und nun verwaist und »heimatlos« erscheint. Diese losgelösten Bruchstücke treiben ihren unglücklichen Autor tatsächlich ins Exil und verwunden seinen Narzißmus. Es ist, als ob er auf die »Pawlatsche« hinausgetragen würde. Die erneuten Anfänge entsprechen jenen wiederholten metaphorischen Annäherungen, die nach dem Urteil des Erzählers von *Beschreibung eines Kampfes* symptomatisch sind für des Beters »Seekrankheit auf festem Lande«. In der Krankheit der Metapher wird das gesunde körperliche Selbst in Stücke gerissen und vergessen. Paradoxerweise hat dieses Todeswerk jedoch eine historische Dimension, die seinem erotischen Gegenstück fehlt: es bietet die Geschichte einer Reihe von Brüchen. Kein zusammenhängendes Ich findet sich in dieser Geschichte wieder, nur die Spur der Verschiebungen des Ich.

Nun möchte ich darauf hinweisen, daß die *Éducation sentimentale,* mit dem Untertitel *Histoire d'un jeune homme,* genau diese Art systematischer Verschiebung durchführt. Es liegt offenkundig nicht im Rahmen meiner Untersuchung, diese Behauptung zu beweisen, aber Flauberts Auflösung des traditionellen Romancharakters ist praktisch ein Gemeinplatz der zeitgenössischen Literaturwissenschaft. Victor Brombert zum Beispiel nennt *L'Éducation* »un vaste poème de la fragmentation et de l'indétermination«[26], während Jonathan Culler von Flauberts bewußter Weigerung spricht, Charaktere zu schaffen, die als »Behälter von Bedeutung«[27] dienen. So fand Kafka in Flaubert beide Pole seiner eigenen Kreativität veranschaulicht, die man dahingehend unterscheiden könnte, daß man den einen »Selbstauflösung« und den anderen »Selbstverschiebung« nennt. Indem ich meine Aufmerksamkeit nun den *Hochzeitsvorbereitungen auf dem Lande* zuwende, einem Text, der nach Binder »stärker als bei irgendeinem anderen Werk Kafkas von Flaubert beeinflußt ist«[28], hoffe ich nachweisen zu können, wie dieser Einfluß Kafkas zwiespältige Vorstellung vom Platz des Subjekts in einer gedichteten Welt verstärkte.

Der erzählerische Kontext dieser »Ichspaltung« verbindet die *Hochzeitsvorbereitungen,* die Anfang 1907 geschrieben wurden, mit vielen von Kafkas späteren Erzählungen. Eine physische Bewegung vorwärts und nach draußen zu einem Ziel der (soziosexuellen) Vereinigung wird gleichzeitig von einer psychischen Bewegung des Rückzugs und der Regression konterkariert. Von dem Augenblick an, in dem wir ihm begegnen, ist Raban auf dem Weg, seine Verlobte Betty auf dem Lande aufzusuchen, zu einer Vereinigung, die in den erhalten gebliebenen Fragmenten der Geschichte niemals stattfindet. Sein Widerstand gegen diese Reise wird offensichtlich, sobald wir in seine Gedanken eingeweiht werden: er fühlt sich müde, das Zimmer auf dem Lande wird unbequem sein, er wird Abendspaziergänge machen müssen, bei denen er sich leicht erkälten kann, er ist zu alt, um konventionelle romantische Klischees über den Mond, die Seele usw. austauschen zu können.[29] Rabans Reflexionen werden von Vermeidung und Beängstigung bestimmt. An einem Punkt wünscht er, er würde in den falschen Zug steigen: »Dann würde es mir doch scheinen, als sei das Unternehmen schon begonnen, und wenn ich später, nach Aufklärung des Irrtums, zurückfahrend wieder in diese Station käme, dann wäre mir schon viel wohler« (S. 240). Die falsche Richtung ist die Richtung des »Scheins«, und »Schein« ist das befreiende Medium der Dichtung. »Aufklärung des Irrtums« führt einen an denselben Ausgangspunkt zurück, glücklicher infolge der augenblicklichen Freiheit von den einspurigen Anforderungen sexueller und sozialer Reife.

Dies ist eine Freiheit, die Raban wiederholt für sich in Anspruch nimmt. In der Tat besteigt er so viele falsche metaphorische Züge, daß er den wirklichen beinahe verpaßt. Doch schließen seine ausweichenden, phantastischen Szenarios immer eine Rückkehr ein, eine Umkehr innerhalb der vorgestellten Reise zu ihrem Ausgangspunkt in der Wirklichkeit. Anstatt die zeitlichen Anforderungen, die seinen Narzißmus bedrohen, hinter sich zu lassen, setzen Rabans Phantasien diese Zeitlichkeit als eine Spaltung des eigenen Ich in Szene.

Diese Selbstspaltung und ihre Beziehung zum Erzählvorgang ist der Gegenstand von Rabans erstem inneren Monolog, einer Meditation, hervorgerufen dadurch, daß er eine Frau bemerkt hat, die ihn oder etwas in seiner Nähe gleichgültig beobachtet und dabei »verwundert« aussieht:

> »Also«, dachte er, »wenn ich es ihr erzählen könnte, würde sie gar nicht staunen. Man arbeitet so übertrieben im Amt, daß man dann sogar zu

müde ist, um seine Ferien gut zu genießen. Aber durch alle Arbeit erlangt man noch keinen Anspruch darauf, von allen mit Liebe behandelt zu werden, vielmehr ist man allein, gänzlich fremd und nur Gegenstand der Neugierde. Und solange du *man* sagst an Stelle von *ich*, ist es nichts und man kann diese Geschichte aufsagen, sobald du aber eingestehst, daß du selbst es bist, dann wirst du förmlich durchbohrt und bist entsetzt.« (S. 234)

Dieser Abschnitt thematisiert ausdrücklich das erzählerische Dilemma, das durch den Text als Ganzes veranschaulicht wird. Raban sieht das Erzählen als eine Funktion der Selbstverschiebung. Um seine Geschichte erzählen zu können, darf er sich nicht eingestehen, daß seine Existenz in der Erzählung auf dem Spiele steht. Er will die Geschichte als einen Abwehrmechanismus benutzen, um zu verhindern, daß er von dem wahren Schrecken seiner Notlage durchdrungen wird. Diese Notlage, die Gegenstand der Geschichte ist, die Raban erzählen möchte, besteht in der Spannung zwischen seinem Wunsch, von allen geliebt zu werden, und seinem Bewußtsein, total isoliert und fremd zu sein, nicht mehr als ein wunderlicher Gegenstand in den Augen des anderen. Diese Objektivierung, die hier »en abyme« durch den Blick der Frau veranschaulicht wird, ist die Perspektive des unpersönlichen Erzählers, der die Geschichte erzählt, die Raban nicht in eigene Worte zu kleiden wagt. Wie wir jedoch sehen werden, kann der Erzähler Raban nicht nur als »gänzlich fremd«, als ein bloßes »nichts« behandeln. Sein Bedürfnis nach empathetischer Einbeziehung und nach erzählerischer Entfaltung treibt den Erzähler, wenn auch nur unregelmäßig, an der Ichspaltung des Subjekts teilzunehmen.

Diese Spaltung wird in der nun von Raban reaktivierten Kindheitsphantasie lebhaft veranschaulicht, in der er ein großer Käfer wird, der behaglich zu Hause im Bett bleibt, während sein menschlicher Körper allen möglichen »gefährlichen Geschäften« (S. 235) nachgeht, die in der Außenwelt gefordert sind, wie etwa die gefürchtete Fahrt auf das Land. Diese Metamorphose ist deutlich bezogen auf einen narzißtischen Traum von Omnipotenz: Raban stellt sich vor, daß draußen auf der Straße jeder von seinen Wünschen und seiner Ermutigung abhängig sei. Es ist in der Tat so, als werde er »von allen mit Liebe behandelt«. Er braucht nur zu ruhen und zu träumen: die Welt wird seine geringsten Befehle ausführen.

Es gibt eine offensichtliche Analogie zwischen diesem Traum von Befehlsgewalt und Kafkas Phantasie, Macht über seine Zuhörerschaft zu gewinnen, wenn er die *Éducation* laut liest. Diese Macht entsteht dadurch, daß das Subjekt so weit von Sprache durchdrungen wird, wie diese eine Umwandlung mit ihm vornimmt. In dieser Umwandlung kann das Ich verschwinden, wie es Flaubert im Prozeß des Schreibens tat, oder es kann umgeformt werden, wie in Rabans Wunschtraum. In beiden Fällen wird das Ich aufgelöst, nicht aber in irgendeiner wahren oder reinen Form festgehalten, wie Walter Sokel behauptet.[30] Raban als Käfer verwirklicht Kafkas regressive Phantasie, von einer Sprache bemuttert zu werden, über die er unbedingt Herrscher ist. Der Herrscher hat jedoch keinen Lebensraum außerhalb des Mediums seiner Herrschaft. Die Leute, die ihm gehorchen, sind Erfindungen seiner schöpferischen Vorstellungskraft. Ihre Liebe ist »Schein«, denn sie hat keinen wirklichen Gegenstand. Sie ist die Erfindung von jemandem, der einen falschen Zug besteigt.

Der richtige Zug wird in Rabans Phantasie von seinem falschen Ich, seiner unglücklichen menschlichen Fassade, bestiegen. Warum ist dieser »angekleidete Körper« so traurig? Verschiedene Anzeichen in der Erzählung deuten darauf hin, daß Rabans Traurigkeit gegenüber dem Leben von seiner Unfähigkeit herrührt, seine Identität in Begriffe zu fassen, die von der zeitlichen Welt abgeleitet sind. Wir haben gesehen, daß er sich durch den gleichgültigen Blick einer Unbekannten entfremdet und objektiviert fühlt. Aber das Gespräch mit seinem Freund Lement ist ihm kaum angenehmer: »Denn selbst alter Bekannter ist man gar nicht sicher« (p. 241), denkt er, wobei er bezeichnenderweise »man« an Stelle von »ich« sagt. »Sicherheit« ist in der Tat das, was er sucht, indem er zu Betty vordringt, der ersehnten guten Mutter, die gleichzeitig die phantasierte böse Mutter ist, die Hauptursache seiner Angst und seines furchtsamen Sich-Entziehens (und von daher der Prototyp jener späteren, komplizierteren Vermeidungsmechanismen des Gerichts und des Schlosses). Er fühlt, daß sein eigenes »Ansehen« in Bettys Stadt von Bettys Stellung unter den anderen abhängen wird, von etwas, was er nicht kennt und niemals kennen kann: »Und nun wußte er aber weder, in welchem Ansehen sie jetzt stand, noch was sie über ihn verbreitet hatte, desto unangenehmer und schwieriger« (S. 248). Diese Situation macht ihn so ängstlich, daß er sich vorstellt, vor Heimweh zu sterben, d. h. vor Sehnsucht nach der Gewißheit eines total vorhersehbaren und um das Ich zentrierten Universums. Er bezeichnet dieses Universum in den Begriffen seiner Alltagsroutine in der Stadt: die erwartete Mahlzeit, die Zeitung und die Lampe an ihren gewohnten Plätzen.[31] Im Gegensatz dazu würde er hier eine fremde Zeitung bekommen, und die Lampe würde ihr Licht nicht für ihn allein verbreiten.

Deshalb vertauscht Raban Ursache und Wirkung, wenn er das »Wanken« seines menschlichen Körpers beim Verlassen des Zimmers nicht der »Furcht«, sondern seiner eigenen »Nichtigkeit« zuschreibt. Es ist die Furcht, die Raban den Wunsch einflößt, seine zeitliche Existenz auf Null zu reduzieren. Der Brennpunkt dieser Furcht ist die sexuelle Verbindung mit Betty, aber die sexuelle Angst scheint in Rabans Fall symptomatisch zu sein für seine überängstliche Vermeidung jedes In-Beziehung-Tretens zu anderen. Solch ein In-Beziehung-Treten, so glaubt er, läßt das Ich seine Freiheit verlieren: man wird ein Gegenstand der Neugierde (seine eigene Erfahrung mit der beobachtenden Dame) oder der Zudringlichkeit (»Betty hat ja öfters erzählt, wie viel sie von lüsternen Männern zu leiden hatte«, S. 248). Das Ich wird durch das andere enteignet und in dieses Anderssein zerstreut. Rabans phantasierte Selbstspaltung wollte diese gewaltsame Zerstückelung, dieses Exil auf der Pawlatsche, vermeiden, indem sie bewußt seinen Körper seines wesentlich menschlichen Seins entleerte.

Aber wieder muß der Zug, der der befreienden – wiewohl verfehlten – narzißtischen Omnipotenz entgegenfährt, umkehren. Denn solange Raban anerkennt, daß sein Streben nach Liebe nur in einer Welt realer anderer Menschen Erfüllung finden kann, muß er sich der Gewaltsamkeit dieser Welt unterwerfen und gestatten, daß seiner »Nichtigkeit« identifizierbare Züge beigelegt werden. Viele seiner Überlegungen befassen sich mit Strategien, durch die er diesen verletzenden Prozeß unter Kontrolle bekommen möchte. So muntert er sich selbst einmal mit dem Gedanken auf, daß sein vierzehntägiger Aufenthalt auf dem Lande schließlich »eine begrenzte Zeit« sei und daß folglich sein Ausgeliefertsein an »alle, die mich quälen wollen und die jetzt den ganzen Raum um mich besetzt haben« (p 235), einen sicheren Rahmen haben werde. Er kann einer ihm feindlichen Umwelt erlauben, mit ihm zu verfahren, wie es ihnen gefällt, während er schwach und still bleibt, weil er weiß, daß sein Eintreten in den Strom der

Zeit vorübergehend ist und daß er bald nach Hause zurückkehren wird, wo alles wieder gut ist. Bei einer anderen Gelegenheit erfindet er ein ganzes Szenarium, in dem er während seines Landaufenthaltes zu einem Ausflug eingeladen wird, und er tröstet sich dann mit der Bemerkung, daß es nicht schwer sei, sich gegen derartige Einladungen zu schützen. Aber diesmal wird der Trost sofort erschüttert, als Raban seine Überlegung fortsetzt: »Und doch weiß ich nicht, ob ich es können werde, denn es ist nicht so leicht, wie ich es mir denke, da ich noch allein bin und noch alles tun kann, noch zurückgehen kann, wenn ich will« (S. 241). Das Paradox ist offensichtlich: das Ich kann sich vor der Einladung, für andere zu leben, nur schützen, indem es sich in die Isolation einer rein virtuellen Existenz zurückzieht, das heißt, indem es seine Identität auslöscht. Die einzige Alternative zur Selbstverschiebung heißt Selbstauflösung.

Aber kann diese Alternative in einer autonomen Erzählung ausgedrückt werden? Kann das Ich aufgelöst werden, ohne daß eine Geschichte von Selbstverschiebungen als notwendiges zeitliches Gegenstück erzählt wird? Mit anderen Worten: kann »Ich« die Geschichte seines eigenen Lebens erzählen, ohne von sich selbst abgespalten zu werden? Wir haben gesehen, daß Raban Selbstverschiebung als notwendig für die Erzählung ansieht und daß er phantasiert darüber, wie er diese qualvolle erzählerische Notlage durch Wiederholung (ein Leben bloßer Routine) oder Isolation (ein Leben bloßer Virtualität) besiegen könnte. Aber er setzt seine Phantasien niemals in die Wirklichkeit um. Selbst für seinen Traum von der Metamorphose bezahlt er mit der widerwilligen Unterwerfung seines physischen Ich unter diejenige Verschiebung, die alle anderen in dieser Erzählung symbolisiert: die Reise auf das Land.

Diese Problematik ist meiner Meinung nach auch das zentrale Anliegen der *Éducation sentimentale.* Bezeichnenderweise sehen wir zu Beginn der *Éducation* einen jungen Mann, der eine Schiffsreise »auf's Land« antritt, um seine Mutter zu besuchen. In einem bestimmten Sinne kommt Frédéric Moreau niemals von diesem Schiff herunter. Er treibt sein ganzes Leben lang dahin, unfähig, eine feste Identität zu entwickeln, und wiederholt Gelegenheiten vermeidend, sich zu engagieren. Mme Arnoux hat für Frédéric eine ganz ähnliche Funktion wie Betty für Raban: er fürchtet die Verbindung mit ihr ebenso sehr, wie er sie wünscht. Frédérics

Annäherung an Mme Arnoux ist gleichzeitig eine Bewegung weg von ihrer physischen Existenz in eine rein literarische Phantasie. Sie ist ein metamorphes Prinzip, durch das die Welt in romantische Illusion verwandelt wird. »Elle ressemblait aux femmes des livres romantiques. Il n'aurait voulu rien ajouter, rien retrancher à sa personne. L'univers venait tout à coup de s'élargir. Elle était le point lumineux où l'ensemble des choses convergeait; – et, bercé par le mouvement de la voiture, les paupières à demi closes, le regard dans les nuages, il s'abandonnait à une joie rêveuse et infinie.«[32] Das Wort »bercé« wird hier nicht zufällig gebraucht.[33] Wenn er von Mme Arnoux träumt, fühlt sich Frédéric eingelullt wie ein Kind an der Brust der Mutter. Sein Universum hat sich geweitet, weil er sich eins fühlt mit Mme Arnoux' strahlendem Glanz, der alle äußeren Dinge in eine Fülle literarischer Reminiszenzen verwandelt. So hat Frédérics »joie rêveuse et infinie« denselben Ursprung wie Rabans Traum von einer Welt, die auf seinen verwandelten Körper hin ausgerichtet ist: Subjekt und Objekt sind in eine empfängliche mütterliche Sprache aufgelöst worden.

Aber diese Auflösung bleibt ein unerreichbares Ideal am Horizont von Frédérics Leben in der Zeit. Die Erzählung seines Lebens ist die Geschichte einer Reihe vorläufiger und annäherungsweiser Selbstdefinitionen, deren jede die Spaltung zwischen Subjekt und Objekt dramatisiert, in der sie begründet ist. Frédéric findet ein gewisses Vergnügen daran, an dieser Dramatisierung teilzunehmen, besonders wenn es ihm gelingt, das Drama weitgehend selbst zu inszenieren -- es sei nur an die Art erinnert, wie er Rosanette gegen Mme Dambreuse ausspielt, indem er beiden dieselben Lügen erzählt, ihnen ähnliche Blumenbouquets schickt, ihnen zur gleichen Zeit Briefe schreibt. Aber selbst diese Macht, die Wirklichkeit literarisch umzugestalten und Frauen in sein eigenes Szenarium einzubeziehen, befriedigt Frédéric nicht. Er wird ständig an die Kluft zwischen Wirklichkeit und Dichtung erinnert (ein Bewußtsein, das demjenigen Kafkas nicht unähnlich ist, wenn er vor seinen männlichen Freunden rezitiert). Nur Mme Arnoux eröffnet die Möglichkeit, die Kluft zu überbrücken, indem sie ihrer beider Leben in eine Erzählung aufnimmt, die schon der Geschichte ihrer Liebe voraufging. Während ihres letzten Treffens »ils se racontèrent leurs anciens jours« (ES 421), wobei diese Erinnerung ihre Identitäten in die Sprache zweitklassiger

Romanliteratur auflöst. Der radikale Unterschied zwischen dieser Sprache und der zeitlichen Realität wird lebhaft durch den Schock verdeutlicht, den Frédéric empfindet, als er Mme Arnoux' weißes Haar sieht. Dieses Zeichen der Vergänglichkeit weist darauf hin, daß das Leben nur zur Literatur werden kann, indem es sich dem Tode ausliefert. Die Liebenden sprechen von ihrer Beziehung aus der Perspektive einer schon vollendeten Zukunft: »N'importe, nous nous serons bien aimés« (ES 421).

Kafka, der sein Leben als »nichts anderes als Literatur« (T 228) definierte, verstand sehr wohl die tödlichen Implikationen einer Identifizierung des Ich mit dem Schriftstellertum. In der Tat stellt er in seinen Werken immer komplexere und tiefgründigere Überlegungen zum Verhältnis von Schreiben und Sterben an, Überlegungen, die ihren deutlichsten Ausdruck in seinem berühmten Brief an Brod vom 5. Juli 1922 finden. Darin beschreibt er eine Ichspaltung, durch die der Schriftsteller von sich selbst getrennt wird und auf Kosten seines eigenen Körpers lebt. Dieser »Selbstgenuß« zehrt den Körper auf, während er dem Schriftsteller eine Grenz-Existenz gestattet, »denn eine solche Figur hat keinen Boden, hat keinen Bestand, ist nicht einmal aus Staub. [...] Selbstvergessenheit«, erklärt Kafka, »ist erste Voraussetzung des Schriftstellertums« (B 385). Die Traurigkeit von Rabans physischem Vertreter, während er aufs Land reist, muß wohl einem solch vampirhaften Aussaugen der Lebensenergie durch das schreibende Selbst zur Last gelegt werden. Der Käfer Raban ist aus dieser Energie gebildet. Aber während der ältere Kafka den Schriftsteller beschuldigt, »nur eine Konstruktion der Genußsucht« (B 385) zu sein, stellt der junge Kafka diese Figur in einem weit positiveren Licht dar.

Wir haben gesehen, daß diese positive Interpretation der Macht des Schriftstellers Kafkas narzißtischen Wunsch erfüllt. Daß Kafka zu jener Zeit der Literatur die Möglichkeit zuerkannte, diesen Wunsch zu erfüllen, muß wohl auf den Einfluß Flauberts zurückgeführt werden. Denn Flauberts Erzähltechnik stellte für Kafka die vollendete Erreichung von »Selbstvergessenheit« dar. Um 1922 wußte er, daß sein eigenes Schriftstellertum aus der Selbstverzehrung bis hin zur Auflösung des Ich hervorgegangen war (»Mein Leben lang bin ich gestorben« [B 385]). Seine reifen Erzählungen werden streng vom Standpunkt einer Figur – gewöhnlich eines Ersatzes für den Schriftsteller – erzählt, die in diesen quälenden »Prozeß« einbezogen ist. Raban, dessen Name ein Kryptogramm für Kafka darstellt, ist ohne Zweifel eine frühe Version dieser Art von Figur. Wir erinnern uns seiner Bemerkung, das Erzählen einer Geschichte hänge davon ab, daß der Erzähler das Bewußtsein seines eigenen Betroffenseins durch die Geschichte verdrängt. Aber die *Hochzeitsvorbereitungen* sind nicht auf Rabans Standpunkt beschränkt. Seinen Überlegungen, die darauf hinweisen, daß das Ich niemals vergessen, sondern ständig neu definiert wird, werden beschreibende Passagen, die anscheinend keiner individuellen Perspektive zugerechnet werden, gegenübergestellt. In diesen Passagen der »Selbstvergessenheit« wird das beobachtende Ich in ein völlig unpersönliches Auge verwandelt. Es geht nicht darum, daß »man« anstelle von »ich« gesetzt wird. »Man« spricht hier an seinem eigenen Platz, von dem alle individuellen »Ichs« verbannt worden sind.

Obwohl Flaubert nicht der Entdecker dieser unpersönlichen Perspektive sein dürfte, hat er ihre negierende Gewalt mit Sicherheit radikaler genutzt als jeder frühere Schriftsteller. Seine Beschreibungen in dieser Erzählweise berauben das Individuum jeder Illusion eines bevorzugten Zusammenhanges mit der Welt. Die Dinge haben keine Bedeutung, sie sind einfach da, und das individuelle Bewußtsein, das keine Verbindung zu ihnen herstellt, kann sich nur ängstlich auf sich selbst zurückziehen. Das ist z. B. Emma Bovarys Erfahrung in Tostes:

> Comme elle était triste le dimanche, quand on sonnait les vêpres! Elle écoutait, dans un hébétement attentif, tinter un á un les coups fêlés de la cloche. Quelque chat sur les toits, marchant lentement, bombait son dos aux rayons pâles du soleil. Le vent, sur la grande route, soufflait des traînées de poussière. Au loin, parfois, un chien hurlait: et la cloche, à temps égaux, continuait sa sonnerie monotone qui se perdait dans la campagne.[34]

Dieser Abschnitt impliziert, daß Emma nicht nur den Tönen lauscht, sondern auch die Katze beobachtet und den Staub sieht. Diese Sinneseindrücke haben jedoch keine andere Wirkung auf sie, als ihre Isolation zu verstärken. Sie ist kein Zentrum interpretierender Bewußtheit. Ihre Aufmerksamkeit ist leer, stumpf (»hébété«), wie entpersönlicht, und scheint schließlich vom monotonen Klang der Glocken in die Ferne davongetragen zu werden.

Der kurze Anfangsabschnitt von *Hochzeitsvorbereitungen* weist darauf hin, daß die Kluft zwischen einer subjektiven und einer unpersönlichen Perspektive eines der wesentlichen stilistischen und psychologischen Anliegen der Erzählung sein wird. »Als Eduard Raban, durch den Flur kommend, in die Öffnung des Tores trat, sah er, daß es regnete. Es regnete wenig« (S. 233). Der erste Satz sagt uns, daß Raban Regen bemerkte; der zweite berichtet uns, daß es tatsächlich regnete, aber nur leicht. Die Autorität geht von Raban auf den unpersönlichen Erzähler über. Und es ist dieser Erzähler, der in dem zweiten langen Abschnitt (S. 233) die Berichterstattung übernimmt, obwohl er nur das beschreibt, was sich unmittelbar vor Raban auf dem Trottoir abspielt. Es ist, als versuchte Kafka, den Wunsch des Beters in der *Beschreibung eines Kampfes* zu erfüllen, nämlich »die Dinge so zu sehen, wie sie sich geben mögen, ehe sie sich mir zeigen«. Die Dinge und Ereignisse sind noch radikaler von jedem einigenden, interpretierenden Empfindungsvermögen getrennt als bei Flaubert. Die Folge dieser Trennung ist eine affektfreie Darstellung isolierter Ereignisse, die allesamt gleich bewertet werden. Dinge, die nur einmal passieren (»Da erblickte man eine Dame«), werden Ereignissen gegenübergestellt, die sich wiederholen (»Drei Herren [. . .] gingen oft von der Häusermauer«). Die Gegenüberstellung unterbricht so die zeitliche Reihenfolge und untergräbt die semantische Rangordnung. Der Leser hat bei der Lektüre dieses Abschnitts das Gefühl, als sei die erzählerische Bewegung aufgehoben. Kaum ist der Held eingeführt, als seine zentrale Stellung auch schon in Frage gestellt wird, indem der Autor die Bühne mit Ereignissen füllt, die keine offenkundige Beziehung zu seinem Protagonisten haben.

Die Unabhängigkeit und willkürliche Macht, die der Autor in diesem Abschnitt in Anspruch nimmt, sind das stilistische Äquivalent zu der Omnipotenz, die Raban in seinem Traum vom Käfer usurpiert. Indem er sich total entpersönlicht, befreit sich der Erzähler von den Begrenzungen irgendeiner menschlichen Perspektive und wird, mit Flauberts Worten, »comme Dieu dans l'univers, présent partout et visible nulle part«. Von daher ist das Hauptproblem für den Erzähler dem Dilemma ähnlich, dem sich Raban gegenübersieht: er muß sich selbst eine menschliche Form geben, wenn er in der Welt leben, d. h. eine Geschichte erzählen will. »Man« muß ein »ich« haben, um das Leben in der Zeit darzustellen und irgendeinen erzählerischen Zusammenhang zu stiften.

Welche Haltung sollte der Erzähler dieser notwendigen subjektiven Begrenzung gegenüber einnehmen? Die Methode Flauberts drückt einen starken Unwillen über diese Begrenzung aus, einen Unwillen, der nicht nur durch Flauberts Ironie vermittelt wird, sondern auch dadurch, daß er die traditionelle Erzählweise untergräbt und das psychologische Subjekt auflöst. In den *Hochzeitsvorbereitungen* treibt Kafka Flauberts Methode bis zu dem Extrem, wo jeder Akt des Bewußtseins an Wahnsinn grenzt, so sehr ist der Geist von der Welt losgelöst. Aber versuchsweise deutet er eine mögliche formale Lösung für diese Extremsituation an.

Der Leser der *Hochzeitsvorbereitungen* wird sofort dadurch beeindruckt, wie der Erzähler wiederholt Bilder des Wechsels, des Flusses, der Zeitlichkeit wählt, um die Welt rings um Raban zu beschreiben. Menschen, Kutschen, Pferde, Lichter, Schatten, Straßenbahnen, alles ist in Bewegung. Gruppen versammeln sich und lösen sich auf. Regentropfen prasseln gegen Fensterscheiben, Pfützen werden zerteilt und bilden sich neu. Eisenbahnfahrgäste wechseln ihre Plätze und räumen ihr Gepäck um. Aber diese Welt ständiger Vorgänge wird nicht zusammenhängend wahrgenommen. Der Erzähler präsentiert die Ereignisse in lauter kleinen Stücken, gewöhnlich als die unzusammenhängenden Beobachtungen eines anonymen Zuschauers. Sätze wie »man sah«, »es gab«, »es war zu sehen«, werden häufig benutzt. Die Beobachtungsweise des Erzählers ändert sich jedoch nicht entscheidend, wenn er vorgibt, durch Rabans Augen zu sehen. Und genau diese Kontinuität, durch die Rabans Inneres ein unpersönliches Auge erhält, ist das, was sein subjektives Bewußtsein zu zerstören droht.

Denn Raban teilt nicht die Gleichgültigkeit des Erzählers gegenüber Bedeutung und zeitlicher Zufälligkeit. Er ist überzeugt, daß Bedeutung sich aus der genauen Beobachtung der Ereignisse in ihrer zeitlichen Abfolge ergeben wird. Aber diese Ereignisse stürzen so schnell auf ihn ein, daß er niemals Zeit hat, sie in einen bedeutungsvollen Zusammenhang zu bringen. Zum Beispiel beobachtet er in der distanzierten Art des Erzählers den Hut eines kleinen Mädchens, »der, aus rotgefärbtem Stroh geflochten, auf dem gewellten Rande ein grünes Kränzchen trug. Noch hatte er es in der Erinnerung, als er schon auf der Straße war. [...] Dann vergaß er es, denn er mußte sich jetzt ein wenig bemühen« (S. 235). Die Beobachtung führt zu nichts. Sie bleibt roh, isoliert, ohne Bezug auf einen sinnvollen Zusammenhang, unangemessen.

Bei einer anderen Gelegenheit erscheint Raban vollkommen »hébété«, als er einer verschwindenden Kutsche nachschaut, deren Auftauchen und Vorbeifahrt vom Erzähler beschrieben worden sind: »Den Daumen der rechten Hand hatte er in den Mund gesteckt und rieb die Zähne daran« (237). In seiner Unfähigkeit, den Ereignissen Sinn zu verleihen, ist Raban wie ein Kind, für das die Welt ein ständig sich veränderndes Puzzle ist. Man denkt an Flauberts Worte: À force de vouloir tout comprendre, tout me fait rêver.« Jörgen Kobs hat in bewundernswerter Weise die Folgen analysiert, die sich für das Subjekt aus seinem Versuch ergeben, »post factum« zu interpretieren: »Einmal aber vermögen diese nachträglichen Deutungen die nur raum-zeitlich geprägten Vorgänge, wie sie in der reinen Beobachtung erscheinen, niemals einzuholen, und zum anderen bleiben sie eben deshalb so lückenhaft, willkürlich, auf fast komische Weise verfehlt, weil sie sich nur auf beliebig herausgegriffene Details beziehen können. Ihre Inkongruenz spiegelt eine unüberwindliche Isolierung der Einzelheiten, die sich am Ende auf den Betrachter selbst überträgt und die Einheit seines Bewußtseins aufzuheben droht.«[35]

Diese Bedrohung trägt typisch Flaubertsche Züge.[36] Sie ist verantwortlich für die Spaltung zwischen Rabans innerem Monolog und seiner und des Erzählers Beobachtung der Ereignisse, wie sie überall in den *Hochzeitsvorbereitungen* zu Tage tritt. Auf dem Rückzug vor einer Welt bedeutungsloser Bruchstückhaftigkeit und verwirrenden Durcheinanderfließens arbeitet das Bewußtsein ängstlich an der fragmentarischen Erzählung seiner eigenen Selbstspaltung. Bei den wenigen Gelegenheiten, bei denen es Raban gelingt, die äußere Welt mit seinen inneren Anliegen in Verbindung zu bringen, ist darüber hinaus die sich ergebende Interpretation psychologisch eher belastend als befreiend. Man nehme nur den folgenden Abschnitt. Hier befindet sich Raban in einem Pferdebus auf dem Weg in ein Hotel:

> Der Weg konnte gebirgig sein, sicher sprang der Kot in die Speichen, Fächer von Pfützenwasser entstanden rauschend rückwärts an den sich drehenden Rädern, mit meist lockeren Zügeln hielt der Kutscher das triefende Pferd. –– Konnte man das alles nicht als Vorwürfe gegen Raban gebrauchen? Viele Pfützen wurden unerwartet von der an der Deichsel zitternden Laterne erhellt und zerteilten sich, Wellen treibend, unter dem Rad. Das geschah nur deshalb, weil Raban zu seiner Braut fuhr, zu Betty, einem ältlichen hübschen Mädchen. (S. 247)

Das hypothetische »konnte« und »sicher« des ersten Satzes weisen darauf hin, daß es sich hier um einen inneren Monolog handelt, aber die nächsten zwei Sätze scheinen fest in der Wirklichkeit verwurzelt zu sein, einer Wirklichkeit, die Raban selbst vom Innern des Wagens aus nicht beobachten konnte. Rabans Frage könnte deshalb als eine Antwort auf die stilistische Verwirrung des vorhergehenden Satzes verstanden werden: Wird diese Welt dynamischer Veränderung von einem unpersönlichen Erzähler geschaffen, oder bin ich in gewissem Sinne für ihre Entstehung verantwortlich?[37] Die nächsten zwei Sätze verstärken diese Dichotomie nur noch. Der erste scheint eine unpersönliche Tatsachenfeststellung zu sein, obwohl vielleicht das Wort »unerwartet« auf eine eher subjektive Art der Antwort hindeutet. Der zweite enthält keinen stilistischen Hinweis auf einen inneren Monolog, aber er ist gedanklich so absurd, daß der Leser ihn als eine Vorstellung Rabans ansehen muß. Raban scheint die Beschreibung des Erzählers von dem gewaltsamen Auseinanderreißen in der Natur als Bild für die innere Spaltung übernommen zu haben, die durch seine Beziehung zu Betty verursacht wird. So hat seine augenblickliche Fähigkeit, die Welt zu »lesen« nur das Bewußtsein seiner Selbstspaltung verschärft. Stilistisch gesehen, ist es dem inneren Monolog nur gelungen, eine objektive Perspektive zu integrieren, indem er sie zerstört.

Es gibt jedoch einige Abschnitte in dem Text, die auf eine Annäherung zwischen dem unpersönlichen Erzähler und der subjektiven Reflexion hindeuten. In diesen Abschnitten scheint sich Kafka von Flaubert zu entfernen und ansatzweise jene einzigartige Mischung des »man« und des »ich« zu entwickeln – beide voneinander verschieden und doch miteinander verschmolzen –, die die große Errungenschaft seines reifen Stils darstellt. Zum Abschluß möchte ich denjenigen Abschnitt analysieren, der diese Verschmelzung am erfolgreichsten durchführt. Der dramatische Kontext ist Rabans Anwesenheit in der Bahnstation auf dem Lande:

> Der Zug fuhr an, verschwand wie eine lange Schiebetür und hinter den Pappeln, jenseits der Geleise war die Masse der Gegend, daß es den Atem störte. War es ein dunkler Durchblick oder war es ein Wald, war es ein Teich oder ein Haus, in dem die Menschen schon schliefen, war es ein Kirchturm oder eine Schlucht zwischen den Hügeln; niemand durfte sich dorthin wagen, wer aber konnte sich zurückhalten? (S. 245)

Indem der Erzähler das Verschwinden des Zuges mit der Bewegung einer Schiebetür vergleicht, gewinnt er eine personifizierte Perspektive, die in seinen strengen objektiven Beschreibungen fehlt. In allgemeinen Ausdrücken formuliert er eine subjektive Reaktion auf die undeutliche Masse der Landschaft – – »es [störte] den Atem.« Aber der Leser entdeckt eine ganz bestimmte Sensibilität hinter dieser überwältigten Reaktion: sie ist charakteristisch für Raban. Deshalb beginnt der Leser den zweiten Satz des Abschnitts voller Unsicherheit im Hinblick auf die grundlegende Perspektive; diese Unsicherheit bleibt bis zum Ende bestehen und verdoppelt auf der Ebene des Lesers die Unentscheidbarkeit, die der Text beschwört. Der Autor ist hier nicht darauf bedacht, den Irrtum in Rabans Subjektivität nachzuweisen. Er nimmt die Haltung der Subjektivität ein – wobei diejenige Rabans rein exemplarisch ist –, weil er sie als das einzig erkenntnistheoretisch brauchbare Medium ansieht, Fragen nach Wahrheit und Irrtum zu ergründen. Vielleicht spürte Kafka schon, daß sich »niemand« in dieses wechselhafte Medium des Zweifels »wagen durfte« (man kann sich vorstellen, daß K. diese Reihe von Fragen in Bezug auf das Schloß stellte), aber daß die Versuchung für ihn unwiderstehlich sein würde. Der Rest ist Literatur.

(Aus dem Amerikanischen übersetzt von Volker v. Auw)

## *Anmerkungen*

1 Franz Kafka, *Briefe an Felice,* Frankfurt 1967, S. 95 f. Nachstehend abgekürzt BF.

2 Franz Kafka, *Briefe 1902-1904,* Frankfurt 1958, S. 25. Nachstehend abgekürzt B.

3 Max Brod, *Über Franz Kafka,* Frankfurt 1966, S. 54. Kafka »machte mich zum Dank auf Flaubert aufmerksam. Ich habe diese große Liebe von ihm übernommen«.

4 Klaus Wagenbach, *Franz Kafka. Eine Biographie seiner Jugend 1883-1912,* Bern 1958, S. 229 u. 609.

5 Hartmut Binder, *Leben und Persönlichkeit Franz Kafkas,* in: *Kafka Handbuch, Bd. 1, Stuttgart 1979, S. 317 f.*

6 *Franz Kafka, Tagebücher 1910-1923,* Frankfurt 1967, S. 193. Nachstehend abgekürzt T.

7 Im Jahre 1914 sagt er über eine Übersetzung der *Trois Contes* von Ernst Hardt, die 1904 zuerst erschienen ist und 1914 wieder aufgelegt wurde, daß sie ihm zugesagt habe, »wenigstens für meinen damaligen Geschmack« (BF 573). Eine deutsche Übersetzung von *Madame Bovary* befand sich in seiner Bibliothek. Im Jahre 1915 sandte Felice ihm eine Ausgabe von *Salammbô,* »gegen die«, wie er sagte, »ich übrigens immer Verdacht hatte« (BF 638).

8 Siehe Binder, S. 318 f.

9 Brod, S. 89.

10 Wagenbach, S. 161.

11 Binder, S. 410 f. Siehe auch vom selben Verfasser, *Motiv und Gestaltung bei Franz Kafka,* Bonn 1966, S. 92 f.

12 Binder, *Kafka-Kommentar zu sämtlichen Erzählungen,* München 1975, S. 65 f.

13 Siehe Dorrit Cohns aufschlußreiche Erörterung der erlebten Rede, die Beispiele sowohl von Flaubert wie von Kafka umfaßt, in: *Transparent Minds. Narrative Modes for Presenting Consciousness in Fiction,* Princeton 1978, S. 99-140.

14 Gustave Flaubert, *Correspondance,* Vol. 2, Paris 1980, S. 204.

15 D. W. Winnicott, *Playing and Reality,* London 1974, S. 13 f.

16 Siehe Christopher Bollas, *The Transformational Objekt,* in: International Journal of Psycho-Analysis 60 (1979), S. 97-107. Bollas schreibt über die symbiotische Beziehung des Kindes zur Mutter: »Die Mutter wird noch nicht als Objekt identifiziert, sondern als ein Vorgang der Umwandlung erfahren.« (S. 97).

17 Modern Austrian Literature 11 (1978), H. 3/4, S. 45. Dieser Aufsatz ist in zwei verschiedenen Fassungen auf deutsch erschienen: *Zur Sprachauffassung und Poetik Franz Kafkas,* in: *Franz Kafka: Themen und Probleme,* hg. v. C. David, Göttingen 1980, S. 26-47, und *Von der Sprachkrise zu Franz Kafkas Poetik,* in: *Österreichische Gegenwart: Die Moderne Literatur und ihr Verhältnis zur Tradition,* hg. v. W. Paulsen, Bern 1980, S. 39-58.

18 German Quarterly 52 (1979), S. 372.

18a Gustave Flaubert, *Correspondance,* Vol. I, Paris 1973, S. 252. Jeanne Bem benutzt diesen Abschnitt als Ausgangspunkt für ihre interessante Analyse der Beziehung zwischen Flaubert und Kafka, die sich auf Flauberts frühe Erzählung *Quidquid volŭeris* stützt. Siehe *Flaubert lecteur de Kafka, ou l'écriture de l'existence,* in: RHLF 81 (1981), H. 4/5, S. 677-687. Marthe Robert sieht die Beziehung zwischen Flaubert und Kafka darin begründet, daß sie beide »enfants trouvés« seien, d. h. gemäß der Freudschen Analyse der Familienbeziehungen in dem frühen narzistischen Stadium der Feindschaft gegenüber den Eltern stekkengeblieben, von denen das Kind glaubt, daß sie nicht seine wahren Eltern seien, da sie ihm seinen Anspruch auf Einzigartigkeit und Allmacht verwehren. Siehe ihren *Roman des origines et origines du roman*, Paris 1972, und ihre Anmerkungen zu *Kafka et Flaubert* in: L'Arc, Nr. 79 (April 1980), einer Ausgabe, die Flaubert gewidmet ist.

19 Siehe *Flaubert and Kafka. Studies in Psychopoetic Structure*, New Haven 1982, S. 56-102.

20 Marcel Proust, *Contre Sainte Beuve*, Paris 1954, S. 207.

21 Hartmut Böhme, *Mother Milena: On Kafkas Narcissism*, in: *The Kafka Debate*, New York 1977, S. 80-99.

22 Kafka, *Brief an den Vater*, New York 1966, zweisprachige Ausgabe, S. 16. Nachstehend abgekürzt BV.

23 Sokel, *Language and Truth*, S. 365-367.

24 Kafka, *Gespräch mit dem Beter*, in: *Erzählungen*, Frankfurt 1967, S. 14 f. Nachstehend abgekürzt G.

25 Sokel, *Language and Truth*, S. 365.

26 Victor Brombert, *Flaubert par lui même*, Paris 1971, S. 117.

27 Jonathan Culler, *Flaubert. The Uses of Uncertainty*, Ithaca 1974, S. 134.

28 Binder, *Kafka-Kommentar*, S. 63.

29 Franz Kafka, *Hochzeitsvorbereitungen auf dem Lande*, in: *Sämtliche Erzählungen*, hg. v. P. Raabe, Frankfurt 1970, S. 234. Alle folgenden Verweise beziehen sich auf diese Ausgabe.

30 Siehe *Kafka's Poetics of the Inner Self*, S. 48.

31 Man denkt an die Sicherheit, die Joseph K. mit der täglichen Routine in der gewohnten Umgebung der Bank verbindet.

32 Gustave Flaubert, *L'Éducation sentimentale*, Paris 1958, S. 9. Nachstehend abgekürzt ES.

33 Ich habe die Bedeutung dieses Wortes analysiert in Flauberts »œuvres de jeunesse«, in: *Flaubert and Kafka* (Anm. 19), S. 77-83.

34 Gustave Flaubert, *Madame Bovary*, Paris 1971, S. 65.

35 Jörgen Kobs, *Kafka. Untersuchungen zu Bewußtsein und Sprache seiner Gestalten*, Bad Homburg 1970, S. 210-211.

36 Raban selbst scheint darauf zu reagieren, wenn er sich das Glück von Handlungsreisenden vorstellt, deren Bewußtsein völlig eins mit einer sich ständig verändernden Welt ist. »Nirgends müssen sie sich lange aufhalten, denn alles soll rasch geschehen, und immer müssen sie nur von Waren reden« (S. 242). Ihre spezialisierte Sprache, von der Raban kein Wort verstehen kann, befreit sie von der Notwendigkeit, unbedeutende und ablenkende Einzelheiten interpretieren zu müssen. Raban scheint für sie die Art von Bewunderung zu empfinden, die Flaubert verspürt, wenn die Alltagssprache der Leute wie »une langue étrangère« klingt.

37 Die Analyse dieser und anderer Abschnitte der *Hochzeitsvorbereitungen*, die Christoph Bezzel zu der allgemeinen Feststellung führt, daß in

dieser Erzählung »Natur Projektion des Menschen selbst in die Umwelt« ist, verkennt völlig den dramatischen Kontext, der diese bequeme Interpretation in Frage stellt. Siehe *Natur bei Kafka. Studien zur Ästhetik des poetischen Zeichens*, Nürnberg 1964, S. 22-29.

*James Rolleston*

# *Betrachtung:* Landschaften der Doppelgänger

Wir sind gewohnt, in Kafkas reifem Werk eine einheitliche Erzählperspektive und eine Thematik der Familie oder einer verwandten Hierarchie zu finden. Und zwar werden diese beiden Elemente aufs engste miteinander verwoben, so daß der Leser den besessenen Kampf zwischen Ich und Gegenwelt als Kafkas eigenstes, ja einziges Thema empfindet. Aber nichts davon in seinem ersten veröffentlichten Buch, *Betrachtung*, das daher für die Forschung immer problematisch gewesen ist. Wir können zwar dort die Geographie der Kafkaschen Familienwelt erkennen (*Der plötzliche Spaziergang*), und auch Versionen des neurotischen, von seiner aktuellen Lage beherrschten Ichs (*Der Kaufmann, Der Fahrgast, Unglücklichsein*), aber die Atmosphäre des Buches ist die einer experimentellen Freiheit: die Leiden der verschiedenen Ich-Gestalten sind nicht leicht, aber auch nicht allzu ernst zu nehmen, da das Verhältnis zwischen Innen- und Außenwelt aus allen möglichen Blickwinkeln dargestellt wird. Heißt das also, daß diese Prosastücke streng als Jugendwerk zu betrachten sind, als impressionistische, melancholisch gefärbte Genreszenen nach dem Muster Robert Walsers? Im Gegenteil: es ist gerade die Abwesenheit des kämpferischen, alle Details erwägenden Ichs, die uns den Schlüssel zu diesen Strukturen bietet. In der erzählerischen Tradition, besonders bei E. T. A. Hoffmann, bedeutet die Gestalt des Doppelgängers eine bedrohliche Macht, die die Existenz eines Ichs untergräbt. In seinem Erstlingswerk, *Beschreibung eines Kampfes*, hat Kafka diese Tradition nicht nur ausgenützt, sondern fast ad absurdum geführt. Indem die Doppelgänger sich dort vervielfachen, wird es immer schwieriger, die »innerlichen« Leiden von irgendeiner bestimmten Ich-Gestalt besonders ernst zu nehmen. Wir hören zwar viele »Beweise dessen, daß es unmöglich ist zu leben«, aber es ist gar nicht klar, wem diese Beweise gelten sollen oder was für ein »Leben« es ist, das als unmöglich bewiesen wird.

In den Texten von *Betrachtung* löst Kafka das Erzählproblem dadurch, daß er seine Landschaften mit lauter Doppelgängern bevölkert. Die Ich-Gestalten dieses Buches sind eigentlich Doppelgänger für *ein* Ich, das Kafka-Ich, das literarisch noch nicht dargestellt werden kann. An den vorläufigen, unverbindlichen Existenzen dieser Gestalten untersucht Kafka ziemlich präzis nicht nur die Unmöglichkeiten, sondern auch die Möglichkeiten des »Lebens«. Möglichkeiten und Unmöglichkeiten werden durch eine Reihe von klar erkennbaren Polaritäten dargestellt. Das »Mögliche« wird in einer Symbolik der Ferne, der individuellen Isolation und des plötzlichen Handelns konzipiert; dagegen das »Unmögliche« mit Motiven der Nähe, der Menge und des immer wiederholten, prozeßhaften Handelns belegt. Man würde natürlich nicht fehlgehen, wollte man diese Motive der Unmöglichkeit direkt auf den *Prozeß* selbst, vor allem dessen erstes Kapitel beziehen; ja im letzten Stück der *Betrachtung*, *Unglücklichsein*, findet man nicht nur eine Atmosphäre, sondern auch bestimmte Redewendungen, die der *Prozeß*-Welt schon anzugehören scheinen. Aber solche Antizipationen gebieten auch Vorsicht, denn in *Betrachtung* meint es Kafka ernst mit der polaren Organisation. Zwar bestehen alle Ansätze des »Möglichen« in einem magnetischen, aus Kräften des »Unmöglichen« geformten Feld, aber das Gegenteil ist auch der Fall. Eben weil diese Ich-Gestalten als irgendwie sekundär, als Doppelgänger begriffen werden, kann Kafka leicht eine weitere Teilung, eine »innere« Vervielfachung vornehmen, ohne in die Schwierigkeiten der *Beschreibung eines Kampfes* zu geraten. Im späteren Werk wird es dem Leser absichtlich schwergemacht, sich eine andere Perspektive als die des Helden vorzustellen. Hier aber ist es leicht. Innerhalb dieser kleinen Rahmen sieht der Leser ohne weiteres ein, daß Ich und Welt zusammen einen experimentellen, aus Worten wie aus Stimmungen gebauten Text bilden. Wenn die Erzählgestalt sich auf Möglichkeiten besinnt, leiten uns symbolische Gesten und Phrasen auf den Kontext der Unmöglichkeit – und umgekehrt läßt die Formulierung des Unmöglichen die Sprache der Möglichkeit erkennen. Zwar ist die Atmosphäre des Gefängnisses schon überall zu spüren, aber es gibt große Lücken zwischen den Stäben, das Sich-Befestigen und das Sich-Auflösen des sterilen Ichs spielen sich fortwährend gegeneinander ab.

Für jedes Experiment mit der Polarität entwirft Kafka eine besondere Landschaft, einen passenden Lebensaugenblick. Zumal im ersten Text, *Kinder auf der Landstraße*, und im letzten, *Unglücklichsein*, wird die Welt symbolisch, ja theatralisch, fürs Experimentieren eingerichtet. Um der Polarität zwischen nah und fern Gestalt zu geben, wird die Welt an einem Ort des Übergangs zwischen Innen und Außen, Zimmer und Straße, lokalisiert. Im ganz spezifischen Bild des Schaukelns wird die zweite Polarität, die zwischen Isolation und Menge, auf die Bühne gebracht: beim Schaukeln wird die Isolation des Ichs zugleich intensiviert und gelockert. Und die Polarität zwischen plötzlichem Handeln und lähmender, unveränderlicher Dauerhaftigkeit, die überall vorhanden ist, wird durch den zeitlichen Rahmen des Abends bezeichnet; wo eine Tageszeit in diesem Buch erwähnt wird, ist es fast immer der Abend, der Zeitpunkt, zu dem das Handeln als außerordentlich, gewagt, fast unmöglich empfunden wird. Kafka scheut sich nicht, dem Leser die Mechanismen seines Erzähltheaters vor Augen zu bringen. Wie in *Beschreibung eines Kampfes* hat jedes Ich die Aufgabe, sich selbst ins Lebendige zu übersetzen. Aber wo die träumerischen Zufälligkeiten dort ins Unverbindliche ausgelaufen sind, werden dem Ich eines Textes der *Betrachtung* ganz bestimmte Lebensbedingungen gesetzt. In einem bestimmten Augenblick des Übergangs wird ihm Leben zugleich gegönnt und auferlegt. Es ist nicht der krisenhafte Augenblick etwa des erwachenden Gregor Samsa, aber die Welt beginnt zu »schaukeln«, zwischen den Extremen des Steigens und Sinkens zu oszillieren. Diese gestische Welt ist eine beherrschte Version der Welt von *Beschreibung eines Kampfes*. Dort springt man in die Luft oder versinkt unter die Wellen, aber weder das Ich noch der Leser weiß warum. In *Betrachtung* setzt das Ich seine eigene Welt in Bewegung; aber es lernt sofort, daß seine Tat unumgängliche Konsequenzen hat. Die Welt wird nie wieder aufhören zu schaukeln. Wenn der Handelnde sich im »Steigen« nicht behaupten kann, dann wird er unvermeidlich in geistige Lähmung versinken. Die Stücke behalten aber ihren experimentellen Charakter bei, für uns als die Zuschauer-Leser bleiben sie vollkommen »verfremdet«. Gerade indem Kafka seine Gestalten ihre Augenblicke inszenieren läßt, macht er sie zu Komplizen seines eigenen Schreibens. Aus dem Rahmen des sprachlichen und gestischen Experiments dürfen sie nicht ausbrechen; der Junggeselle, im *Unglück des Junggesellen*, will heraus, will auf den Leser einwirken, aber je öfter er das Wort »wirklich« wiederholt, desto klarer wird es, daß seine Wirklichkeit aus sorgfältig aufgebauten Sätzen besteht. Dabei büßt diese Wirklichkeit gar nichts an Intensität ein: denn der Kampf des Junggesellen gegen die Lähmung des Lebens steht in einem engen polaren Verhältnis zu dem sprachlichen Kampf des ganzen Buches um die Vorstellung eines möglichen Lebens überhaupt. Das literarische, theatralische Element eines Ichs durchdringt alle möglichen Erfahrungen. Ja, man kann die Metaphysik des Buches als Lehrsatz formulieren: je spontaner, überzeugender eine Handlung, desto mehr wird sie der Macht der Alltagssprache ausgesetzt, die eine jede Handlung als wiederholbar, wiederholt, unscheinbar, also grundsätzlich unmöglich erscheinen läßt.

Die drei genannten Polaritäten beherrschen die spannungsgeladenen ersten Absätze von *Kinder auf der Landstraße*. Die Atmosphäre des Übergangs wird immer stärker, wie das Schaukeln selbst: es wird Abend, und das Kind muß ins Haus gehen, muß seine Stellung zwischen Innen und Außen, nah und fern aufgeben. In diesem prekären Anfangsgleichgewicht sucht das Ich Lebensmöglichkeiten vor allem durch eine Synthese von Ferne und Isolation. Das Kind sitzt im Garten, aber seine Sinne konzentrieren sich ununterbrochen auf das, was draußen vor dem Gartengitter vorgeht. Nicht Impressionismus, sondern vielmehr ein starker Wille zum Impressionismus beherrscht diesen Text. Das Kind will die fruchtbare Kluft zwischen sich selbst und der Menschenwelt verewigen. Sein »Sehen« ist schon symbolisch ein Akt des Wählens »durch die schwach bewegten Lücken im Laub«. Indem es diese Außenwelt durch Entfernung potenziert, in eine pointillistische Klarheit übergehen läßt, zieht es sich methodisch in eine herrschende Isolation zurück, aus der heraus es Nähe abwehren kann: »Getreidewagen mit Männern und Frauen auf den Garben und rings herum verdunkelten die Blumenbeete«. Der Höhepunkt dieser Verwirklichung des »Möglichen« findet im vierten Absatz statt, indem der Entfernungsprozeß zum plötzlichen Handeln gesteigert, indem also die zeitliche Polarität in die Synthese des Räumlichen und Existentiellen einbezogen wird: »Dann flogen Vögel wie sprühend auf, ich folgte ihnen mit den Blicken [. . .]« Am Ende des Absatzes erreicht dieses Handeln die scheinbar sichere Dimension des Komischen, indem das Erscheinen der »zitternden Sterne« ausdrücklich als Ereignis dargestellt wird. Das Schaukeln ist in eine momentan vollkommene Realisation des »Möglichen« übergegangen.

Aber das Kind muß zum Abendessen, und die Tonalität der Sprache ändert sich sofort, mit Macht dringt das »Unmögliche« herein. Das Einmalige wird zum wiederholten, unscheinbaren Handeln, die Isolation des Ichs wird ziellos aber dauernd angetastet und kompromittiert, vor allem aber wird der Wind, Träger der Ferne, zum sichtbaren Element klaustrophobischer Nähe: »Die stark durchbrochenen Vorhänge bauschten sich im warmen Wind und manchmal hielt sie einer, der draußen vorüberging, mit seinen Händen fest, wenn er mich besser sehen und mit mir reden wollte.« Redewendungen der Verzweiflung, wie sie im *Unglück des Junggesellen* vorkommen, werden in dieses Experiment nicht hereingelassen. Statt dessen deutet Kafka den Ich-Verlust durch eine für ihn charakteristische »als ob«-Konstruktion an, die er mit Sehnsucht nach der scheinbar verlorenen Ferne verbindet: »Fragte mich einer vom Fenster aus, so sah ich ihn an, als schaue ich ins Gebirge [...]« Jeder Satz dieses Absatzes sinkt in ziellosem Rhythmus: das Element der Menge, die Forderungen anderer Menschen haben das narzißtische Gleichgewicht des intensiven Schaukelns endgültig zerstört.

»Sprang dann einer über die Fensterbrüstung [...] so stand ich freilich seufzend auf.« Das Sinken wird verhindert, die steigende Bewegung wird verdoppelt. Erst in diesem Kontext erscheint die scherzhafte Metaphysik des kurzen Gesprächs als sinnvoll. »Ist wirklich alles verloren?« Nein, denn in dieser polarisierten Welt schließen Mögliches und Unmögliches einander ein, nicht aus. Die Menge verschlingt zwar das einzelne Ich, doch eröffnet sich dabei die neue Möglichkeit, daß der Prozeß der Welt selbst, die ganze Kraft der lähmenden Wiederholung, in die Einzigartigkeit eines kollektiven Handelns zusammengefaßt werde. Bei diesem Experiment sollen die Pole des Möglichen sich in den sinkenden Rhythmen des Unmöglichen wie auf Wellen aufrechterhalten. »Wir durchstießen den Abend mit dem Kopf«: Kollektives wird als Einzelnes verstanden, Ferne und Nähe werden identisch, eine Reihe von Handlungen wird in eine einzige versammelt. Das ursprüngliche Bild des Schaukelns wird als synthetische Organisation von vertikalen Bewegungen in diesen Sätzen wiedergeboren: »hoch in der Luft [...] die kurze Gasse hinunter [...] die Landstraße weiter hinauf [...] in den Straßengraben [...] standen [...] oben [...] schauten herab«. Allerdings muß die Richtung von Ereignissen ohne Individualität, ohne Ferne, ohne das Profil eines

Entschlusses, – muß diese Richtung nach unten, ins kosmische Sinken, führen. Sonst würde das Experiment als gewollt, im voraus bestimmt erscheinen. Und Kafka schreckt nicht davor zurück, seine kindlichen Doppelgänger mit all ihrer Energie in den »Graben« zu schleudern, in den Bereich von Schlaf und Tod: »Wir [...] legten uns in das Gras des Straßengrabens, fallend und freiwillig [...] nur müde wurde man [...] da wollte man gerne einschlafen [...] in einen tieferen Graben fallen [...] in einen noch tieferen Graben fallen. Und damit wollte man gar nicht aufhören.« In dieser Grabenwelt wird die Versuchung zum Schlafen symbolhaft mächtig, die Details der Welt (Mond, Postwagen, Wind) drohen auseinanderzufallen, sich in spöttische Unverbindlichkeit zurückzuziehen. Im kindlichen Geschwätz drängt die Gefahr ins Offene; besonders der Schlaf wird symbolisch erlebt und überwunden. Dann aber setzt sich die schaukelnde Welt endgültig in Bewegung, Sinken und Steigen sind nicht mehr zu unterscheiden: »den Kopf konnte man nicht hoch genug haben, weil es abwärts ging«. Wie im Stück *Wunsch, Indianer zu werden* wird der geistige Impuls dieses Steigens so stark, daß man prinzipiell nicht mehr an die physikalische »Wirklichkeit« einer Bewegung nach oben gebunden ist: »Es gab keinen Grund dafür, warum nicht einer auf das Geländer der Brücke sprang.« Diese Brücke wird als vertikal, nicht horizontal dargestellt, sie verbindet »das Wasser unten« mit dem Steigen ins rein Fiktive hinauf.

Die Auflösung der »wirklichen« Grenzen ist schon am Anfang im Bild des Schaukelns und der kaleidoskopischen Welt impliziert. Aber erst am Ende des Stückes wird der Bereich des Möglichen tatsächlich leicht und frei; und diese Freiheit entsteht aus einer Verflechtung der Motive des Kollektiven, der Tendenzen zum Versinken: »Wir sangen viel rascher als der Zug fuhr, wir schaukelten die Arme, weil die Stimme nicht genügte, wir kamen mit unseren Stimmen in ein Gedränge, in dem uns wohl war.« In dieser lockeren Überwindung der drohenden Nähe und Menge wird die experimentelle Freiheit des Ichs vollkommen. Das Ich wird zum Weltpartikel, zum Doppelgänger seiner selbst, ohne seine Ichhaftigkeit aufzugeben. Es löst sich von der Menge, es isoliert sich ganz bewußt, aber die Richtung der schaukelnden Welt heißt immer noch Aufsteigen, Ferne, Energie. Wir hören den Satz, »keiner rief mich«, aber der Text vermittelt keinen Eindruck von existentieller Vereinsamung. Die Probleme des Übergangs zwischen Außen- und Innenwelt werden in diesem sprachlichen Augenblick überwunden, die Welt selbst ist zur Schwelle des Möglichen geworden. In den letzten Zeilen wird das Mögliche zum skizzenhaften Mythos: die Befreiung zur Ferne manifestiert sich im Bild des Südens, das Versinken in den Schlaf wird durch absolutes Handeln, durch das Nie-Schlafen ersetzt. Und in den Narren dürfen wir die individuelle Isolation als gelungene Kollektivität erblicken: ein Narr wird zu einem solchen durch seine Eigenheiten, seine Abweichung vom Gewöhnlichen gestempelt, und eine tätige Gruppierung von Narren, wie sie hier vorgestellt wird, würde eine Verwandlung eben dieses Gewöhnlichen bedeuten.

Der letzte Text der Sammlung, *Unglücklichsein*, wird besonders durch diese strukturierenden Polaritäten als Gegenstück zu *Kinder auf der Landstraße* gestaltet. Aus extremen Möglichkeiten der greifbaren Ferne, der fruchtbaren Isolation und der offenen Gelegenheit des Handelns steigen allmählich die Gegensätze des Unmöglichen hervor. Um dieses Experiment überzeugend durchführen zu können, skizziert Kafka im ersten Absatz ein allgemeines, aber rhythmisch blendendes Bild einer aufrührerischen existentiellen Angst, wie sie an anderer Stelle, in den Texten *Entschlüsse* und *Das Unglück des Junggesellen*, als schreckliche Lähmung dargestellt wird. Dieses Ich rebelliert gegen die Lähmung. Es empfindet sein Zimmer als »Rennbahn« und will die »unerträgliche« Nähe durchbrechen; es will seine Isolierung potenzieren, wobei der »Spiegel« »in der Tiefe des Zimmers« ihm »ein neues Ziel« gibt; es verwandelt die Wirklichkeit seiner körperlichen Existenz in eine einzige, symbolische Handlung, einen Schrei, »dem auch nichts die Kraft des Schreiens nimmt«. Die Welt antwortet auf diesen einzigartigen Schrei, indem sie sich verwandelt: alles steigt, alles richtet sich aufwärts. Der Schrei selbst »steigt auf«, kann nicht »aufhören«, und wir hören, daß »selbst die Wagenpferde unten [. . .], die Gurgeln preisgegeben, sich erhoben«. In der Mitte dieser kosmischen Reaktion, also zwischen Schrei und Sich-Erheben der Pferde, öffnet sich schnell die Tür in der Wand, »weil doch Eile nötig war«. Die entscheidende Antwort der Welt, das, wodurch das Einmalige der Existenz garantiert werden könnte, wird wie nebenbei angemerkt. Dieses menschliche Ich weiß, und weiß auch nicht, wie es mit ihm steht. Es verwandelt die Ohnmacht in einen Augenblick grenzenloser

Möglichkeiten, es inszeniert einen Doppelgänger, den es als solchen, als Emanation seiner selbst anerkennt. Das Gespenst steht »auf einem unmerklich schaukelnden Fußbodenbalken«; es kommt aus der Ferne und bleibt zugleich in der Ferne, am Rande des Zimmers. Ja, »die Rennbahn«, das klaustrophobische Zimmer des ersten Absatzes, wird im zweiten weit, offen und ruhig. Die Grenzen zwischen Zimmer und Straße fallen symbolisch weg: äußerliche Elemente wie Luftzug und Straßenbeleuchtung spielen unbehindert im neuen Innenraum. Dabei ist das Gespenst gar nicht mysteriös: es deutet auf nichts außer sich selbst. Die Bedeutung dieser Erscheinung ist ganz und gar diesseitig, die Gelegenheit, die sie bietet, hat mit Verwirklichung der Individualität zu tun.

Zwischen dem zweiten und dem dritten Absatz aber rutscht die Welt abwärts. Ebenso plötzlich, wie die Handlung in Gang gekommen ist, scheint sie auch wieder vorbei zu sein. Und die polarisierte Struktur dieser experimentellen Welt läßt uns dieses Ereignis (oder Nicht-Ereignis) erahnen. Die Details, die im zweiten Absatz Ferne bedeuten, erscheinen sogleich in sinnloser Nähe: das Ich will sich mit dem Rock decken, aber seine Aufmerksamkeit dringt in seine eigene Körperlichkeit hinein, in den Mund, sogar in den Speichel. Doch ist diese »innere« Welt die eines jeden, sie deutet nicht auf Individualität, sondern auf Flucht davor. Diese Flucht hat nichts mit dem kollektiven Rausch der Kinder auf der Landstraße gemeinsam. Im Gegenteil: die Reaktionen des Ichs schieben es unausweichlich in eine »halbe« Welt, eine Welt teils aus Abstraktionen, teils aus unverstandenen Aggressionen, die dem Leser aus Kafkas reifem Werk wohl bekannt ist. Die physischen Vorgänge im Ich werden mit ausweichenden Allgemeinheiten umrahmt: »Ich sah ein wenig hin, dann sagte ich ›Guten Tag‹ [. . .] es fehlte mir nichts, als gerade dieser allerdings erwartete Besuch.« Wenn die Erscheinung des Gespenstes als »Besuch« bezeichnet wird, dann wird ihm das Außerordentliche implizit verweigert. Dagegen deutet das Erwartete des Ereignisses auf Anerkennung von dessen Einmaligkeit. In diesem gemilderten Paradox befangen, schrumpft das Ich in Lähmung zusammen. Der vorsichtige Gelähmte des dritten Absatzes ist Doppelgänger des aufrührerischen Gelähmten des ersten Absatzes. Gerade an der Übertreibung des steigenden Rhythmus am Anfang merkt man nunmehr dessen Verlust, dessen Versinken in den Prozeß eines vollkommen verfremdeten Alltags.

Wie später in *Vor dem Gesetz* hat Kafka eine gestische Handlung inszeniert, die schon in den ersten Worten (hier im bedeutsamen »Guten Tag«) eigentlich zu Ende ist. Diese Wahrheit dringt aber nur allmählich ins Bewußtsein des Ichs und des Lesers. »Das Kind stand noch an der Wand auf dem gleichen Platz«: im Wörtchen »noch« vernimmt man die Flucht des Ichs vor seiner eigenen Wahrheit. Es will, daß die Welt zu schaukeln aufhört, es spricht von einem »Irrtum«, den Besuch »erwartet« es nicht mehr. Das Gespenst behauptet seine Anwesenheit als Herausforderung weiterhin, es sieht die Wand an und spricht »über die Schulter weg«: es verharrt im Übergang, es wahrt die Möglichkeit der Ferne, der Isolation, der autonomen Handlung (diese wird fortwährend als rein physikalisch dargestellt, als ein Reiben an der »grobkörnigen« Wand). Dies alles leugnet das Ich, indem es den Wunsch ausdrückt, das Kind möge hereinkommen, also die Ferne aufheben, und die Tür schließen, also das autonome In-Frage-Stellen des Zimmer-Alltags aufgeben. Außerdem identifiziert sich das Ich plötzlich mit den Nachbarn, die »natürlich« seine »Bekannten« sein sollen, es redet vom »Recht«, von gastlichen Sitten, vom Protokoll des Gesprächs. Es zieht das Gespenst also in eine Nähe und in eine Fiktion des Gesprächs als etwas ganz Öffentliches und Alltägliches, das seinen eigenen Drang nach Ferne und Einmaligkeit vollständig aufhebt.

Ein problematischer Aspekt der *Beschreibung eines Kampfes* besteht darin, daß im Laufe der Gespräche die Ich-Gestalten allmählich einander ähnlich, ja eigentlich identisch werden. Bekannterweise hat Kafka diese Problematik in eine stilistische und metaphysische Stärke, etwa im *Schloß*-Roman, verwandelt. Im Text *Unglücklichsein* wird diese Tendenz ins Experiment eingebaut. Das Gespenst kämpft darum, sein Entferntsein und seine Einmaligkeit zu behalten: in der Aussage, die mit »Darüber müssen wir uns keine Sorge machen« beginnt, hören wir in den kurzen, verzweifelten Sätzen, den Unsicherheiten der Wahrnehmung, eine wachsende Verwirrung, die sofort durch die karikaturhafte Logik des Ichs gesteigert wird. Und kurz danach sagt das Ich: »Sie reiben ihre Finger wie verrückt an meiner Wand.« Aber das Gespenst kann sich nicht behaupten, das Gespräch versickert allmählich in Schweigen. Ironie wird am Höhepunkt des Austausches erkennbar, wenn das Ich fragt: »Warum wollen Sie mir mit aller

Gewalt dieses kleine Weilchen Ihres Hierseins verderben? Ein fremder Mensch wäre entgegenkommender als Sie.« Der Pol des Möglichen, des Einmaligen, lebt noch im Ich, aber das Ich selbst ist es natürlich, das das »Weilchen« verdirbt. Und der Rhythmus des Verderbens gleichsam ist im Wort »entgegenkommen« zu spüren, das, wie immer bei Kafka, wörtlich zu verstehen ist. Das Ich will das Gespenst zwingen, ihm ›entgegen zu kommen‹, aus der Ferne in die Nähe, Sprache und Gebräuche des Alltags unberührt zu lassen. Aber sofort erwidert das Kind: »So nah, als Ihnen ein fremder Mensch entgegenkommen kann, bin ich Ihnen schon von Natur aus.« Um einen späteren Kafka-Satz zu adaptieren: Die Ferne zu erreichen, ist dem Ich noch auferlegt; die Nähe ist ihm schon gegeben. Das Gespenst verkörpert diese Ferne, aber im Prozeß der »Verkörperung« selbst, so besagt dieses Experiment, geht die Ferne verloren, löst sie sich wie Prometheus ins Felsgebirge auf. Das Felsgebirge ist hier der Alltag, das Element des Verfließens ist die Sprache, die unerschöpflich kategorisierende Alltagssprache, gegen die sich die einmalige Sprache des Mythischen vergeblich sträubt.

In der letzten Szene des Prosastücks wird der sinnlose Kampf des Alltags wieder aufgenommen: »Sie gehen schon wieder weg, Sie Lump?« fragt der zufällig getroffene Mieter. Zweierlei merkt man sofort: die Aussage des Ichs, daß die Mieter seine »Bekannten« seien, hat sich ironisch erfüllt, jetzt lebt es ohne weiteres in der »Nähe«, die es herbeiwünschte, und die Welt sieht vertikal aus wie am Ende der *Kinder auf der Landstraße*, aber im präzisen Gegensatz dazu. Diese Welt »schaukelt« nicht, sie ist eine Innenwelt, zwar als Treppenhaus eine Übergangssphäre, aber dieser Übergang führt restlos in die Lähmung des »Unmöglichen« hinein. Daß das kämpferische Gespräch und der gerade beendete Austausch mit dem Kind so ähnlich klingen, zwingt den Leser unausweichlich zum Urteil über das Ich. Denn das Gespenst war dem Ich ganz bewußt wesentlich, Vertreter des »Möglichen«; der Mieter dagegen ist ein beliebiger Mensch – der sofort das »Unmögliche« der Alltagswelt inszeniert. Das Ich gerät mit ihm in einen Kampf, in dem es natürlich unterliegt. Weder die Identität des Mieters (die ganz willkürlich ist) noch das Ziel des Kampfes selbst (die offensichtliche Sinnlosigkeit, daß das Gespenst zu besitzen sei), sind von Belang. Vielmehr deutet die alles verschlingende Anwesenheit des Kämpferischen an sich auf das Verlorene, die Aufforderung des Gespenstes, hin. In diesem Kampf unterliegt das Ich wortwörtlich: »Mein Bekannter war schon so hoch, daß er sich, um mich zu sehen, unter einer Wölbung des Treppenhauses vorbeugen mußte.« Der Innenraum dieses Alltags verschlingt den Drang nach oben, das Hinaufschwingen des ersten Absatzes – und der Mieter wird zum sinnlosen Riesen, mit allen Attributen der Ferne, des energischen Handelns, des Selbstvertrauens ironisch versehen. Zwar geht das Ich am Ende auch hinauf, aber nur »weil ich mich gar so verlassen fühlte«. Auffällig ist die Leere dieser Aussage. Das Ich hat anscheinend alles »vergessen«, nicht (wie Georg Bendemann) durch die Erfahrung einer Krise, sondern gerade im Vermeiden des Krisenhaften. Das Ich legt sich schlafen: das Hinaufgehen ist mit dem Unterliegen, mit dem Sich-Hinlegen identisch geworden. Und im Verschwinden des Raums zwischen Hinauf und Hinab, im Aufhören des Schaukelns, ist diese Alltagswelt endgültig in die Unmöglichkeit allen authentischen Lebens übergegangen.

Eine ähnliche, wenn auch weniger radikale Polarität als die zwischen *Kinder auf der Landstraße* und *Unglücklichsein* gibt es zwischen den zwei anderen längeren Texten, *Entlarvung eines Bauernfängers* und *Der Kaufmann*. Hier steht die Funktion der Sprache ausdrücklich auf dem Spiel. Ja, den Titel des ersten Textes könnte man in ›Beschreibung eines Bauernfängers‹ umschreiben, denn die Existenz dieses experimentellen Ichs scheint davon abzuhängen, daß es eine gültige Beschreibung durchführt. Wie oft in diesem Buch gibt es eine Grenzsituation zwischen Außen und Innen, Straße und Zimmer, doch stellt Kafka hier die These auf, die Straße selbst sei als erstickende Nähe, als greifbares Gefängnis anzusehen. In den ersten Zeilen werden die bekannten Zeichen der Lähmung, des Versinkens in die Unmöglichkeit des Lebens, vor allem durch sprachliche Unfähigkeit ausgedrückt: »So! sagte ich und klatschte in die Hände zum Zeichen der unbedingten Notwendigkeit des Abschieds. Weniger bestimmte Versuche hatte ich schon einige gemacht. Ich war schon ganz müde.« Dieses Klatschen wird explizit nicht als Einmaliges, sondern als Wiederholtes, als Ausdruck des nahen Scheiterns dargestellt. Das Klatschen ist tatsächlich Vorstufe zum Schweigen, zum Verhaftetsein in einem lebendig-unlebendigen Prozeß, in einer wortlosen Menge, die nicht nur aus dem Bauernfänger, sondern auch aus den Häusern besteht: »Und jetzt noch mit ihm stumm zu werden, als seien wir zu einem langen Aufenthalt auf diesem Fleck entschlossen. Dabei nahmen an diesem Schweigen gleich die Häuser rings herum ihren Anteil, und das Dunkel über ihnen bis zu den Sternen.« Wir sahen schon in *Unglücklichsein*, wie Gestisches und Sprachliches in Konflikt miteinander geraten können: dort reibt das Gespenst seine Finger »wie verrückt« an der Wand, weil seine Sprache in die falsche Logik des Ichs verstrickt wird. Hier will der Bauernfänger das Schweigen, die lähmende Wortlosigkeit verstärken, indem er symbolisch die Richtung nach oben, den vertikalen Ausweg versperrt: »[Der Bauernfänger] streckte die Mauer entlang den rechten Arm aufwärts und lehnte sein Gesicht, die Augen schließend, an ihn.«

Im nächsten Absatz aber beginnt die Gegenbewegung, das Ich bricht aus seinem Gefängnis aus, indem es die Umstrickungen durch die Bauernfänger in *Worte* faßt. Der Ton des Absatzes ist rhapsodisch: der Aufruhr gegen die Bauernfänger gar nicht »persönlich«, als Ich gegen Ich zu verstehen, sondern als Rebellion der Sprache gegen das Schweigen. Ja, das Ich entnimmt seinen Doppelgängern selbst den Stoff seiner neuen Möglichkeiten, es übernimmt ihre »Unnachgiebigkeit, die ich mir jetzt so wenig von der Erde wegdenken konnte, daß ich sie schon in mir zu fühlen begann«. Die Beschreibung ist zugleich Einverleibung ihrer Stärke: die Bauernfänger haben dies mit den *Kindern auf der Landstraße* gemeinsam, daß sie ein Kollektives verkörpern, eine Nähe und einen Prozeß, worin gerade die Möglichkeiten der Ferne, der Individualität und der entscheidenden Handlung zu suchen sind. Diese Thematik tritt ins Offene in dem sprachlichen Augenblick, da das Ich den quasi-erotischen Höhepunkt seiner Beschreibung erreicht: »[Die Bauernfänger] suchten uns abzuhalten von dort, wohin wir strebten; bereiteten uns zum Ersatz eine Wohnung in ihrer eigenen Brust, und bäumte sich endlich das gesammelte Gefühl in uns auf, nahmen sie es als Umarmung, in die sie sich warfen, das Gesicht voran.« Durch diese sprachliche »Umarmung« vermag das Ich jetzt, seinen Ton zu ändern: das, was es so umständlich evoziert hat, heißt nun »diese alten Späße«. Das Wort »Entlarvung« läßt an die Wahrheit »hinter« der Larve denken; tatsächlich ist diese Entlarvung aber eine Zerstörung oder eine Verwandlung, wobei die Kräfte der Situation plötzlich vom Unmöglichen ins Mögliche übergehen. Der Doppelgänger »existiert« noch, ist aber entlarvt, nicht mehr Bauernfänger: »Mein

Mann aber lehnte hier noch wie früher, hielt sich noch immer für einen Bauernfänger [. . .]« Schon in der Phrase »Mein Mann« liegt eine Überwindung, eine Befreiung. Am Ende kann das Ich in eine »innere« Welt übergehen oder vielmehr: aufsteigen, die als verwandelt, leicht und frei zu betrachten ist. Das »Aufatmen« dieses Ichs bedeutet Möglichkeit, sprachliches Hinaufziehen der Weltpolarität in eine Offenheit, die als kurzer Augenblick dargestellt wird, gerade weil ihr Wesen im einmaligen Augenblick besteht. In diesem Augenblick erscheinen andere Menschen gar nicht als Menge, im Gegensatz zum Bauernfänger, der eben eine Menge in sich selbst verkörpert hat. Das unscheinbare, fast luftige Ende muß man mit dem Ende von *Der plötzliche Spaziergang* vergleichen, das als Musterstück für die Thematik des Möglichen, des Drangs nach oben, gelten darf. Die Ferne, die Selbständigkeit, die Handlungsfähigkeit der Ich-Gestalten werden, hier wie dort, so fest etabliert, daß sie ohne weiteres in Gesellschaft treten können. Diese Gesellschaft ist zeitlich, als Projektion eines zukünftigen Augenblicks, zu verstehen. Das Ich schwebt gleichsam dahin; wie im *Wunsch, Indianer zu werden*, existiert der Boden kaum mehr.

Den *Kaufmann* kann man als Gegensatz zum *Bauernfänger*-Text bezeichnen. Der Kaufmann hat das umgekehrte sprachliche Problem. Er redet zuviel, er kann nicht mit Selbstbeschreibungen aufhören, aber eine authentische Sprache, eine Ich-Aussage, findet er nicht. Das Zeitliche beherrscht ihn wie ein greifbarer Prozeß: von dem Zwang des Geldes und der Mode gefangen, lebt er fortwährend in der »Nähe«, seine unaufhörliche Tätigkeit erzeugt nur Handlungen, die geistig nicht voneinander zu unterscheiden sind. Und seine gewollte Isolation, seine Ich-Gestalt selbst, erweist sich als nicht stichhaltig. Einerseits lebt seine Vorstellungskraft in den Lücken, den unbeschriebenen Stellen neben den Namen in seinen Kontobüchern, wie die Fantasie vom »Fest« und von der »Flucht nach Amerika« besagt. Andererseits lebt er unbeherrscht innerhalb seines Körpers, auf Gefühlswellen, die ihn vorwärtstragen, aber ihm nicht wirklich zugehören: die »Aufregung [. . .] hält es aber in mir nicht aus und ohne Ziel reißt sie mich mit«. Ein Musterbild des im marxistischen Sinne entfremdeten, vom Unmöglichen beherrschten Menschen wird skizziert; die Sprachvarianten, die er wählt, die vorstellungsgeladene, die klagende, die analytische, die vitalistische (»wie eine zurückkehrende

Flut«), hängen gar nicht zusammen. Und das Zusammenhängen, auch nur einen Augenblick lang, ist das Wesen des Kafkaschen Begriffs des Möglichen. »Aber der Weg ist zu kurz.« Das Zusammenschrumpfen von allem Fernen zu bedrückender Nähe bildet eine genaue Analogie zu den Rissen innerhalb der Sprache des Kaufmanns. Gerade die Betonung des Zeitlichen in seinem Leben bedeutet, daß er das Zeitliche, und damit das Sprachliche, nicht beherrschen kann. Er stürzt von einer streng räumlich definierten Welt in die nächste, und mit der Sprache ist es immer zu spät oder zu früh. Beim Übergehen ins Innere des Wohnhauses, das zugleich den Augenblick des Steigens, der Inszenierung des Möglichen darstellt, wird die Verfremdung der Sprache vom Ich endgültig: »Ich sehe, daß ich jetzt und plötzlich allein bin.« Der Kaufmann sehnt sich nach der »organischen« Kontinuität des Treppensteigens, wobei ein Ich seine Stimmungen zusammenhängend gestalten könnte. Statt dessen befindet er sich sofort im Lift und muß sich selbst im Spiegel betrachten. Wo der Bauernfänger die Isolierung des Ichs immerfort behindert, wird dem Kaufmann die Isolation zur unerträglichen Last. Dem Spiegel kann er eigentlich nie entrinnen. In all den schnellen Übergängen seines Tages findet er sich immer und »plötzlich« allein mit sich selbst. Die Thematik des Möglichen wird dabei quälend verdreht. Isolation, räumliche Freiheit, Spielraum für Handlungen – dies alles »hat« der Kaufmann, aber es bleibt ihm unendlich fremd, dem Bereich des Unmöglichen zugehörig, weil seine Sprache den Moment der Integration nie erreicht: einen Moment, wie er im Wort »Erkannt!«, das die Ich-Gestalt gegen den Bauernfänger ausspricht, zusammengefaßt ist.

Der Kaufmann versucht, das Mögliche doch zu verwirklichen, indem er die Landschaften seiner Vorstellungen mit Doppelgängern bevölkert und diesen Doppelgängern befiehlt, Verschiedenes auszuführen. Es ist eine gewollte Parodie der *Kinder auf der Landstraße*: dort werden Ferne und starke Ich-Gefühle im Rausch des Kollektiven plötzlich ermöglicht; hier sprudelt eine Sprache voll Verben des Tuns und des Fühlens (»genießet [...] seid entsetzt [...] seid gerührt [...] staunet [...]«). Diese Vorstellungen sind aber fad und unverbindlich, allmählich verwandeln sie sich in eine traurige Verzerrung des Alltags. Der »Süden« der Kinder auf der Landstraße bedeutet eine klimaktische Öffnung in der Ferne; das »dörfliche Tal [...] oder [...] Paris« des Kaufmanns dagegen meint richtungsloses Schweben. Kaleidoskopisch wechseln die Bilder des Kaufmanns, aber ihm gelingt weder symbolisches Binden noch surrealistisches Spiel. Wenn diese Bilder statt ein unverbindliches Betrachten dann ein Handeln implizieren, werden die Grenzen dieser Vorstellungskraft nur allzu klar. »Verfolget nur den unscheinbaren Mann [...]« – der unscheinbare Mann ist des Kaufmanns treuester Doppelgänger, die verlangsamte, gescheiterte Version seines eigenen geplagten Lebens –, »[...] wie er traurig seines Weges in die linke Gasse geht«: gerade diese Traurigkeit, dieser »eigene Weg« fehlen dem Kaufmann. Mit der Polizei »auf ihren Pferden« will der Kaufmann ein letztes Mal die Landschaft des sinnvollen Handelns beherrschen und choreographieren. Aber die »leeren Gassen« machen die Polizei »unglücklich«; die Leere ist das authentisch lebendige Element des Lebens, Verkörperung des Unmöglichen, das des Kaufmanns Sehnsucht nach dem Einmaligen und Zusammenhängenden unwiderstehlich aus dem Wege räumt.

*Betrachtung* läßt sich sehr wohl als Vorstufe zu späteren Kafka-Werken verstehen. Georg Bendemann genießt die erfüllte Ferne von seinem Fenster aus, die leistungsbedingte Isolation, das einmalige Ereignis des entscheidenden Briefes an den Freund; dann stürzt er in die klaustrophobische Enge des väterlichen Zimmers, in die Auflösung seiner erreichten Ich-Gestalt in unverbindliche Triebe und Bilder, in die Verwandlung des einen Briefes in eine sinnlose Reihe ihm ganz fremder, an den Vater gerichteter Briefe. In einer späteren Erzählung, der *Sorge des Hausvaters*, das den Texten der *Betrachtung* formal ähnlich ist, sehen wir, wie die Welt durch Odradek in mikrokosmisches Schaukeln gerät, wie das Ich in seinem seltsamen Doppelgänger Wahrheit und Einmaligkeit erahnt und wie des Ichs eigenes Leben durch die Vertiefung seiner »Sorgen« allmählich ins Unmögliche übergeht. Aber mit diesen strukturellen Auslegungen hat man Wesentliches über Kafkas Hauptwerke noch nicht ausgesagt. Die Kristallisation seines Ich-Begriffs im *Urteil* setzt eine Zäsur zwischen dieses Werk und alle vorhergehenden. Aber um diesen Begriff, diese allzu beherrschte Ich-Welt gestalten zu können, mußte Kafka zuerst Straßen und Zimmer mit experimentellen Ich-Gestalten und deren zugehörigen Gegenfiguren ausfüllen. Das Sprachliche, das rein Konstruktive bleibt dem Leser immer vor Augen. Aber indem Gestaltungen erfüllter Augenblicke und Vorstellungen von leerer Dauer und erstickender Nähe ineinander übergehen, in- und gegeneinander spielen, werden die Grenzen des Möglichen und des Unmöglichen in Augenblicksvisionen gesetzt, die ein Ich sanft auslöschen dürfen, ohne die Offenheit der Welt einzubüßen.

*Bernhard Böschenstein*

# Nah und fern zugleich: Franz Kafkas *Betrachtung* und Robert Walsers Berliner Skizzen

## I

»[...] stehen wir vor der merkwürdigen Tatsache, daß Kafka für sich aus ganz eigenen geistigen und literarischen Voraussetzungen zu einer Schreibweise gelangt war, die den Zeitgenossen als ›Spezialfall des Typus Walser‹ erscheinen konnte. Über die Gründe läßt sich zunächst nur spekulieren.«[1] Karl Pestalozzis Feststellung kann sich berufen auf Franz Bleis Versicherung gegenüber Heymel: »Kafka ist nicht Walser sondern wirklich ein junger Mann in Prag, der so heißt«[2]; auf Kurt Tucholskys Satz: »Es gibt nur noch einen, der diese singende Prosa schreiben kann: Robert Walser«[3]; auf Robert Musils Äußerung: »[...] es ist mein Unbehagen bei Kafkas erstem Buch *Betrachtung*, daß es wie ein Spezialfall des Typus Walser wirkt, trotzdem es früher erschienen ist als dessen *Geschichten*«[4]. Alle diese Zeugnisse zu Kafkas erster Buchveröffentlichung von 1913, *Betrachtung*, geben Fragen auf, die noch nicht beantwortet sind und zu deren Beantwortung die folgenden Überlegungen vielleicht beitragen können.

Die erste schriftliche Verlautbarung zu *Betrachtung*, die Anzeige im ›Börsenblatt‹ vom 18. November 1912, enthält bereits den Namen Robert Walsers in folgendem Satz: »Die Art der formal feingeschliffenen, inhaltlich tief empfundenen und durchdachten Betrachtungen, die dieser Band vereinigt, stellt Kafka vielleicht neben Robert Walser, von dem ihn doch wiederum in der dichterischen Umgestaltung seelischer Erlebnisse tiefe Wesensunterschiede trennen.«[5] Darf an eine Rezeptionssteuerung durch diese Anzeige gedacht werden? Max Brod, dessen Urteile hier vielleicht anklingen und der schon dieses erste Buch seines Freundes mit begleitenden Kritiken versehen hat, nimmt hinsichtlich eines Vergleichs Kafkas mit Walser eine ambivalente Stellung ein. Einerseits beteuert er: »An Altenberg oder Robert Walser erinnert nichts als die Größenproportion der Stücke, das Zeilenquantum, nichts anderes«[6], wodurch er gleichviel nimmt wie gibt: auch das Negieren einer Nähe beschwört diese; der Name, ist er einmal gefallen, wird den späteren Kritikern nicht mehr so leicht entfallen. Andererseits führt Brod in einer etwas später erschienenen Sammelbesprechung von Walsers *Aufsätzen*, Kafkas *Betrachtung* und Jacobs Novellen einen genaueren Vergleich beider Prosaisten durch, der wieder lauter Gegensätze herausarbeitet, deutet aber am Ende der Kafka-Rezension, mehr oder weniger implizit, doch eine Verwandtschaft beider an: »Er schrieb das Amerika seines Kopfes und Herzens, in dem die Freiheitsstatue keine Fakkel, sondern ein Schwert trägt, weil dies besser in den Satz paßt. – Ich glaube, Walser hätte es ebenso gemacht.«[7]

Nun könnte man diese immer wieder auftretenden Hinweise auf Walser mit der Begründung beiseiteschieben, die bloße Form der Kurzprosa habe bereits diese Assoziation hervorgerufen, parallel zu der gelegentlichen Erwähnung Altenbergs, ebenfalls durch Brod, dann durch Albert Ehrenstein, Paul Friedrich und Heinrich Eduard Jacob.[8] Jedoch ist jede dieser Altenberg-Nennungen kontrastiv gemeint, in einem Altenberg eher abwertenden, ihn niemals nahe zu Kafka rückenden Sinn formuliert, im Gegensatz zu den meisten Walser-Vergleichen, die eine echte Nähe zu Kafka behaupten. Bleibt der dritte »Verwandte«, der in diesen ersten Rezensionen auftaucht, der französische Symbolist Jules Laforgue. Brod bezeugt »einen wichtigen Einfluß« seiner 1909 erschienenen Übersetzung von Gedichten und abgelegenen Prosastücken Laforgues, unter dem Titel *Pierrot, der Spaßvogel*, auf Kafka.[9] Tucholsky sagt zu *Betrachtung*: »Es ist ein bißchen Laforgue und der Franzose hätte es überschrieben: Beklagung des Junggesellen [...]«[10] Otto Pick erinnert sich gleichfalls an Laforgue, dessen Namen er aber falsch buchstabiert.[11] Die Beziehung zwischen Laforgue und Kafkas *Betrachtung* ist nicht evident. Sie beruht vielleicht auf Suggestionen von Brods Einleitung, in der man folgendes lesen kann: »[...] wir wandeln zwischen ironischen Kulissen [...] Alles ist ins Wesenlose verflüchtigt [...]«[12]; »Laforgue tritt persönlich vor den Vorhang und lädt zur Besichtigung seiner Donnermaschine, seiner Abendröten aus Pappe [...] Über klassische Nüchternheit triumphiert sein Leichtsinn [...]«[13] Allenfalls auf spätere, Macht, Zeremoniell, höfisches Gebaren satirisch entwirklichende Texte Kafkas ließen sich einige Abschnitte aus den *Moralités légendaires* beziehen, die in Brods

Auswahl fehlen, da sie bereits von Paul Wiegler übersetzt waren. Für *Betrachtung* gibt ein genauer Gang durch Laforgues Gedichte und Prosa zu wenig her, als daß sich eine nähere Untersuchung lohnte. Er scheidet aus als allzu verspielter, in sprachlichen Grotesken erfindungsreicher melancholischer Clown von oft nur epigonalem Zuschnitt. Walser dagegen scheint von Anfang an, trotz größter Verschiedenheit, mit Kafka mehr zu tun zu haben als Laforgue oder Altenberg. Freilich leuchten auch hier zunächst vor allem Beziehungen zum späteren Werk ein – etwa von *Ovation* zu *Auf der Galerie* – und natürlich von seinen drei Romanen zu den drei Romanen Kafkas.[14]

Die, im Vergleich zu den später veröffentlichten Erzählungen, bei weitem am häufigsten in die Nähe Walsers gerückte *Betrachtung* wird von gewichtigen Schriftstellern ohne Abwertung des fünf Jahre Älteren mit einem viel ernsteren Engagement als im Falle Altenbergs oder Laforgues auf den Schweizer Prosaisten bezogen, so daß sich eine Prüfung solcher behaupteten Verwandtschaft zweifellos am ehesten aufdrängt – zumal Brod von Kafkas leidenschaftlicher Entdeckung Walsers in der ›Neuen Rundschau‹ berichtet, die von 1907 an oft am Ende eines Heftes Kurzprosa von Walser brachte.[15] Gerade mit Stücken, die dort erschienen, vor *und* nach der Veröffentlichung der meisten Texte aus *Betrachtung* im ›Hyperion‹ (1908) oder in der ›Bohemia‹ (1910), läßt sich ein Vergleich wagen, der seinen Ausgangspunkt in der vergleichbaren Gattung der Kurzprosa sowie in der Gleichzeitigkeit der Entstehung – unabhängig von der Frage eines möglichen direkten Einflusses Walsers auf Kafka – findet. Erst wenn eine solche detailliertere Analyse versucht worden ist, können Tragweite und Geltungsbereich einer Annäherung beider Zeitgenossen durch ihre ersten Leser abgeschätzt und eingeordnet werden.

## II

Unter Robert Walsers ungefähr gleichzeitig mit den Stücken aus *Betrachtung* entstandener und veröffentlichter Kurzprosa, die zu jenen Texten eine – wenngleich oft nur entfernte – Beziehung aufzuweisen scheint, rechne ich, in der Reihenfolge des Erscheinens: *Guten Tag, Riesin* (Walsers Erstveröffentlichung in der ›Neuen Rundschau‹, Mai 1907)[16]; *Wenn ich Pfarrer wäre* (›Neue

Rundschau‹, Januar 1908)[17]; *Abschied* (›Neue Rundschau‹, Juni 1909)[17]; *Die Großstadtstraße* (›Deutsche Monatshefte‹ [Die Rheinlande], November 1910)[17]; vielleicht noch *Märchen* (I) (›Pan‹, November 1910)[17].

Weniger in Einzelheiten als in bedeutsamen Grundzügen läßt sich zwischen Kafkas *Betrachtung* und den fünf aus einem umfangreichen Corpus früher Prosaskizzen Walsers herausgegriffenen Proben ein Vergleich versuchen. Warum nur so wenige Beispiele aus Walsers Frühwerk dazu zu taugen scheinen, erklärt sich teils aus der thematischen Bündelung seiner frühen Texte gemäß einer vorentschiedenen Gesamtperspektive, wie im Falle von *Fritz Kochers Aufsätzen*[18] oder des Zyklus *Der Commis*[19], teils aus seiner Fixierung auf das autobiographisch bedingte, mit dem Versuch, Schauspieler zu werden, unmittelbar zusammenhängende Theater-Thema, das Gegenstände und Darstellungsmethode von insgesamt etwa 50 frühen Skizzen bestimmt.[20] Aber von dieser Theater-Thematik her lassen sich immerhin zu dreien der hier herangezogenen Stücke (*Wenn ich Pfarrer wäre, Abschied, Märchen* [I]) interessante Verbindungslinien ziehen: Das Durchspielen einer Rolle führt ja auch eine Ablösung von einem begrenzten Ich und von einer eng zu ihm gehörigen Realität mit sich und begründet so den hypothetischeren, abstrakteren, modellhafteren Charakter eines Textes, der seinen Spielcharakter bis zum Übermut in einer sich ironisch desavouierenden, aus dem Bewußtsein der eigenen Nichtigkeit hervorgegangenen Selbstherrlichkeit zur Schau trägt. Die Rollenparadigmatik hebt das Erzählkontinuum auf, sie reiht allgemeine Illustrationen der einmal gewählten fiktiven Funktion aneinander, so daß jeder Satz von neuem aus einer verallgemeinernden Zeitstruktur hervorgeht, die stets nur paralleles Material zu zeitigen vermag. In solcher Addition spiegelt sich das Nirgendwo der gewählten Scheinrealität, des Pfarrers, der keiner sein will, lieber ein Schriftsteller wäre, des Kaisers, der »im Grunde genommen gar nicht« (VIII, 81) herrschte, des anderen Kaisers, der, als »Spät- oder Zuspätgeborener«, eine »weithin reichende Macht [...] besaß oder zu besitzen schien«, die »auf eine schreckliche, unbegreifliche Art tot« (VIII, 108) war. Das diesen drei Rollen gemeinsame Thema ist, daß sie nicht wahrgenommen werden, weil das Zeitalter sie nicht mehr duldet: Der Kaiser wurde weggejagt, seine Sonne war niemandem mehr nötig: »Ich war der letzte Herrscher, der noch einen wirklichen Palast bewohnte. Meine Nachfolger werden nur noch in öffentlichen Gebäuden wohnen.« (VIII, 82) Vom anderen Kaiser heißt es: er »war krank, und zwar, wie wir gar nicht zweifeln, deshalb, weil der Raum der Zeit, in der er lebte und regierte, krank war« (VIII, 107); »[...] die Staatsoberhäupter sollten nur noch die Rolle von Geschäftsführern spielen« (VIII, 108). Der Pfarrer schließlich ist gleichfalls mit dem modernen Geschäftsleben vermengt: »So gut wie eine Sängerin, ein profaner Autor, ein Verlag, ein Zirkus, ein Restaurant, eine Regierung, ein Metzger, ein Gerber, ein Buchdrucker, eine Aktiengesellschaft und was weiß ich Reklame machen kann, kann's auch der Pfarrer.« (VIII, 84) Die Geschäftswelt läßt Ausnahmerollen nicht mehr zu, sie macht alle Funktionen einander gleich, indem sie sie zum Reklame-Spiel entwirklicht. Und wenn obendrein der Motor der Profitgier aussetzt, so bleibt von der Funktion nur noch ein theatralisches Ritual übrig, wie es der Schriftsteller in der mit Hilfe seines Schreibens gestellten Szene im Namen der Wahrheit und zum Erweis seiner Nichtigkeit ausstellt: »Und dann ist es doch so reizvoll für den geliebten Leser, die schriftstellerischen Produkte des Seelsorgers kennen zu lernen, es ist fast so, nicht ganz, aber fast, als wenn ein Regierungsrat von der offenen Schaubühne herab dem Mitbürgerpublikum seine dramatischen Künste zeigt.« (VIII, 84) Der Schriftsteller als vielfacher Schauspieler der vom modernen Geschäftsleben ausgehöhlten Reklame-Rollen wird zum Aufzähler der bunten Reihe der Gleichgeschalteten, die ihm als Vervielfältigungen seiner fiktiven Schauspielerexistenz doppelgängerisch begegnen.

Dies bildet den Anstoß zur Schilderung der Großstadt-Szenen, die die Totalität aller sich in den Straßen bewegenden Rollenträger in immer neuen, stets präsentischen Anläufen aufzuzählen unternimmt. Der nicht durch seinen Broterwerb Motivierte bleibt souverän, »in einer in ihrer Art bewunderungswürdigen Gemessenheit«, die er den Straßengängern zuspricht, die aber die seinige ist, außerhalb des Beschriebenen, es in einer unentwegten Neutralisierung ausgleichend. Er vollzieht als Schriftsteller das Gesetz der Gleichschaltung, das ihm in der modernen Funktionswelt entgegentritt. So führt er schauspielerisch die Szene auf, die jetzt an der Zeit ist, Entwirklichung hinter den Wirklichkeitsmasken antreffend.

Nach diesem Muster sind sowohl *Guten Tag, Riesin* wie *Die*

*Großstadtstraße* gearbeitet. Der erste Text bringt Unwirklichkeit schon zu Beginn durch das Bild einer märchenhaften Riesin hervor, die »ihre Locken« schüttelt, oder eines »ungeduldigen Ungeheuers«, das »seinen warmen, flammenden Speichel« ausspeit (I, 285). Was nun auch folgen mag, es ist aus der Prämisse des Märchens heraus im voraus entwirklicht. Geschildert wird alles, was an einem Großstadtmorgen sich auf den Straßen zeigt, »während deines [des Dichters] einstündigen Marsches« (I, 288): »wenn nicht [. . .] so doch [. . .]« (I, 286) lautet die Anweisung, die alle Berufe in einer höchst fragmentarischen, skurril verklammernden Liste aufzuführen trachtet. Du siehst »Mädchen- und Männeraugen, trübe und frohmütige [. . .]« (I, 285): mit solchen Gegensatzpaaren wird je und je eine Totalität umspannt und zugleich völlig neutralisiert. Die Aufzählungsvehikel sind die Wörter »alle«, »oder«, »halb«, die kein individuelles Vorrecht aufkommen, keine Bestimmung als solche gelten lassen wollen. Dieses »alles« ist eben »Bewegliches und Feststehendes« (I, 287), Droschke und Karren, und der es vor sich, hinter sich, neben sich gewahrt, aber immer nur flüchtig, immer nur als Vorüberlaufender – »weiter, weiter« (I, 288) –, ist, sein Auflistungsprinzip selber inkarnierend, hintereinander, ja simultan »Aristokrat, Held, Löwenbändiger, Sozialist, Afrikaforscher, Tänzer, Turner oder Kneipenwirt gewesen«, d. h. ein stets Marginaler, jedoch an allen Rändern stehend, der Höhe wie der Niederung, der Nähe wie der Ferne, in selbstbetörendem Rollenspiel, flüchtig teilhaftig.

Der zweite Text, *Die Großstadtstraße*, ist noch allgemeiner, noch unpersönlicher gehalten, als ob lauter Regeln formuliert würden: »Man muß sich [. . .] hüten« (VIII, 86), »Was sich auf der Straße bewegt, ist mehr oder weniger rüstig [. . .]« (VIII, 86), »Man ist oft von Zorn, Wut oder Haß erfüllt, aber [. . .]« (VIII, 88). Die Aufhebungsstruktur behauptet sich bis fast zum Schluß: »Die hundert gehen an ähnliche Orte und kommen von einerlei Orten her [. . .]« (VIII, 85); »Der Verdrossene und der Mutlose müssen ihre Verdrossenheit und Mutlosigkeit schon aus rein praktischer Vorsicht dämpfen [. . .]« (VIII, 86) Jegliche Aktion wird in der Weise eines unwirklichen Traums vorgebracht, da nichts sich durchsetzen darf auf Kosten aller übrigen Vorhaben. Das Fazit lautet darum: »und das eine sticht nicht das andere« (VIII, 87). Die Summe aller Geräusche heißt Geräuschlosigkeit. Der Einzelgroll geht in »einer Art edlem weitausschauendem Sozialismus« (VIII, 88) unter, der die »eigene unnütz schmachtende Person« (VIII, 88) in seine Totalität aufnimmt. So kann das Kollektive nur begreifen, wer als Einzelner gleichmütig am Rande steht, nicht zu diesem Ganzen gehört und es daher unspezifisch in seiner Folgenlosigkeit ablaufen sieht, freilich mit dem alle Aufhebung aufhebenden Schluß: »ich muß in die Welt hinunterspringen, ich halte es nicht mehr aus, ich muß irgend jemandem ins Gesicht lachen gehen [...]« (VIII, 89)

Walser ist hier der Spiegel totaler Funktionalität, der alles zu Rollen gerinnende Leben auffängt, er selbst ist nicht mehr der Träger *einer* Rolle, wie in den drei ersten Texten, sondern der Blick, der alle ihm Begegnenden zu Rollen entwirklicht: das Prinzip also, das Leben in Theatralität umschlagen läßt, der Entwirklicher, dem freilich, am eigenen Leib, Entwirklichung vorher geschehen war. Dies könnte einen Ansatzpunkt für einen Vergleich mit Kafkas in *Betrachtung* gesammelten frühen Prosaskizzen abgeben.

## III

Kafkas Skizzen kennen gleichfalls den neutralisierenden Blick des Vorüberlaufenden, sie fassen ebenfalls ihnen begegnendes Leben in typisierende Rollen, sie halten ihrerseits einen stets dämpfenden, ausgleichenden, Gemessenheit aus den Gegensätzen herleitenden Abstand ein. Aber sie verzichten auf die verspielte Identifikation mit ausgehöhlten Rollen, sie erstreben keine Wiedergabe beliebig gewordener, entleerter Totalität, sie kennen deshalb nicht die »oder«-Struktur. Im Gegenteil: Das jeweils gewählte Beispiel wird streng modellhaft durchgeführt und ist nicht austauschbar. Zwar wird es oft durch die »wenn«-Struktur eingeleitet und so aus der Realität in die hypothetisch-fiktive Möglichkeit überführt, aber einmal in Gang gesetzt, wird es mit zäher Insistenz zu Ende gebracht, seiner ihm spezifisch zugeordneten ›hypothetischen Realität‹ entlang. Ob dabei »ich« oder »man« gesagt wird, ändert nicht viel.

Denn die eine Perspektive wird durch die andere mitbestimmt, jede hat zugleich den Status der andern inne.

Walser kennt nicht das Zögern zwischen Entschlußlosigkeit und Entschluß, weil er dem Gesetz des Handelns grundsätzlich fernbleibt. Kafka hält genau den Moment des Umschlags zwischen diesen beiden Möglichkeiten fest, als ein langsam-plötzliches Drama, das ein Einzelner durchmacht, der sich nicht aus sich selbst herausbegeben kann, wie Walser es stets zu wollen vorgibt. Deswegen kann Kafka sich über einen an ihm geschehenden Prozeß Rechenschaft ablegen, während Walser das richtende Bilanzziehen unterläßt. Der Selbstrichter Kafka wird zu einem, der sich unerbittlich einschätzt. Er sucht den Überblick, der ihn dazu befähigt. Diesen nun gibt es nur aus der Sicht des Unterlegenen, da der Überlegene ja die Partei seines eigenen Sieges zu ergreifen versucht ist. Walser kennt nicht das Gegeneinander-Abwägen von Über- und Unterlegenheit, da er sich einer solchen Entscheidungssituation von vornherein entzieht. Kafka ist deswegen in diesen kurzen Stücken stets ein Erzähler der – wenn auch als anonym sich drapierenden – Beteiligung; es gibt für ihn schon hier kein Entrinnen, während Walser das Entrinnen zu seinem ständigen Thema macht.

Mit der ersten Textgruppe von Walser stimmen diejenigen Skizzen Kafkas thematisch überein, die eine Rolle durchspielen, vor allem *Der Kaufmann* und *Zum Nachdenken für Herrenreiter*. Wie bei Walser kommt es am wenigsten darauf an, die Rolle normgerecht auszufüllen. Der Kaufmann ist von Anfang an in einer bedrängten, Mitleid heischenden Situation, ohne Verfügung über sein Geld, am Schluß stellt er sich Verfolger vor, die ihn berauben werden. An dieser Rolle ist alles Unterlegenheit, die bei Kafka einen Überblick ermöglichen kann, den hier der Spiegel des Lifts vermittelt. Wo Walser aber das Unwirkliche herausstreicht, erfindet Kafka eine in ihrem Unglück fundierte Existenz, deren Unscheinbarkeit nicht, wie bei Walser, ex positivo erscheint, sondern die eigene Geringfügigkeit zum Maßstab erhebt, der umwertend eine neue Wahrheit bezeichnet.

Deutlicher noch wird diese Umwertung in der Anweisung *Zum Nachdenken für Herrenreiter* vorgenommen. Der Sieger wird vom Text allmählich entmachtet; die Besiegten erlangen, was ihm gänzlich abgeht, den Überblick. Diese Entleerung der »positiven« Gesten und affirmativen Bewertungen zugunsten der vom System Ausgeschiedenen trifft sich mit Walsers Lob der Untauglichkeit, die allein für ihn sprechend zu werden vermag.

Entscheidender aber für die Gemeinsamkeit zwischen beiden Dichtern als solche ›Rollenprosa‹ ist die Darstellung von Wegen durch eine Stadt. Walsers morgendlichen Märschen durch Berlin entsprechen Kafkas nächtliche Gänge durch Prag. Walser beschreibt die Stunde derer, die die Nacht in den Morgen hinein verlängern, er geht rasch an denen vorüber, die der Morgen aus den Kneipen schleudert, stets größere Gruppen, niemals Individuen aus der Menge ausschneidend und durch seine Art der Aufzählung gegeneinander neutralisierend. Kafka spielt, hierin Walser ähnlich, die Rolle der Souveränität des Ohnmächtigen durch, der von sich behauptet: »Ich bin mit Recht verantwortlich für alle Schläge gegen Türen, auf die Platten der Tische, für alle Trinksprüche, für die Liebespaare in ihren Betten, in den Gerüsten der Neubauten, in dunklen Gassen an die Häusermauern gepreßt, auf den Ottomanen der Bordelle.«[21] Wie bei Walser wird durch eine Aufzählung nicht näher spezifizierter Gruppen Totalität anvisiert, freilich mit der anderen thematischen Akzentuierung des Nächtlichen und mit einer weit intensiveren Insistenz auf dem Erotischen. Die Perspektive der Allmacht aus Ohnmacht, wie sie Walser in den beiden Kaisern thematisiert, wird hier jedoch ohne explizite Erörterung dieser sich selbst aufhebenden Paradoxie durchgehalten. Schließlich, Walsers Sowohl-als-auch-Blick entsprechend, wird die Vergangenheit gegen die Zukunft ausgleichend ausgespielt, ohne Bevorzugung der einen oder andern, aus dem Geist der gleichen »Gemessenheit«, die Walsers neutralisierender Sehweise entspricht.

Die beiden Dichtern gemeinsame Thematik der *Vorüberlaufenden* wird, ähnlich dem eben zitierten *Nachhauseweg*, von Kafka gleichfalls in die Nacht versetzt, mit der gänzlichen Unsicherheit über die Begegnenden, die, weit radikaler als bei Walser, nicht mehr mit hypothetischen Berufsbezeichnungen und Eigenschaften belegt werden, sondern, abstrakt, als »der erste«, »der zweite«, »ein dritter« (16) auftreten, wobei die Hypothesen eines Mordes, eines Nachtwandels, einer Unterhaltung unentschieden gegeneinander gehalten werden – im Gegensatz zu Walser, der niemals Alternativen offenläßt. Vor allem umreißt Kafka ein konzentriertes, modellhaftes Szenario, bei dem alle Mitspieler hinsichtlich ihres Verhältnisses zueinander Unbekannte bleiben, während Walsers Fixierungsbedürfnis das Unbekannteste in scheinbar Bekanntes umbenennt.

Noch extremer tritt dieser Gegensatz hervor in *Entschlüsse*. Dort werden die dem Erzähler durchaus vertrauten, ja befreundeten Gestalten nur mit »A«, »B«, »C« (12) bezeichnet, wird das Bekannte also zu einem Verallgemeinerten verfremdet. Der Blick des Erzähler-Ich wird bei seiner Umwandlung von Leben in Modellhaftigkeit wahrgenommen. Es strebt, wie das Walsersche Ich, die Perspektive der Totalität an (»das Ganze, das Leichte und das Schwere« (12) – Walser: »für alles, für Bewegliches und Feststehendes« [I, 287]), aber die Totalität flieht hier nicht vorüber, sondern stockt. Daraus zieht der Kafkasche Erzähler, im Gegensatz zu Walser, die Folgerung, »alles hinzunehmen«, »die letzte grabmäßige Ruhe noch vermehren und nichts außer ihr bestehen [zu] lassen.« (12) Der mortifizierende Blick, der sich im *Ausflug ins Gebirge* »einen Ausflug mit einer Gesellschaft von lauter Niemand« (12) vorstellt, hat Walsers Erfahrung der Gleich-Gültigkeit zu Ende gedacht und zu Ende beantwortet, während Walser, seine Verspieltheit nicht aufgebend, die Leere mit maskenhafter Fröhlichkeit bevölkert. Während Kafkas *Fahrgast* über die Unzulässigkeit seines Inderweltseins radikal nachdenkt und sich dabei über die scheinbare ›Zulässigkeit‹ der andern verwundert, situiert Walsers Ich seine Marginalität an den Berührungsflächen mit den andern, die im Strom der Menge vorübertreiben. Er ist am Rand und so fast einer von ihnen. Kafkas Protagonisten dagegen sind über die Versuchung einer Zugehörigkeit zu den betrachteten Städtebewohnern von vornherein hinaus, sie beginnen ihre Betrachtung genau an dem Punkt, wo die Trennung bereits absolut geworden ist.

Selbst wo die Begegnung gewünscht wird, wie in der *Abweisung*, ist das Zwiegespräch nur eine Aufzählung von Rollen, die vom einen wie vom andern nicht übernommen werden können. Die nicht gespielten Rollen lassen die Sprache viel beredter als sonst werden, ähnlich wie im *Nachhauseweg*, während die im Ernst gespielten Rollen die beredte Sprache stets durch eine Sprache der Unscheinbarkeit unterwandern. Dort, wo die Sprache sich als Kleid weiß, »mit vielfachen Falten, Rüschen und Behängen [...], die über schönen Körper schön sich legen« (16), bildet sie einen »Maskenanzug«, den sie zuletzt wieder abstößt, wenn er, »am Abend«, »abgenützt, gedunsen, verstaubt, von allen schon gesehn und kaum mehr tragbar« (17) erscheint. So wie hier in der Skizze *Kleider* hebt sich fast jeder Text der *Betrachtung* in seinem letzten Absatz dadurch auf, daß er in die nicht modellhaft verallgemeinerte, vielmehr individuelle Realität des Erzählers zurückbiegt, der sich seiner Gegenwart anhand eines beiläufigen, konkret evozierten Details neu versichert, oft körperlich genau. Auch Walser tritt öfters in ähnlicher Weise aus seinem Text in seine besondere und unbedeutende Gegenwart zurück. Beide haben ein Bewußtsein davon, daß die Schriftstellermaske, das Leben unter dem Zwang eines rhetorischen Faltenwurfs, nur als jederzeit wieder abzulegende Rolle wahr bleibt. Darum enden gerade die bravourösesten Wortfolgen Kafkas (*Die Abweisung; Wunsch, Indianer zu werden*) mit der deutlichsten Zurücknahme, z. B. »[...] wollen wir, nicht wahr, lieber jeder allein nach Hause gehn« (17).

In der von ihnen selber bewerkstelligten Vernichtung des vorher Inszenierten enthüllen beide Autoren den Status ihres Schreibens: als einen Austritt aus einer fundamentalen Verlassenheit, die sich am Ende erneut, gegen das Geschriebene, behauptet. Walser thematisiert diesen Austritt, indem er Rollen übernimmt oder sich zeitweilig vom Menschenstrom der Großstadt anstecken läßt. Kafka erfindet Handlungen, in denen der Verlassene seine Verlassenheit auf die eine Waagschale legt, während er die andere mit einer aus Räumen und Personen der Außenwelt konstituierten knappen Szene belädt, indem er sich selbst und die andern in suspensivem Zögern gegeneinanderhält, ohne Bevorzugung der einen oder anderen Partei. Daraus folgt die Erfahrung: »ich werde mich im Kreise zurückdrehen müssen« (12), die meist den Verlauf dieser kurzen Erzählungen strukturiert.[22]

## *Anmerkungen*

1 Karl Pestalozzi, *Nachprüfung einer Vorliebe. Franz Kafkas Beziehung zum Werk Robert Walsers*, in: *Über Robert Walser* II, Frankfurt a. M. 1978, S. 96.

2 Paul Raabe, *Franz Kafka und Franz Blei*, in: *Kafka-Symposion*, Berlin 1965, S. 8.

3 Kurt Tucholsky, *Drei neue Bücher*, in: Prager Tagblatt, 27. Januar 1913; auch in: *Franz Kafka. Kritik und Rezeption zu seinen Lebzeiten. 1912-1924;* hg. v. J. Born u. a., Frankfurt a. M. 1979, S. 19. Fortan zitiert unter: Born.

4 Robert Musil, *Literarische Chronik*, in: Die Neue Rundschau, August 1914; auch in: Born, a.a.O., S. 34.
5 Born, a.a.O., S. 16.
6 Max Brod: *Das Ereignis eines Buches*, in: März (Stuttgart), 15. Februar 1913; auch in: Born, a.a.O., S. 25.
7 Max Brod, *Kleine Prosa*, in: Die Neue Rundschau, Juli 1913, auch in: Born, a.a.O., S. 30-32.
8 Born, a.a.O., S. 25, 29, 32 f., 42.
9 Max Brod, *Franz Kafka. Eine Biographie*, Frankfurt a. M. 1966, S. 206.
10 Born, a.a.O., S. 20.
11 Born, a.a.O., S. 24.
12 Jules Laforgue, *Pierrot, der Spaßvogel. Eine Auswahl von Franz Blei und Max Brod*, Berlin-Stuttgart-Leipzig 1909, S. 8.
13 Ebd., S. 11.
14 Das Beste hierzu hat Pestalozzi im anfangs erwähnten Aufsatz geschrieben. Ergiebiges zu diesem Thema steht auch in den Aufsätzen von Aloisio Rendi: Vorwort zu *Una cena elegante*, Mailand 1961, deutsch in: *Über Robert Walser* III, Frankfurt a. M. 1979, S. 78-91, vor allem S. 82-91, und Wolf Wondratschek, *Weder Schrei noch Lächeln. Robert Walser und Franz Kafka*, in: text + kritik 12, Aachen 1966, S. 17-21.
15 Max Brod, *Streitbares Leben*, München 1960, S. 393. (Zitiert nach: Pestalozzi, a.a.O., S. 95.)
16 Robert Walser, *Das Gesamtwerk* I, hg. v. Jochen Greven, Zürich und Frankfurt a. M. 1978, edition suhrkamp, S. 285-289. (Alle in Klammern angegebenen Seitenzahlen beziehen sich auf diese Ausgabe.) Auf dieses Werk hat bereits James Rolleston im Zusammenhang mit unserem Thema hingewiesen. Seine konzentrierte Analyse der einzelnen Stücke von *Betrachtung* erscheint mir als der bisher gewichtigste Forschungsbeitrag zur ersten Textsammlung Kafkas. In: *Kafka-Handbuch*, hg. v. Hartmut Binder, Bd. 2, Stuttgart 1979, S. 242-262. Vgl. auch seine ausführliche Analyse *Temporal Space: a Reading of Kafka's ›Betrachtung‹*, in: Modern Austrian Literature 11 (1978), H 3/4, S. 123-138.
17 *Das Gesamtwerk* VIII, S. 82-85, S. 79-82, S. 85-89, S. 107 f.
18 *Das Gesamtwerk* I, S. 7-48.
19 *Das Gesamtwerk* I, S. 49-65.
20 Vgl. die Liste in meinem Aufsatz *Theatralische Miniaturen. Zur frühen Prosa Robert Walsers*, in: *Probleme der Moderne. Studien zur deutschen Literatur von Nietzsche bis Brecht* (Festschrift für Walter Sokel), Tübingen 1983, S. 67-81, hier S. 67, Anm. 1.
21 Franz Kafka: *Sämtliche Erzählungen*, hg. v. Paul Raabe, Frankfurt a. M. 1970, S. 14: *Der Nachhauseweg*. Alle in Klammern angegebenen

Seitenzahlen beziehen sich auf diese Ausgabe.

22 Aus der von Rolleston (vgl. Anm. 16) angegebenen und verarbeiteten Forschungsliteratur zu *Betrachtung* habe ich mit besonderem Gewinn die stilkritischen Beobachtungen von Klaus Ramm, *Reduktion als Erzählprinzip bei Kafka*, Frankfurt a. M. 1971, S. 7-9 (zu *Der Fahrgast*), und S. 16-19 (zu *Wunsch, Indianer zu werden*), gelesen. Der besondere Horizont, in den die von Kafka in *Betrachtung* geübte Erzählweise gerückt werden kann, läßt sich am besten aus solch kleinen Schritten des erzählerischen Nachvollzugs erschließen. Die mir hier gestellte Aufgabe verlangte freilich ein weniger immanentes Vorgehen.

*Hans-Thies Lehmann*

# Der buchstäbliche Körper
## Zur Selbstinszenierung der Literatur bei Franz Kafka

*Josefine die Sängerin oder das Volk der Mäuse* beginnt in einer für Kafkas Schreiben modellhaften Weise. Die ersten Sätze evozieren die Vorstellung eines ganz einzigartigen Gesangs: »Unsere Sängerin heißt Josefine. Wer sie nicht gehört hat, kennt nicht die Macht des Gesanges. Es gibt niemanden, den ihr Gesang nicht fortreißt [...]« (4, 200*), doch sofort erfolgt eine einigermaßen verdächtige »Verstärkung« dieses Lobes: »[...] was um so höher zu bewerten ist, als unser Geschlecht im ganzen Musik nicht liebt«. Kann denn, so fragt sich der Leser, das Urteil eines solchen »Geschlechts« viel besagen? Schon ist die erste Aussage gleichsam durchgestrichen oder verblaßt. Sie bleibt lesbar, hat aber einen Sprung erhalten. Und schon folgt die nächste Streichung: »Stiller Frieden ist uns die liebste Musik.« Wäre dann nicht alle Musik, weil »stets sie mit Geräusch verbunden«, sowieso eher eine – Störung? Nun ist die Rede vom arbeitsreichen Leben des »Volks der Mäuse«, einem Dasein, in dem es sich mit einem stillen »Lächeln dieser Schlauheit« über alle »Tagessorgen« hinwegtröstet – »auch wenn wir einmal – was aber *nicht geschieht* – das Verlangen nach dem Glück haben *sollten*, das von der Musik *vielleicht* ausgeht«. Schon in diesem ersten Absatz des Textes erfolgt vermittels der relativierten Aussagekraft des Lobes eine Bewegung, die, scheinbar aufbauend, in Wahrheit einen *Abbau* darstellt. Nach einer einführenden Geste, mit der gleichsam ein Minimum von Inhalt hingestellt wird, ein Etwas, »ce peu de réalité«, folgt die Bahn des Schreibens dem Zug einer Verundeutlichung, Entleerung, ja eines Entzugs des Gegebenen.

Der zweite Absatz setzt neu ein mit der Frage des Mäuse-Erzählers, »wie es sich mit dieser Musik eigentlich verhält«

* Sämtliche Kafka-Zitate nach: Franz Kafka, *Gesammelte Werke in 7 Bänden*, hg. v. M. Brod, Frankfurt a. M. 1976. Die Zahlen geben Band und Seite an. Kursiv-Hervorhebung in den Zitaten stammen vom Verfasser.

(4, 201). Zunächst erfährt der Leser, freilich im Nebensatz, daß die Sängerin sich völlig unverstanden glaubt. Das glaubt man nach der Charakterisierung der Mäuse gern, rechnet damit, daß die so emphatisch betonte Liebe zu ihrem Gesang vielleicht auf einem Mißverständnis beruhen könnte, ist aber umso gespannter, was es mit dem Gesang auf sich haben mag, der doch alle bezaubert. Und schon geht der Abbau weiter: der Gesang, heißt es, kann unmöglich besonders »schön« sein, denn in diesem Fall »müßte man von diesem Gesang zunächst und immer das Gefühl des Außerordentlichen haben«, und eben das ist nicht der Fall. Vielmehr wird »im vertrauten Kreise« offen zugegeben, »daß Josefines Gesang als Gesang nichts Außerordentliches darstellt«. Und jetzt folgt der dritte Absatz mit der Frage: »Ist es denn überhaupt Gesang? [. . .] Ist es nicht vielleicht *doch nur ein Pfeifen*?« In der Tat: Josefines »einzigartiger« Gesang, scheinbar Gegenstand dieser mehrseitigen Erörterung, ist auch nach Ansicht des Erzählers selbst nichts anderes als »das übliche Pfeifen«, etwas das jede Maus gewohnheitsmäßig und mühelos »leistet«. Bei Josefine scheint sogar eher eine unvollkommene Form dieses allgemeinen Pfeifens, der normalen Lebensäußerung der Mäuse, vorzuliegen. So verschwindet buchstäblich im Verlauf von zwei bis drei Seiten der dem Leser suggerierte Gegenstand. Kafkas Schreiben gehorcht einem Gesetz, das man als *Entzug der Referenz* begreifen muß. Der Text macht sich einen Spaß daraus (der zugleich Verzweiflung ist), einen von den Buchstaben evozierten Gegenstand nicht etwa darzustellen, sondern im Fortschreiten der Sätze zu demontieren. Auf diese Weise konzentriert Kafkas Text alle Energie und Aufmerksamkeit auf die *Sprachbewegung*, die diesen Abbau und diesen Entzug der Referenz bewerkstelligt. Denn es ist ja mit dem Gegenstand nicht etwa die Rede von ihm geschwunden. Der Text behält alle äußerlichen Merkmale einer »sachlichen«, gegenstandsbezogenen Erörterung bei, während die »Sache« selbst, der referentielle Bezug, entgleitet.

Indem bei Kafka die Sätze die Referenz entziehen oder jedenfalls unaufhörlich *verschieben*, wie die »Entscheidung« oder das »Urteil« im *Prozeß* unaufhörlich verschoben wird und, wie es heißt, unmerklich die Verhandlung allmählich erst in Urteil übergeht, so verlagert sich die jeweilige Bedeutung des Geschriebenen vom Referenten auf das *Problem der Referentialität* selbst. Der Text beschreibt am Ende stricto sensu inhaltlich nichts anderes als die Bewegung des Entzugs und Aufschubs, die er zugleich als Textprozeß selbst vollzieht. Insofern darf man Kafkas Texte als *Simulation der Aussage* betrachten. Indem sich das Geschriebene gleichsam als Entzugserscheinung gibt, macht Kafka zugleich immer neu formulierte *implizite* Aussagen über die Möglichkeit der Sprache, eine Sache überhaupt zu nennen.

Nehmen wir nun einen frühen Text, *Wunsch, Indianer zu werden* aus der *Betrachtung*:

> Wenn man doch ein Indianer wäre, gleich bereit, und auf dem rennenden Pferde, schief in der Luft, immer wieder kurz erzitterte über dem zitternden Boden, bis man die Sporen ließ, denn es gab keine Sporen, bis man die Zügel wegwarf, denn es gab keine Zügel, und kaum das Land vor sich als glattgemähte Heide sah, schon ohne Pferdehals und Pferdekopf. (4, 34 f.)

Der scheinbar konkrete (Kinder-)Wunsch, den das Wort »Indianer« anzeigt, wird nicht im geringsten ausgemalt, obwohl Kafka sich bezeugtermaßen für das Leben der Indianer interessierte. Nicht um die Sache, um das Wort ist es zu tun. Vom Indianer bleibt nur die Bewegung des Reitens, im »be-reit« schon mitgesetzt als Wortmaterial. Diese Reduktion von Indianer auf Reiten wird seinerseits einzig durch die Wendungen »schief in der Luft« und »erzittern« konkretisiert. Die grammatische Schwebe zwischen Konjunktiv und Indikativ des Imperfekts (»erzitterte«, »ließ«, »wegwarf«), selbst einer genauen Untersuchung wert, leitet über zum Abbau: erst die Sporen (damit zugleich, vom Körper des Reitenden her, die Füße), dann die Zügel (Hände) verschwinden; das Indianerland der Prärie wird zur »Heide«, die aber als »glattgemäht« auch entgleitet. Im folgenden »schon« geht dann erkennbar die erzählte Realität in die Realität des Erzählens über. Im »Jetzt« des Erzählens ist »schon« das Pferd selbst geschwunden. Übrig bleibt allein das Element »Heide«, das den Indianer bezeichnet (der ja ein Heide ist) und zugleich den Text selbst, denn Heide heißt ursprünglich leeres, wüstes, unbewohntes Land, »heidi gahn« bedeutet »verlorengehen«.

Ebenfalls in der *Betrachtung* findet sich das Prosastück *Der Ausflug ins Gebirge*:

> »Ich weiß nicht«, rief ich ohne Klang, »ich weiß ja nicht. Wenn niemand kommt, dann kommt eben niemand. Ich habe niemandem etwas Böses getan, niemand hat mir etwas Böses getan, niemand aber will mir

helfen. Lauter niemand. Aber so ist es doch nicht. Nur daß mir niemand hilft –, sonst wäre lauter Niemand hübsch. Ich würde ganz gern – warum denn nicht – einen Ausflug mit einer Gesellschaft von lauter Niemand machen. Natürlich ins Gebirge, wohin denn sonst? Wie sich diese Niemand aneinanderdrängen, diese vielen quergestreckten und eingehängten Arme, diese vielen Füße, durch winzige Schritte getrennt! Versteht sich, daß alle in Frack sind. Wir gehen so lala, der Wind fährt durch die Lücken, die wir und unsere Gliedmaßen offen lassen. Die Hälse werden im Gebirge frei! Es ist ein Wunder, daß wir nicht singen.« (4, 27)

Der ganze Text stellt eine Anrede dar, so daß sich die Frage aufdrängt, was es mit der Erläuterung »rief ich *ohne Klang*« auf sich hat. Klanglose Sprache ist aber die *Schrift.* Was Kafkas besondere Schrift ruft, ist nun in der Tat eine Reihung von ganzen oder partiellen Negationen: Ich weiß nicht, es kommt niemand, so ist es nicht. Die ersten vier Sätze sind völlig von dieser Negation bestimmt, die Schlußwendung nimmt sie wieder auf (»Es ist ein Wunder, daß wir nicht singen«). Zwischen diesen negierenden Formen steht eingeschlossen ein Passus in der Möglichkeitsform (»Ich würde [. . .]«), zunächst auch noch durchsetzt von verneinenden Elementen (»warum denn nicht«, »wohin denn sonst«). Nach dieser Exposition der Elemente Negation und Konjunktiv, die Grundzüge von Kafkas Texten beschreiben, bleibt ein winziger Rest indikativisch formulierter Vorstellung. Diese aber läßt wenig Zweifel daran, daß es sich um eine kaum verhüllte Allegorie der *Buchstaben* handelt – diese »niemands«, die an sich nichts bedeuten, aber zusammen-»gedrängt« und aus der Nähe besehen aus lauter »quergestreckten« oder gebogen »eingehängten« Strichen bestehen, viele kleine Sockel als »Füße«, »winzige Schritte« als Abstände. Noten-Zeichen, schwarz auf weiß, im Gebirgsschnee, womöglich noch Frakturschrift (versteht sich, daß alle in Frack sind).[1] Durch diese stumm singenden Glieder geht der (Atem-)Wind der Sprache, des Gesprochenen oder Gesungenen. Man könnte auf den Topos der elevatio verweisen, auf den Topos der Odyssee für die literarische Fahrt und zugleich den locus classicus für das Witzspiel mit dem »Namen« Niemand, aber das ist nicht notwendig. Unzweifelhaft beschreibt dieser frühe Text Kafkas seine eigene Realität des Entzugs, des Nicht-wissens, der Nicht-Präsenz. Man ist versucht, an Mallarmés »la musique dans les lettres« zu erinnern, jedenfalls an die zitierte Stelle in *Josefine*, wo es vom Volk der Mäuse heißt: »Stiller Frieden ist uns die liebste Musik.« Das Schweigen der Schrift. Am »Ausflug« wären – ginge es hier um eine durchgeführte Lektüre des Textes, nicht um die Exposition eines für Kafkas Schreiben entscheidenden Motivs – eine Reihe von Wortspielen und Anspielungen zu reflektieren, die Schrift und Musik verknüpfen, etwa das auffällig wiederholte »*lauter* niemand« oder die Wendung von den freien Hälsen, die das Wort »lauthals« herbeizitiert.

Zwei Momente werden deutlich: einerseits wird in Kafkas Schreiben der reale Bezug der Zeichen kunstvoll entzogen, wobei dieser Entzug gleichzeitig inszeniert wird. Zum anderen kann die buchstäbliche Realität des Geschriebenen, die Buchstaben auf dem Papier, zu einer intensiven Eigenrealität avancieren. Diese Erfahrung einer Körperlichkeit der Buchstaben ist eines der wichtigen Motive des Selbstbezugs in Kafkas Texten. Einerseits wird das Gegenständliche auf ein striktes Minimum herabgesetzt, andererseits entfaltet sich der Text dann, indem er sich zu diesem Minimum als eine abtragende Schrift verhält, als *Ab-schrift.* Am Nullpunkt (tendenziell) der Signifikanz wird aber ein neuer Reichtum an Verwebungen erzeugt.

Man muß nur die Tagebücher Kafkas überfliegen, um sich davon zu überzeugen, in welchem Ausmaß er Laute schmerzhaft und lustvoll als körperliche Wirklichkeit empfand und: wie sehr er sie auch mit Buchstaben assoziierte. Hier einige Passagen, die wir ohne Kommentar hersetzen. Ihr Aussagewert wird durch den Umstand erhöht, daß sie nicht Teil einer reflektierten Poetik sind, sondern aus der Selbstverständigung des Autors sich herleiten:

> [...] nur eine vage Hoffnung lebt, aber nicht besser als die Inschriften auf den Grabdenkmälern. Kein Wort fast, das ich schreibe, paßt zum andern, ich höre, wie sich die Konsonanten blechern aneinanderreihen, und die Vokale singen dazu wie Ausstellungsneger. Meine Zweifel stehn um jedes Wort im Kreis herum, ich sehe sie früher als das Wort, aber was denn! ich sehe das Wort überhaupt nicht, das erfinde ich ... Wenn ich mich zum Schreibtisch setze, ist mir nicht wohler als einem, der mitten im Verkehr der Place de l'Opéra fällt und beide Beine bricht. (7, 22)

> Im allgemeinen fängt der gesprochene Satz mit seinem großen Anfangsbuchstaben beim Redner an, biegt sich in seinem Verlaufe, so weit er kann, zu den Zuhörern hinaus und kehrt mit dem Schlußpunkt zu dem Redner zurück. (7, 41)

Reden werden wie graphische Zeichen empfunden, als Schrift. Und mit irritierender Präzision richtet sich die Wahrnehmung auf Einzellaute. Umgekehrt nimmt die Schrift körperliche Qualität an:

> Die ungeordneten Sätze dieser Geschichte [vgl. 7, 473 ff.] mit Lücken, daß man beide Hände dazwischenstecken könnte; ein Satz klingt hoch, ein Satz klingt tief, wie es kommt; ein Satz reibt sich am andern wie die Zunge an einem hohlen oder falschen Zahn [...] (7, 104)

> Kälte und Hitze wechselt in mir mit dem wechselnden Wort innerhalb des Satzes, ich träume melodischen Aufschwung und Fall, ich lese Sätze Goethes, als liefe ich mit ganzem Körper die Betonungen ab. (7, 182)

Oft zitierte Wendungen darüber, daß er selbst im Grunde nichts anderes als Literatur sei, gern »Blutsverwandter einer gesunden Geschichte« sein würde (7, 105), klingen auch in Passagen wie der folgenden an:

> Ich habe jetzt und hatte schon nachmittags ein großes Verlangen, meinen ganzen bangen Zustand ganz aus mir herauszuschreiben und ebenso wie er aus der Tiefe kommt, in die Tiefe des Papiers hinein, oder es so niederzuschreiben, daß ich das Geschriebene vollständig in mich einbeziehen könnte. Das ist kein künstlerisches Verlangen. (7, 136)

> Ich ziehe, wenn ich nach langer Zeit zu schreiben anfange, die Worte wie aus der leeren Luft. Ist eines gewonnen, dann ist eben nur dieses eine da und alle Arbeit fängt von vorne an. (7, 140)

> Ich kann es nicht verstehn und nicht einmal glauben. *Ich lebe nur hie und da in einem kleinen Wort, in dessen Umlaut* [›stößt‹; das hat Kafka gerade zuvor geschrieben] ich zum Beispiel auf einen Augenblick meinen unnützen Kopf verliere. Erster und letzter Buchstabe sind Anfang und Ende meines fischartigen Gefühls. (7, 46)

Kafkas Texte suchen sich der Referenz, des re-präsentierenden Bezugs auf die nichtsprachliche Realität zu entziehen. Man könnte die These wagen, daß die immer wieder beschworene »Reinheit«, der Kafka schreibend nachjagt und die ihn an aller Metapher verzweifeln ließ, nichts anderes meinte als die ganz und gar Musik gewordene, von Benennung gereinigte, in sich kreisende Sprachbewegung. Die ganz »wahre« Sprache und die ganz »erfüllt« in sich ruhende, auf nichts anderes mehr verweisende Sprache wäre das unerreichbare Ideal, vergleichbar der »reinen Sprache«, von der Walter Benjamin spricht:

Ist jene letzte Wesenheit, die da die reine Sprache selbst ist, in den Sprachen nur an Sprachliches und dessen Wandlungen gebunden, so ist sie in den Gebilden behaftet mit dem schweren und fremden Sinn. Von diesem sie zu entbinden, das Symbolisierende zum Symbolisierten zu machen, die reine Sprache gestaltet der Sprachbewegung zurückzugewinnen, ist das gewaltige Vermögen der Übersetzung. In dieser reinen Sprache, die nichts mehr meint und nichts mehr ausdrückt, sondern als ausdrucksloses und schöpferisches Wort das in allen Sprachen Gemeinte ist, trifft endlich alle Mitteilung, aller Sinn und alle Intention auf eine Schicht, in der sie zu erlöschen bestimmt ist.[2]

Diese Formulierungen haben, abgesehen von ihrem Bezug auf die für Benjamin sprachphilosophische Kategorie der Übersetzung, volle Gültigkeit für Kafkas Werk. Die von der jüdischen Tradition inspirierte Auffassung der Sprache als eigener Realität führt, wie es die Wendung von dem Sinn, von dem sie »entbunden« werden soll, bezeugt, bei Kafka zum riskanten Spiel des Zeichens an der Grenze zum Nichts, zum Nichtsinn. Am unaufhebbar signifikativen Charakter der Sprache muß zwar die Intention auf die reine Sprache scheitern, aber sie berennt diese Grenze immer erneut und versucht, sich dem Ideal durch immer neue Ab-Dichtung gegen Sinn und Referenz zu nähern. Möglichkeiten dieser Abdichtung sind die Inszenierung der Schrift selbst, die Rücknahme von Bedeutung durch Ausspielen der Wörtlichkeit und eine ganze Reihe von Techniken der Selbstaufhebung.

So ähneln die meisten Texte Kafkas, schon die frühen, jenem »Riesenmaulwurf«, der im ersten Satz der gleichnamigen Erzählung genannt wird (5, 166). Hier heißt es noch, daß dieses Wesen »vor einigen Jahren in der Nähe eines kleinen Dorfes beobachtet worden ist«. Schon im zweiten Satz verläuft sich die Greifbarkeit der Sache. Mittlerweile sei das Dorf, seinerzeit durch den Riesenmaulwurf »zu einiger Berühmtheit« gelangt, wieder ganz in Vergessenheit geraten (erster Abbau). Hier heißt der Maulwurf schon halb verächtlich, vor allem aber ganz unbestimmt, »die ganze Erscheinung« (zweiter Abbau). Diese blieb, so erfährt man weiter, »vollständig unerklärt« (dritter Abbau).

Der Grund: »jene Kreise, die sich darum hätten kümmern sollen«, haben sich um eine Erklärung gar nicht bemüht. Hier läßt sich die von Kafka immer wieder verwendete Figur der *Bestimmung im Zirkel* ablesen.

Eine Sache wird scheinbar näher charakterisiert, in Wahrheit aber ent-wirklicht als eine, um die man sich nicht gekümmert hat. Eine Information resultiert überhaupt nicht. Denkbar wäre ja, daß das Desinteresse etwas über die Desinteressierten oder über die Sache aussagt (die Ölkonzerne kümmerten sich nicht um die Umwelt). Hier aber ist das »man« durch nichts anderes definiert als dadurch, *daß* es sich nicht um die Erscheinung gekümmert hat, obgleich es das hätte tun sollen – nach Meinung des Erzählers. Das Ergebnis dieser Kreisfigur ist wiederum Entzug der Referenz. Der Text bewegt sich zwischen zwei Polen, die unaufhörlich zu ihrer Bestimmung den jeweils anderen voraussetzen, der seinerseits unbestimmt bleibt. Nur die Bewegung der Sprache selbst bleibt also als Positivum erhalten. Der Riesenmaulwurf ist ein nur sprachliches Etwas, ein Vor-wurf, (Aus)wurf eines Mauls, von dem man ähnlich wie von dem Tier im *Bau* höchstens weiß, daß es unaufhörlich mit *Graben* beschäftigt ist, ein Wort, dessen etymologische Verwandtschaft mit graphein, schreiben, für eine Reihe von Texten Kafkas von Belang ist (*Der Bau, In der Strafkolonie, Ein Traum* u. a.). Hier wird diese Verwandtschaft nicht ausgespielt. Aber aus der »Erscheinung« wird alsbald ein »Gerücht«! Und von diesem hört man, daß es, »hätte man es nicht förmlich gestoßen, [...] sich nicht verbreitet hätte«. Wie *Prometheus* bei Kafka am Ende von dem Felsen nicht mehr zu unterscheiden ist, an den er gekettet war, wie Josefines Gesang vom sonstigen Pfeifen nicht zu unterscheiden ist, so verschwindet der Gegenstand als unterscheidbares Etwas auch beim Riesenmaulwurf endgültig, wenn in Zweifel gezogen wird, daß er überhaupt riesig war, nicht etwa einfach ungewöhnlich oder so groß, wie es in der betreffenden Gegend üblich ist ...

Immer wieder erweist sich die Bahn des Textes als der Abbau einer zum Schein eingeführten Referenz. Die Sprache des Textes selbst, seine Buchstäblichkeit, immer wieder auch die konkrete Gestalt der Schrift, Handschrift wie Druckschrift, erweisen sich als das einzig tatsächlich Dargestellte, während alle der Schrift äußerlichen »Sachen« verschoben, entzogen werden und dem Blick im Verlauf der Sätze entgleiten: »fading« des Signifikats.

Bestätigt wird die oben gegebene Auslegung des Prosastücks *Ausflug ins Gebirge* auf Schrift und Buchstabe hin, wenn man seine Integration in den größeren Komplex der *Beschreibung eines Kampfes* berücksichtigt. Wie sehr der Selbstbezug des Schreibens schon in den frühen Texten eine Rolle spielt, lassen ja schon die

Titelworte »Beschreibung«, »Betrachtung« oder »Gespräch« erkennen. Warum nicht einfach Ein Kampf? Der *Ausflug* steht aber in einer Passage, »Ritt« überschrieben, in der unübersehbar der Vorgang, der beschrieben wird, als unmittelbar mit dem Vorgang der Erfindung, Beschreibung durch das erzählende Subjekt zusammenfallend gedacht werden muß. Zu Beginn findet sich das Ich, reitend auf seinem »Bekannten«, dem ihm in der Tat »bekannten« alter ego, in einer »großen, aber noch *unfertigen* Gegend«. Es wurde nämlich mit ihrer *schreibenden Kreation* erst begonnen. Weiter:

> Die Landstraße, auf der ich ritt, war steinig und stieg *bedeutend*, aber gerade das gefiel mir und *ich ließ sie* noch steiniger und steiler *werden.* (5, 19)

Wenige Zeilen später heißt es: »[. . .] und um ihn noch wilder zu machen, *ließ ich* einen starken Gegenwind in langen Stößen in uns blasen.« Dann aber droht sich das Ich selbst die Sicht zu versperren: »Erst als mir der Himmel allmählich durch die Äste der Bäume, die *ich* an der Straße *wachsen ließ*, verdeckt wurde, besann ich mich.«

Und jetzt folgt das Stück *Ausflug ins Gebirge*, das in der Tat nach der scheinbaren Problemlosigkeit und Machterfahrung der literarischen »Schöpfung« eine »Besinnung« auf die Einsamkeit der Schrift bringt. Es kann kaum bezweifelt werden, daß die frühen Texte Kafkas ebenso wie die ganzen späten in extremer Weise die Referentialität des Sprachzeichens fragwürdig machen, immer wieder in scheinbar konkreten Dingen, sieht man näher zu, nichts anderes als die Aktivität des Schreibens beschreiben. Dabei ergibt sich eine spezifische Problematik: ein Zwiespalt, der von Kafka zunächst an der Sprache festgemacht wird, aber über die sprachphilosophische Dimension hinaus eine theologische Wahrheitsproblematik anzuzeigen scheint.

Am Beginn des Abschnitts *Geschichte des Beters* in *Beschreibung eines Kampfes* findet sich die folgende ebenso komische wie absurd anmutende Passage:

> Am gestrigen Abend war ich in einer Gesellschaft. Gerade verbeugte ich mich im Gaslicht vor einem Fräulein mit den Worten: »Ich freue mich tatsächlich, daß wir uns schon dem Winter nähern« – gerade verbeugte ich mich mit diesen Worten, als ich mit Unwillen bemerkte, daß sich mir der rechte Oberschenkel aus dem Gelenk gekugelt hatte.

Auch die Kniescheibe hatte sich ein wenig gelockert. – Daher setzte ich mich und sagte, da ich immer einen Überblick über meine Sätze zu bewahren suche: »denn der Winter ist viel müheloser; man kann sich leichter benehmen, man braucht sich mit seinen Worten nicht so anstrengen. Nicht wahr, liebes Fräulein? Ich habe hoffentlich recht in dieser Sache.« Dabei machte mir mein rechtes Bein viel Ärger. Denn anfangs schien es ganz auseinandergefallen zu sein und erst allmählich brachte ich es durch Quetschen und sinngemäßes Verschieben halbwegs in Ordnung. (5, 35)

Zunächst mag an diesem scheinbar sinnlosen Dialog nur das Spiel mit Worten und Klängen auffallen: rechtes Bein – recht haben, Fräulein – freue mich, Schenkel – Gelenk, setzte mich – Sätze. Aber neben diesen Kennzeichen, die die Aufmerksamkeit auf die Worte selbst lenken, ergibt sich die Bedeutung oder besser das Minimum an innerer Logik der Bilder hier nur, wenn man den Dialog als inneren Widerspruch beim Herstellen des Textes selbst liest. Mit dem »Winter« ist über das Bild des Schnees nämlich erneut auf das Weiß des Papiers angespielt, obgleich man dies hier an der zitierten Stelle noch nicht bemerken kann, sondern erst später, wenn das Thema des Papiers explizit wird. Auffällig ist aber die ansonsten sinnlose Wendung, der Winter sei »viel müheloser«, weil man sich *»mit seinen Worten* nicht so anstrengen« müsse. Wäre die ganze Passage nicht in dieser Richtung konnotiert, so würde dem Leser vielleicht entgehen, daß hier das »leichte« Wesen des Winters mit dem Moment des Spiels und des Unernsten am Schreiben verbunden ist, das, was nicht »streng« zu nehmen ist. Die andere Seite ist die mühevolle Arbeit, bei der man das Ich beobachtet. Es versucht, »einen *Überblick über meine Sätze«* zu behalten und sucht daher das, was aus den Gelenken gekugelt ist, das Ungelenke, durch »sinngemäßes« Verschieben in Ordnung zu bringen. Die ganze Schilderung gewinnt Plausibilität und Witz jenseits des Absurden, wenn man sie liest als eine Reihe von Anspielungen auf *die Arbeit des Schreibenden*: das Herrichten, Einrenken und Verbinden (Gelenk) seiner Sätze, ihre Gliederung.

In diese Figuration des Schreibens ist nun ein für Kafkas Kunst bedeutsamer Streit eingetragen. Der Erzähler hat es nicht leicht mit dem »Fräulein«, in dem man später die »kleine Frau« wiederfinden wird, die aus Kafkas letzter Sammlung von Erzählungen, *Ein Hungerkünstler*, bekannt ist. Hier sucht das Ich das Fräulein zu beeindrucken, indem er ihr Weintrauben reicht (das Spiel der Kunst bietet sich als Rausch an), es hält sich auf seine »Zierlichkeit« etwas zugute (die Kunst offeriert ihre ornamentalen Qualitäten), und auch von einem »bronzenen Flügelknaben« (Eros?) ist die Rede. Aber diese sinnlichen Qualitäten, die der Text ins Spiel bringt, rufen bei dem Fräulein nicht die erwartete Reaktion hervor:

> »Sie imponieren mir gar nicht«, sagt sie, »alles was Sie sagen ist langweilig und unverständlich, aber deshalb noch nicht wahr. Ich glaube nämlich, mein Herr – warum nennen Sie mich immer Fräulein –, Sie geben sich nur deshalb nicht mit der Wahrheit ab, weil sie zu anstrengend ist.« (5, 36)

Kein Zweifel: das Fräulein ist zu lesen als die Verkörperung eines anderen Anspruchs, der freilich mehr Strenge verlangt, »anstrengend« ist: den Anspruch auf *Wahrheit.* Mit ihr soll sich, wie mit einer Frau, der Erzähler »abgeben«. Von den frühen bis zu den letzten Texten kreist Kafka um diesen Widerspruch. Im Prozeß der Schrift überkreuzen und verflechten sich zwei Modalitäten der Sprache. Auf der einen Seite existiert ein letztlich unerfüllbarer Anspruch auf Reinheit und reine Sachlichkeit. Die reine Vision des Seins wäre ein Schreiben, das sich vollkommen ausstreichen könnte, weil es ohne Schlacke die »Sache« vollendet verdoppelte. Aber ist ein vollkommenes Doppel noch ein Doppel? Wenn nichts es mehr von dem, was das double wiederholt, unterscheidet – so ist das double selbst keines mehr, sondern absolute Setzung. Die absolut wahre Schrift wäre ohne Verspätung, Nachträglichkeit, Differenz zum Beschriebenen. Diesem Phantasma einer reinen Re-präsentation, die reine Präsenz wäre, strebt immer wieder der Text nach: Wahrheit ohne Schleier, Verzug und Umstand.

Und dagegen steht die Wirklichkeit des *Spiels*: Unernst, Metapher, der uneigentliche Ausdruck, die unvermeidbare Entstellung und Verstellung des Ausdrucks, der Schein, das notwendige Verfehlen der Sache, der Wahrheit. Woher rührt diese Opposition – die aber keine wirkliche Opposition ist, weil Sprache nur in der Verflechtung beider Momente (Referenz – Spiel) besteht? Man könnte vorläufig sagen: die *Schrift* erscheint als der Signifikant par excellence, an dem der unaufhörliche Ver-zug, das Sich-Vergaloppieren, die Verschiebung und Verzweigung, die metaphysische Opposition von Sache und Abbildung, Idealität und Realität zersetzen und in ein unaufhörliches Verweisen verwandeln.

In der Szene erscheint das Ich denn auch als schiere Literatur. Das Fräulein sagt ihm:

> Die Wahrheit ist nämlich für Sie zu anstrengend, mein Herr, denn wie sehen Sie doch aus! Sie sind Ihrer *ganzen Länge nach aus Seidenpapier herausgeschnitten*, aus gelbem Seidenpapier, so silhouettenartig, und wenn Sie gehen, so muß man sie knittern höhren. Daher ist es auch unrecht, sich über ihre Haltung oder Meinung zu ereifern, denn Sie müssen sich nach dem Luftzug biegen, der gerade im Zimmer ist. (5, 36)

Hier verwandelt sich das Ich buchstäblich als Körper in den corpus eines Buchs, aus Seiden- (oder Seiten-) Papier, das man knittern hört beim Umwenden der Seiten, das sich im Luftzug biegt. Und dieses »Werk« hat so verschiedene Seiten, daß »Haltung« und »Meinung«, also ein fixierter Sinn, eine Identität des »mein« vermißt werden. Der Streit zwischen Ich und Fräulein bleibt offen, denn das Ich fügt sich nicht etwa einem Gegensatz, bei dem auf der einen Seite das volle sinnliche Leben stünde, auf der anderen das nur papierne Dasein. Vielmehr scheint ein Dasein als Schrift und Text, verstanden als Realität des Spiels der Literatur, in dem Wahrheit und das nicht »anstrengende« Spiel untrennbar *vermischt* sind, die Zukunft des Lebens zu sein:

> Wie wäre es, wenn ich Ihnen [. . .] anvertraute, daß einmal alle Menschen, die leben wollen, so aussehen werden wie ich; aus gelbem Seidenpapier, so silhouettenartig, herausgeschnitten – wie Sie bemerkten –, und wenn sie gehen, so wird man sie knittern hören. Sie werden nicht anders sein, als jetzt, aber sie werden so aussehen. Selbst Sie, liebes Fräulein –. (5, 37)

Aber wir befänden uns nicht in einem Kafka-Text, wenn eine solche Erklärung unangefochten stehen bliebe. Habermas hat vergessen, daß man auch weghören kann. Der folgende Satz lautet: »Da bemerkte ich, daß das Fräulein nicht mehr neben mir saß [. . .]«

Um den ganzen Text in dieser Perspektive einer Selbstthematisierung der Literatur zu deuten, könnte man von den Motiven der Zeichnung, der Kunstthematik und verschiedenen Gesten ausgehen. Da heißt es zum Beispiel, »die Sterne bilden unnatürliche Bilder« (5, 37), ein Klavierspieler erscheint und »strich mit dem Zeigefinger seiner linken Hand über das Holz der Bank, als zeichne er im Sande« (5, 38), in merkwürdiger Wendung ist die Rede davon, daß man an Häusern »gar nicht den dünnen, schwarzen *Strich*, der sie sonst vom Boden trennt«, erkenne (5, 39). Durchsetzt von Anspielungen auf Zeichnung und Schrift ist auch das *Fortgesetzte Gespräch zwischen dem Dicken und dem Beter*. Eingangs heißt es:

> Jemand liest aus einer Abschrift etwas vor. Eine Seite habe ich auf seine Bitte selbst abgeschrieben. Wie ich die Schrift unter den von ihm geschriebenen Seiten lese, erschrecke ich. Es ist haltlos. Die Leute beugen sich darüber von den drei Seiten des Tisches her. Ich schwöre weinend, es sei nicht meine Schrift. (5, 42)

Eine Art Urszene: der in sich gedoppelte Schreibende, der sich verzweifelt wehrt gegen die Zumutung, seine Schrift zu verantworten. »Haltlos« und Abwehr des »mein« – was vorher das Fräulein vom Ich sagte, wird jetzt vom Geschriebenen gesagt! Das Subjekt ist Schrift, genauer: schon Abschrift, nämlich ohne Ursprung, abgeleitet, verfangen schon im Spiel der nur nach-zeichnenden Signifikanten. An einer Seite des Schreibtischs sitzt der Autor, von drei Seiten drängen in der Imagination die neugierigen Leute daher. Es sind die *Leser*, die hier wie in vielen anderen Beobachtern, unvermuteten Zeugen, sich eindrängenden Personen in Kafkas Werk zu entziffern sind. Nicht nur der Akt des Schreibens, auch der mit diesem eng verstrickte Akt der Lektüre, bei dem sich der Leser über den Text beugt, durch das Fenster der Seite hereinsieht, von oben blickt usw., erklärt eine ganze Serie merkwürdiger Figuren in Kafkas Geschichten und Romanen.

Etwas weiter im Text spricht dieses vielfältige Ich des Schreibenden erneut von seiner Schwierigkeit:

> Wir bauen eigentlich unbrauchbare Kriegsmaschinen, Türme, Mauern, Vorhänge aus Seide (Wahrheit-Schleier) und wir könnten uns viel darüber wundern, wenn wir Zeit dazu hätten. Und erhalten uns in Schwebe, wir fallen nicht, wir flattern, wenn wir auch häßlicher als Fledermäuse sind. (5, 43)

Schwebe und Flattern: der Kafkasche Diskurs ist selbst eine »Flatter-Maus«. Im Nachtvogel erkennen wir den Nachtschreiber Kafka, in dem, was seine Feder hervorbringt, das Schwebende seiner spezifischen Zeichenpraxis. Von hier nun führt der Text mit einem Satz zu einer Passage, die Kafka fast unverändert separat in der *Betrachtung* unter dem Titel *Die Bäume* veröffentlicht hat. Bedenkt man, daß das Wort Buchstabe vom Buchenbaum abgeleitet ist, daß es ein »schwarzer Strich« war, der die Trennung der Häuser vom Boden anzeigte, und daß im Schwarz-Weiß-Kontrast und im Aufgedrucktsein der Druckbuchstaben weitere Vergleichsmomente gegeben sind, so wird man es nicht als zu gewagt betrachten, in diesem Stück erneut eine Anspielung auf die Druckbuchstaben zu finden:

> Denn wir sind wie Baumstämme im Schnee. Scheinbar liegen sie glatt auf, und mit kleinem Anstoß sollte man sie wegschieben können. Nein, das kann man nicht, denn sie sind fest mit dem Boden verbunden. Aber sieh, sogar das ist nur scheinbar. (4, 35)

Die hier geschilderte Auf-lage meint die Buchstaben, die man sehen kann (»sieh«), die den Schein der Literatur tragen und zugleich ganz real, unscheinbar vorhanden sind, scheinbar nur aufgedruckt, doch fest mit der Unterlage verbunden, wenn auch als lediglich aufgedruckt wiederum nur dem Schein nach verbunden. Das Fragment endet bezeichnenderweise in einem Bild, in dem die hieroglyphische Zeichnung des Ast-Werks auf weißem Untergrund noch einmal leise auf den konkreten Bestand des Werks in Papier und Schrift und Druck anspielt:

> Eine Laterne nahe an der Mauer oben brannte und legte den Schatten der Stämme [Baumstämme im Schnee!] über Weg und weißen Schnee [Papier], während der Schatten [Verdopplung] des vielfältigen [vielseitigen] Ast*werkes* umgebogen, wie zerbrochen [Bögen und Geraden, Umbruch] auf dem Abhang lag. (5, 50)

Wir schlagen einen großen Bogen zu den späten Erzählungen mit der Feststellung, daß ein Fräulein sprachlich *Eine kleine Frau* ist. Die so betitelte Geschichte im *Hungerkünstler* ist von der Forschung eigenartig vernachlässigt worden. (Verf. arbeitet an einer Lektüre dieser Schrift.) Ihren »Inhalt« zu benennen, erweist sich als unmöglich. Ein Ich spricht in einem Monolog über ein Kampf- und Streitverhältnis zu einer kleinen Frau, die er auch »meine kleine Richterin« nennt. Nur hat dieser Kampf buchstäblich keinen anderen Inhalt als das Bewußtsein des Ich, daß es dieses Verhältnis gibt. Einzig in Vermutungen konkretisiert sich der Streit spurenweise. Der Entzug von Referenz durch Bestimmung im Zirkel ist voll ausgeprägt. Wer oder was das Ich sein könnte, bleibt ungewiß, weil es nur aus seinem »Tonfall« und aus der (von ihm selbst vermuteten!) Perspektive der Frau gegeben wird. Die Streitbeziehung reduziert sich auf die *Worte* Ärger und Unzufriedenheit, eine Art von Erregung und Bewegtheit. Mehr erfährt man nicht. So heißt es einmal:

> Diese kleine Frau nun ist mit mir sehr unzufrieden, immer hat sie etwas an mir auszusetzen, immer geschieht ihr Unrecht von mir, ich ärgere sie auf Schritt und Tritt [...] Ich habe oft darüber nachgedacht, warum ich sie denn so ärgere; mag sein, daß alles an mir ihrem Schönheitssinn, ihrem Gerechtigkeitsgefühl, ihren Gewohnheiten, ihren Überlieferungen, ihren Hoffnungen widerspricht, es gibt derartige einander widersprechende Naturen, aber warum leidet sie so sehr darunter? Es besteht ja gar keine Beziehung zwischen uns, die sie zwingen würde, durch mich zu leiden. Sie müßte sich nur entschließen, mich als völlig Fremden anzusehn, der ich ja auch bin [...] (4, 184)

Ist so der Ärger scheinbar als eine Art Einbildung der kleinen Frau charakterisiert, so schreitet der Text rasch zu einem Punkt voran, wo zweifelhaft wird, ob das Ich es überhaupt mit einer Realität oder nur seinerseits mit einer Einbildung, einer Fiktion, zu tun hat. Es stellt sich nämlich heraus, daß die Frau von ihrem Ärger gar nichts sagt (»Offen zu sagen, wie ich sie durch mein Dasein quäle, ist sie zu stolz [...]«). Vielmehr schließt das Ich aus »Nachrichten«, die es »hie und da« erreichen, daß es der kleinen Frau nicht gut geht, und: nur das Ich allein behauptet, die Ursache des »Zustands« (der freilich nach seiner eigenen Einschätzung zu »Sorgen« überhaupt keinen Anlaß gibt): »es ist der alte und immer neue Ärger«. Wenn so die kleine Frau nur in dem Ärger besteht, den das Ich ihr bereitet, dieses Ich aber durch nichts als die Beschäftigung charakterisiert ist, über den Ärger der kleinen Frau nachzudenken, so ist der Leser erneut auf das Wortzeichen selbst verwiesen, wenn er nach einer Logik des Textes sucht. Dabei macht schon der Kontext des *Hungerkünstler*-Bands wahrscheinlich, daß ein poetologischer Selbstbezug auch hier vorliegt. Sollte es wieder um den buchstäblichen Körper des Textes, des auf *Papier* Geschriebenen gehen? Der Text beginnt mit diesen Sätzen:

> Es ist eine kleine Frau; von Natur aus recht schlank, ist sie doch stark geschnürt; ich sehe sie immer im gleichen Kleid, es ist aus gelblichgrauem, gewissermaßen holzfarbigem Stoff [...] (4, 183)

Der Autor Kafka (dies eine mögliche Version) sieht sich in einer Relation der permanenten und konstitutiven Unzufriedenheit seinem Werk gegenüber, das ihm immer auf dem Papier erscheint. Zugleich aber geht diese Unzufriedenheit auf die »Sache« selbst, die Wahrheit vielleicht, die ihn aus der Position geforderter absoluter Reinheit aus ihren »fast weißstrahlenden Augen« ewig unzufrieden ansieht. Die Relationen ließen sich auf den Bezug Leser – Text und auf die Modalitäten der Sprache in ihrer inneren Dualität ausdehnen. Wir beschränken uns auf die Ebene der (Druck)Sache und lesen den Schluß der Erzählung, wo der Streit mit der kleinen Frau eine »kleine Sache« heißt:

> Von wo aus also ich es auch ansehe, immer wieder zeigt sich und dabei bleibe ich, daß, wenn ich mit der Hand auch nur ganz leicht *diese kleine Sache verdeckt halte*, ich noch sehr lange, ungestört von der Welt, mein bisheriges Leben ruhig werde fortsetzen dürfen, trotz allen Tobens der Frau. (4, 190)

Im August 1912 hatte Kafka an Rowohlt geschrieben:

> Hier lege ich Ihnen die *kleine Prosa* vor, die Sie zu sehen wünschten; sie ergibt wohl schon ein *kleines Buch*. Während ich sie für diesen Zweck zusammenstellte, hatte ich manchmal die Wahl zwischen der Beruhigung meines Verantwortungsgefühls und der Gier, unter Ihren schönen Büchern auch ein Buch zu haben. Gewiß habe ich mich *nicht immer ganz rein entschieden*. Jetzt aber wäre ich natürlich glücklich, wenn Ihnen *die Sachen* auch nur so weit gefielen, daß Sie sie druckten. Schließlich ist auch bei größter Übung und größtem Verständnis *das Schlechte in den Sachen* nicht auf den ersten Blick zu sehen. Die verbreitetste Individualität der Schriftsteller besteht ja darin, daß jeder auf ganz besondere Weise *sein Schlechtes verdeckt.*[3]

Nicht nur die Äquivalenz von Frau und Wahrheit läßt bei den internen Beziehungen zwischen verschiedenen Facetten des Ich »den Verdacht einer Liebesbeziehung aufkommen«, wie es in *Eine kleine Frau* einmal heißt. Hier muß leider auf die Erörterung der dichten Verstrickung von Sexualität und Schrift bei Kafka verzichtet werden. Es liegt aber auf der Hand, daß die Motive des Sehens und Gesehenwerdens (Lesen, Sich-Produzieren), die latenten Symbolismen des Schreibakts selbst, die Themen der Beschmutzung und der Herr-Knecht-Elemente, Prostitution und die Relation Ehe/Gesetz immer wieder Kafkas Texte durchziehen. Worauf es ankommt, ist die hier freilich nur behauptete Tatsache, daß die »Lust am Text«, die in der Verwischung der klaren Grenze von Signifikat und Signifikant besteht, zugleich als erotische gedacht werden muß. Diesen Zusammenhang hat in Hinblick auf Mallarmé und Lautréamont vor allem Julia Kristeva exponiert[4], und eine Untersuchung der Sexualität bei Kafka im Kontext der Schreibthematik könnte hier ansetzen.

Kehren wir aber zu den Themen des inneren Dualismus und der Selbstreferentialität schon im Frühwerk Kafkas zurück. Es kann nicht darum gehen, alle frühen Texte auszulegen. Daher beschränken wir uns auf einige Hinweise, wo die Thematik der Schrift und der Sprache auftritt. Im *Gespräch mit dem Betrunkenen* taucht das Thema der Namen wieder auf. Nicht selbstverständlich scheint es dem Erzähler, »daß ich dich Mondbenannten noch immer Mond nenne« (5, 39). Auch das Nach-Denken, durch welches die Dinge an »Mut und Gesundheit« (5, 39) abnehmen, wird erwähnt. Bei *Kinder auf der Landstraße* wird eine Opposition des beobachtenden Ich, das »schaukelt«, zur Sphäre der Arbeit außerhalb des Gartens aufgebaut. Motive wie der »Postwagen«, Gesang und Stimmen kommen hinzu. Daß die *Beschreibung eines Kampfes* im ganzen auf diesem Hintergrund auszulegen ist, duldet keinen Zweifel.

Das *Gespräch mit dem Beter* konfrontiert das Ich als Instanz des *Blicks* – es ist mit voyeuristischem Beobachten beschäftigt – einem alter ego, dem »Beter«, der umgekehrt das Gesehenwerden repräsentiert. Das Ich ist in ein Mädchen verliebt (von dem man nichts weiter erfährt) und begibt sich darum regelmäßig in die Kirche, wo das Mädchen betet, »unterdessen ich sie in Ruhe betrachten konnte«. Im Gegensatz zu diesem Zuschauer-Ich macht der »Beter« durch besonderes Gebaren sein Beten in der Kirche zu einer *Vorstellung*:

> Diese Aufmerksamkeit schien ihn glücklich zu machen, denn vor jedem seiner frommen Ausbrüche ließ er seine Augen umgehn, ob die zuschauenden Leute zahlreich wären. Ich fand das ungebührlich [...] (4, 9)

Hier schon taucht das Thema auf, daß einer wie der *Artist* die Frivolität zu besitzen scheint, das Ernste, die Religion, zum Gegenstand des ästhetischen Spiels zu machen. Die Polarität Wahrheit – Spiel kehrt wieder. Lust, Schaustellung, Eitelkeit sind dem Kunstmachen inhärent, das doch zugleich auf einen nicht nur metaphorisch religiös zu nennenden Ernst zielt. Wie eng die beiden scheinbar unvereinbaren Seiten verknüpft sind, macht Kafkas Text durch die erotische Komponente in ihrer Beziehung erkennbar. Von Anfang an nimmt das voyeuristische Ich den Beter in einer klaren Ersatz-Beziehung zur Kenntnis. Immer dann, wenn das Mädchen *nicht* da ist, fällt ihm der junge Mann auf. Und umgekehrt:

> In den nächsten Tagen blieb er aus, aber mein Mädchen kam. Sie war in dem schwarzen Kleide, welches auf den Schultern durchsichtige Spitzen hatte – der Halbmond des Hemdrandes lag unter ihnen –, von deren unterem Rande die Seide in einem wohlgeschnittenen Kragen niederging. Und da das Mädchen kam, vergaß ich den jungen Mann [...] (4, 10)

Die (sexuelle) Beziehung des Ersatzes wird noch einmal deutlich, wenn gerade der hier suggestiv beschriebene »Kragen« auch bei der ersten Berührung mit dem Beter eine Rolle spielt:

> Ich stand auf, machte einen großen und geraden Schritt und ergriff den jungen Menschen. »Guten Abend«, sagte ich und stieß ihn, meine Hand an seinem Kragen, die Stufen hinunter [...] (4, 10)

Eine ins einzelne gehende Lektüre des ganzen Textes könnte erweisen, daß Kafka die »philosophischen« Themen (Reflexion, Ich-Spaltung, Schuld, Herr und Knecht) in eine Textbewegung einschreibt, in der die Thematik der Literatur, der Schrift als Spiegel und Lust und zugleich (Selbst)quälerei durchwirkt ist von sexuellen Nebentönen. Sprache, Gebet und Körper strukturieren thematisch diese Schrift. Wenige Beispiele genügen, um die »Zweideutigkeit« des besonderen Betens des Beters kenntlich zu machen:

> Als einmal das Mädchen nicht gekommen war und ich unwillig auf die Betenden blickte, fiel mir ein junger Mensch auf, der sich mit seiner ganzen mageren Gestalt auf den Boden geworfen hatte. Von Zeit zu Zeit packte er mit der ganzen Kraft seines Körpers seinen Schädel und schmetterte ihn seufzend in seine Handflächen, die auf den Steinen auflagen. (4, 9)

> Erst nach einer Stunde stand er auf, schlug ein sorgfältiges Kreuz und ging stoßweise zum Becken. (4, 9)

> Nun ist es möglich, daß dieser Mensch schon auf mich schielte, als er das Weihwasser in sein Gesicht spritzte [...] (4, 9)

Die sexuelle Nebenbedeutung erinnert an das Stück *Kinder auf der Landstraße*, wo ebenfalls ein rhythmisches Fallen erscheint:

> Wenn man sich auf die rechte Seite drehte, die Hand unters Ohr gab, da wollte man gerne einschlafen. Zwar wollte man sich noch einmal aufraffen mit erhobenem Kinn, dafür aber in einen noch tieferen Graben fallen. Dann wollte man, den Arm quer vorgehalten, die Beine schiefgeweht, sich gegen die Luft werfen und wieder bestimmt in einen noch tieferen Graben fallen. Und damit wollte man gar nicht aufhören. (4, 2)

Ein Wunsch zu sterben, zu ruhen, – das dauernde Thema der Müdigkeit – verbindet sich mit erotischen Wunschbildern, zugleich aber mit der Aktivität des Schreibens.

Am deutlichsten ist die Referenz auf das Schreiben und die Literatur als *Namengebung*, in den zentral plazierten Passagen des »Gesprächs« über das Problem der Sprache. Die beiden Stellen müssen dagegen ohne Rücksicht auf dieses dem Ganzen zugrundeliegende Thema ganz unverständlich bleiben. Zuerst hat das Ich sich beim Beter über seine Art des Betens beschwert (»Wie kann man andächtig sein, wenn man Euch anschauen muß«) und erhält eine scheinbar absurde Antwort, auf die dann eine ebenso absurde Auslassung des Ich über das Problem der Namen folgt. Wie rechtfertigt sich der Beter? –

> [...] ärgert Euch nicht, wenn ich sage, daß es der Zweck meines Lebens ist, von den Leuten angeschaut zu werden. (4, 11)

Das ist nun in der Tat der Zweck jedes *Textes*, jedes Stücks Literatur, lesend angeschaut zu werden, auch im größten Ernst als Vorstellung und »show« *betrachtet* zu werden. Einen anderen »Zweck« des Lebens kann es nicht haben. Doch mit dieser Rechtfertigung ist das andere Ich des Schreibenden nicht zufrieden. Das Leiden, von der Wahrheit entfremdet, der reinen Sprache fern zu sein, läßt sich nicht unterdrücken.

> Ja, ich ahne schon, ja ich ahnte es schon, seit ich Euch zum erstenmal sah, in welchem Zustand Ihr seid. Ich habe Erfahrung, und es ist nicht scherzend gemeint, wenn ich sage, daß es eine Seekrankheit auf festem Lande ist. Deren Wesen ist so, daß Ihr den wahrhaftigen Namen der Dinge vergessen habt und über sie jetzt in einer Eile zufällige Namen schüttet. Nur schnell, nur schnell! Aber kaum seid Ihr von ihnen weggelaufen, habt Ihr wieder ihre Namen vergessen. Die Pappel in den Feldern, die Ihr den »Turm von Babel« genannt habt, denn Ihr wußtet

nicht oder wolltet nicht wissen, daß es eine Pappel war, schaukelt wieder namenlos, und Ihr müßt sie nennen »Noah, wie er betrunken war«. (4, 12)

Nach der jüdischen Tradition lassen sich die Dinge als der *Schriftzug Gottes* erfassen. Dabei kommt es auf seine Buchstäblichkeit an. Dem Gläubigen, zumal aber dem Künstler ist es aufgegeben, die Wahrheit zu entziffern und die Grenze zwischen der menschlichen Sprache und dem seit Babel unerreichbaren Raum der göttlichen Wahrheit zu berennen. Die von Wortspiel, Anagrammatismus und Doppelsinn reichlich Gebrauch machende Tradition der Kabbala war Kafkas Schreiben nicht fremd, wie hier nicht zum erstenmal betont wird. Nicht erst für den späten Kafka trifft die späte Tagebuchnotiz zu:

> Diese ganze Literatur ist Ansturm gegen die Grenze, und sie hätte sich, wenn nicht der Zionismus dazwischengekommen wäre, leicht zu einer neuen Geheimlehre, einer Kabbala, entwickeln können. Ansätze dazu bestehen. (7, 405 f.)

Wie sehr es auf den Buchstaben dabei ankommt, zeigt Kafkas witziges Beispiel, die Verwirrung von »Turm von Babel« (was die Sprachverwirrung nach dem Verlust der wahren Namen anspricht) mit der »Pappel auf den Feldern« und »Noah wie er betrunken war«. »In diesem Erguß sind die einzelnen Bilder aus solch absurder Ferne hergeholt«, meint Politzer, der Zusammenhang sei so »willkürlich und unhaltbar«, daß der Leser nichts begreifen könne. Man darf eben an dem »Erguß« nicht nur auf das Signifizierte starren, sondern muß hören, daß die Worte gewählt sind, weil sie *lautliche* Beziehungen aufweisen: Babel, Pappel – sie holen Babbeln und den (Ur-)Papa Noah herbei –, ebenso die Laute von Turm und trunken.

Die andere Seite des Problems der Dichtung spricht dann der »Beter« aus. Das Zeichen kommt immer *zu spät*, bleibt uneigentliches Double, durch die immanente Spaltung des Bewußtseins immer schon gebrochen:

> Ich erfassen nämlich die Dinge um mich nur in so hinfälligen Vorstellungen, daß ich immer glaube, die Dinge hätten einmal gelebt, jetzt aber seien sie versinkend. (4, 13)

Nichts anderes als eine buchstäblich »hin-fällige Vorstellung« hatte der Beter in der Kirche gegeben: Schaustellung eines Hinfallens. Das heftige Aufschlagen seines Körpers dort war der Versuch, den Kontakt herzustellen, den das Ich durch den Blick herzustellen sucht. –

> Immer, lieber Herr, habe ich eine Lust, die Dinge so zu sehen, wie sie sich geben mögen, *ehe sie sich mir zeigen.* Sie sind da wohl schön und ruhig. (4, 13)

Das *Nach*-Denken ist die unausweichliche Bedingung der Rede. Die Sehnsucht zum (vorsprachlichen) Dasein der Dinge bzw. zu einer noch absolut natürlichen Sprache ohne Reflexion, wie sie dann als ein »Vorfall« dargestellt wird, gibt es nur als *nachträglich fingierte* Unmittelbarkeit. Das Ich ahnt denn auch, daß die beschriebene Szene eines Redens »ohne Nachdenken« »zu einem bestimmten Zweck, den ich gerade nicht einsehe, *erfunden* sein müsse« (4, 13).

Hier ist das Problem der Wahrheit, wie es Kafka als Realität der *Schrift* sich darstellt, zu greifen. Kaum ist sein Werk verständlich ohne den Rekurs auf die Tradition der jüdischen Kabbala, derzufolge die Schrift der Tora als göttliches Schöpferwort *nichts mitteilt.* Sie bringt die Kraft der Gottheit zum Ausdruck und besteht aus nichts anderem als *Hieroglyphen* seines Namens. Es ist das absolute Wort, von dem Scholem sagt:

> Dieses Wort teilt sich ursprünglich in seiner unendlichen Fülle mit, aber diese Mitteilung – und das ist der springende Punkt – ist unverständlich! Sie ist keine Kommunikation, die der Verständigung dient.[5]

Die unendliche Hybris und Komik von Kafkas Schreiben resultiert daraus, daß nichts Geringeres als diese absolute Schrift zum Maß seiner eigenen werden sollte. Da er aber nur von der bedeutunggebenden menschlichen Sprache ausgehen kann, vermag sich die Wahrheit nur durch eine virtuell unendliche *Ausleerung*, ein Dünnwerden und *Aushungern*, ein Entziehen und Zurücknehmen des Außenbezugs der Sprache zu manifestieren. Das Spiel der Schrift steuert auf den Tod der Bedeutung zu, der aber immer nur aufgeschoben werden kann. So kommt es, daß die für Kafka unverzichtbare Kategorie der Wahrheit adäquat am ehesten mit der Kategorie der »différance« zu beschreiben ist.

Im Thema des Sehens als Lesens hatten wir den Verweis auf die Realität des Textes erneut gefunden. Das bestätigt sich, wenn der

Beter seine Scheinrealität oder Realität des Scheins – das ist das Grenzdasein auf der Schwelle von Materiellem und Ideellem, das das Zeichen auszeichnet –, trotzig so beschreibt:

> Nicht wahr, warum sollte ich mich schämen – oder warum sollten *wir* uns schämen –, daß ich *nicht aufrecht und schwer* gehe, nicht mit dem Stock auf das Pflaster schlage und nicht die Kleider der Leute streife, welche *laut* vorübergehen. (4, 13)

Der Text ist nicht »laut«, er ist als Zeichenwelt nicht von der dichten Materialität der Dinge, ist ein Gespenst, ein *papierner* Schatten:

> Sollte ich nicht vielmehr mit Recht trotzig klagen dürfen, daß ich als Schatten mit eckigen Schultern die Häuser entlang hüpfe, manchmal in den Scheiben der Auslagsfenster verschwindend. (4, 13)

Auch hier weisen die »eckigen Schultern« auf die Ecken des Blatts Papier, auf das Buch im Auslagefenster. Immer wieder lassen sich Kafkas Texte nur auslegen, wenn man den unmittelbaren Selbstbezug auf die Realität der Literatur, des Textes, des Buchs, der Buchstaben zur Kenntnis nimmt. Alles wird einbezogen, das Dasein selbst kann in dem Text *Ein Traum* als Schreiben angesehen werden. Dort träumt Josef K. einen Spaziergang – und schon verwandeln sich die Schritte auf den Tod zu (»Kaum aber hatte er zwei Schritte gemacht, war er schon auf dem Friedhof«) in eine Bewegung, die unwiderstehlich Schriftzüge nachmalt:

> Es waren dort sehr künstliche, unpraktisch gewundene Wege, aber er glitt über einen solchen Weg wie auf einem reißenden Wasser in unerschütterlich schwebender Haltung. (4, 137)

Das Künstliche, das Nichtpraktische, der Schwung der Schriftbögen sind da, das Gleiten des Stifts, der dahinzuschweben scheint. (Oft trifft man in den Texten Stäbe, Stangen in »baumelnder« oder sonst schwankender Bewegung – dann ist immer damit zu rechnen, daß der Schreibstift im Spiel ist. Das schwierige Stück *Gemeinschaft* (5, 108) handelt von fünf sonderbaren »Freunden«, die zusammengehören und einen sechsten, der sich immer herandrängt, am liebsten fernhalten wollen, was ihnen aber nicht gelingt. Man kann vermuten, daß hier, unter anderem, auch die fünf Finger und der Stift gemeint sind.) Kosef K. gelangt alsbald zu einem »Grab« (graben/schreiben – Äquivalenz), der ihm eigenartigerweise bisweilen durch »Fahnen« verdeckt wird. An dem frisch ausgehobenen Grab trifft K. einen »Künstler« – »in der Hand hielt er einen gewöhnlichen Bleistift, mit dem er schon beim Näherkommen Figuren in die Luft beschrieb«; es handelt sich um Kunst: der Mann ist fähig, indem er auf dem Grabstein schreibt »(Hier ruht –«), »mit dem gewöhnlichen *Blei*stift *Goldbuchstaben* zu erzielen«. Nun ist K. »begierig auf das Fortschreiten der Inschrift«, ohne noch zu wissen, daß sie sein Leben bedeutet, ihre Vollendung seinen Tod. Am Ende des kurzen Textes, den man als *Prozeß* in nuce lesen kann, versteht K. endlich, daß er selbst »grabend« auf das Loch des eigenen Grabes hinarbeiten muß, »in das K., von einer sanften Strömung auf den Rücken gedreht, versank«. Indem er stirbt, vollendet sich der Schriftzug seines Namens, »jagte oben sein Name mit mächtigen Zieraten über den Stein« (4, 138).

Als letztes Beispiel sei noch ein Text herangezogen, der die Schrift und die Lektüre unmittelbar thematisiert, indem er sie ins Bild der Stadt einschreibt, »Ein Kommentar«:

> Es war sehr früh am Morgen, die Straßen rein und leer, ich ging zum Bahnhof. Als ich eine Turmuhr mit meiner Uhr verglich, sah ich, daß es schon viel später war, als ich geglaubt hatte, ich mußte mich sehr beeilen, der Schrecken über diese Entdeckung ließ mich im Weg unsicher werden, ich kannte mich in dieser Stadt noch nicht sehr gut aus, glücklicherweise war ein Schutzmann in der Nähe, ich lief zu ihm und fragte ihn atemlos nach dem Weg. Er lächelte und sagte: »Von mir willst du den Weg erfahren?« »Ja«, sagte ich, »da ich ihn selbst nicht finden kann.« »Gibs auf, gibs auf«, sagte er und wandte sich mit einem großen Schwunge ab, so wie Leute, die mit ihrem Lachen allein sein wollen. (5, 87)

Max Brod gab in seiner Edition den Text nicht ganz zu lesen. In Kafkas Manuskript steht darüber »Ein Kommentar«, ein wichtiger Titel, denn der Text führt vor, daß der Fragende *statt* einer Antwort einen Kommentar erhält, was an den Satz aus *Die Prüfung* erinnert: »Wer die Fragen nicht beantwortet, hat die Prüfung bestanden.« Nur *der* Leser besteht die Prüfung, die Kafkas Text darstellt, der die Frage *nicht* beantwortet. Kafkas Texte haben die Eigenschaft, gerade durch den Entzug der Referenz die Projektion von Sinn anzuziehen. Wenn, wie hier vertreten, der Kafka-Forschung die Aufgabe gestellt ist, geduldig und immer wieder vom einzelnen Text ausgehend die Buchstäblichkeit seiner Schriften ernstzunehmen, so deswegen, weil die Signifikanten immer wieder die Erwartung enttäuschen, auf ein fixierbares Substrat, einen Sinn hinzuführen, der mit einer Intention des Autors verrechnet werden könnte. Vielmehr verweisen die Zeichen immer wieder auf sich selbst, auf ihren eigenen Prozeß, und bleiben daher zwischen Komik und Tragik, zwischen Spaß und Verzweiflung streng unentschieden. Diese strikte Unentscheidbarkeit hat nichts mit dem positiven Postulat von Absurdität oder Sinnlosigkeit zu schaffen – das wäre selbst wiederum ein letztes Signifikat. Daher muß allen allegorischen Auslegungen, auch den besten, dort widersprochen werden, wo sie den autoritativen Anspruch erheben, eine »Meinung«, eine vom Subjekt des Textes ganz beherrschte und überschaute Intention festzuschreiben. Vielmehr ist es von der größten Bedeutung für die Hermeneutik, besser: die Lektüre solcher Texte, daß man dem Spiel der Zeichen, das ein literarischer Text ist, dieselbe Erfahrung unterstellt, die jedermann immer wieder macht: daß er nicht genau weiß, schon gar nicht immer weiß, was er denn »eigentlich« sagen will.

Lesen wir aber den Text als Darstellung seiner selbst, so erschließt sich seine Kohärenz, selbst wenn hier nur auf einige Punkte eingegangen werden kann. Zunächst bleibt festzuhalten, daß er als Repräsentation schon deswegen unlesbar wäre, weil keiner der genannten Realitäten durch implizite oder explizite Oppositionen Aussagekraft zuwächst. Was etwa ist mit einer Bestimmung wie »Es war sehr früh am Morgen [. . .]« anzufangen? Welche Rolle könnte die Zeit spielen? Wozu ist sie genannt? Und daß die Straßen »leer« sind, hat in diesem Kontext fraglos nicht die »naturalistische« Bewandtnis, daß man »darum« niemanden nach dem Weg fragen kann – die folgende Szene zeigt vielmehr, daß in diesem Text solche Regeln nichts gelten. Nein: die Worte verweisen nur auf sich selbst:

Der frühe Morgen, das ist der *Beginn* des Textes, der immer schon im Netz der Straßen beginnt, verfangen in den Bahnen, Wegen der Zeichen. Leer heißt wörtlich: »was gelesen werden kann«. Noch ist das Papier rein und leer, nichts ist bestimmt als die Bewegung selbst, der Weg. Das Wort »gehen« heißt wiederum etymologisch »leer sein, klaffen«. Aber indem die Schrift beginnt, ist sie schon verspätet. Erst im Vorgang des Schreibens selbst taucht das Bewußtsein der Verwirrung auf und läßt den Sog zu einem Schutz entstehen. Aber keine Autorität vermag aus dem

Labyrinth der Zeichen hinauszuweisen: der Schutzmann Sinn befindet sich selbst *im* Netz dieser Bahnungen. Die Erfahrung, das Er-fahren der Wahrheit bleibt die einzige Realität – »[...] nur das Schreiben ist hilflos, wohnt nicht in sich selbst, ist Spaß und Verzweiflung« (7, 396).

Es liegt in der Natur solcher Auto-Referenz, daß sie nicht eindeutig allegorisch übersetzt werden kann, da sie einen *Sprachprozeß* angibt, der Schreiben und Lesen zugleich umfaßt. Überall, wo Kafkas Schrift auf sich selbst verweist, läßt sich auch die Ebene des Lesers vor einem Text erkennbar machen, einem Text, der ihn nicht weiterverweist zu einem »Bahnhof« (von wo es ja auch nur über das Schienennetz in eine andere Stadt weiterginge, einen neuen Text), sondern immer wieder auf sich selbst zurück. So könnte man lesen:

Ich, der Leser, beginne aufmerksam, in der Frühe der Lektüre, mein Bewußtsein ist noch rein und leer, zu lesen. Kaum habe ich begonnen, erscheint alles leer von Sinn. Doch schon habe ich begonnen, bin bereits gefangen in der Be-wegung, der Er-fahrung des Lesens. Aber die Zeit dieser Text-Stadt, ihre Ordnung, differiert von meiner Zeit, der Zeit meines Bewußtseins, der ich ja als Leser immer dem Text nachhinke. Verspätet, komme ich nicht ganz mit. Ich bemerke, daß ich mich auch nach einigen Zeilen in dieser labyrinthischen Textstadt »noch nicht gut auskenne«. Zum Glück weiß man, wer den Text geschrieben hat. Über den Sinn (das heißt: Richtung) des Textwegs möchte ich eine Autorität befragen. Doch diese Instanz (Autor, Sinn, Autoritäten) erweist sich als Enttäuschung. Ich finde ihn nur mitten im Text, und er sagt mir – ungläubig lächelnd –: Hier bist du also mitten im Text und statt ihn einfach (mehrfach) zu er-fahren, willst du ihn von mir erfahren? Seine Antwort verweist mich. Ich soll »aufgeben«, etwas zu »finden«, denn es gibt buchstäblich nur die Bewegung der Suche. Wenn das nicht genügt, so blättert man gewissermaßen mit einem großen Schwung die Seite um – wie um mich auf den nächsten Text zu verweisen.

Ehe einige Schlußfolgerungen für die Kafka-Exegese gezogen werden, bleibt noch auf zwei Arbeiten hinzuweisen, die in der hier eingeschlagenen Richtung operieren. Henry Sussman zeigt in einer von Derridas Grammatologie inspirierten Studie über Kafka als *Geometrician of Metaphor*[6] den Selbstbezug in Kafkas Texten auf, indem er dem Widerspruch zwischen »presumption of total clarity in representation and an equally complete breakdown in communication«[7] nachgeht. Sussman konstatiert, daß es nicht die Frage sei, *ob* Kafka unverständlich sei, sondern *in welcher Weise*. Er deckt eine »alternation between utter playfulness and despair« auf und dechiffriert in Kafkas Texten, zum Beispiel im *Bau*, die Selbstdarstellung des Textes. Sprache wird von der Problematik der Schrift her erfaßt, was Kafkas Notiz »Wir graben den Schacht zu Babel« verständlich macht. Der Autor ist nicht vollkommen Herr seiner eigenen Konstruktion. Wenn Kafka also ein Tier als Erzähler wählt, so ist darin eine Herausforderung an das Konzept der Subjektivität zu sehen. Der Text artikuliert sich in einer unaufhebbaren Spaltung zwischen Repräsentation und dem Verlust der Grenze zwischen Signifikant und Signifikat. Der *Bau* wird so zur »discovery of textual limit«:

> Strive as it may for a release from its own functions, the text finds no exit. Although constantly shifting, for the sake of legibility, certain fictive entities *outside* the metaphoric sphere to serve as ›objective‹ indices for obscurer enigmas, these realities invariably find themselves once again contained within a realm of indifferent fictionality admitting no definitive arbitration.[8]

Während Sussman angesichts der Aufgabe, einen schwierigen deutschen Autor und eine hochkomplexe französische Theorie einem amerikanischen Publikum darzulegen, meist auf einer allgemeinen, konzeptuellen Ebene operiert, die die Bahnen markieren soll, denen künftige Lektüren folgen können, leistet eine noch unveröffentlichte deutsche Arbeit zu Kafka, Axel Wittes glänzende Analyse *Die Metaphorik des Schreibens und Lesens in Kafkas Erzählung ›In der Strafkolonie‹* (Magisterarbeit Berlin 1980) einen tiefen Einstieg in den Schacht von Kafkas Sprache. Es kann nicht die Rede davon sein, hier auch nur einen Bruchteil der dort gewonnenen Erkenntnisse zu referieren – dazu sei der Leser auf die Arbeit selbst mit Nachdruck verwiesen –, doch einige Punkte können wenigstens angedeutet werden. Um hinten zu beginnen: Wenn am Ende der Reisende beim Verlassen der Strafkolonie den Verfolgern ein »Tau« entgegenhält, so entdeckt Witte darin tatsächlich einen Schlußbuchstaben. Tau heißt der letzte Buchstabe des hebräischen Alphabets, gilt zugleich als Beglaubigungszeichen unter einer Urkunde und als schützendes Symbol der Fortdauer, Zeichen gegen Unheil und Tod.

Zuvor hat die Untersuchung, ausgehend von der Nachfrage des Reisenden: »Er kennt sein eigenes Urteil nicht?« an einer Vielzahl von Beobachtungen plausibel gemacht, daß *In der Strafkolonie* allegorisch Kafkas Erfahrungen bei der Niederschrift der Erzählung *Das Urteil* festhält. Die genaue Analyse der Verwendung der Worte »Apparat« und »Maschine« erbringt eine reiche Ausbeute an selbstreflexiven Verwendungen der Worte. Im kalkulierten Bezeichnungswechsel verbirgt sich die Grenze zwischen zwei Phasen der Textreflexion, in brechenden Rädern wird das Radebrechen hörbar, von der eigentlichen Strafschrift, den Verdopplungen und Überlagerungen verschiedener Schriften zu schweigen. Das Ganze auch dieser Erzählung wird also auf verblüffende Weise durchsichtig, wenn Kafkas Text als Selbstdarstellung seines eigenen Prozesses gedeutet wird. Man weiß nun, daß man bei einer »bestimmten« Ansicht an Stimme denken darf, weiß, daß die Geschichte nicht zufällig in »Tropen« spielt und anderes mehr.

Unsere Ergebnisse lassen sich etwa so resümieren:

Entzug der Referenz und Selbstbezüglichkeit der Texte Kafkas sind zwei Aspekte seines Schreibens, die sich komplementär verhalten. Kafkas Schreiben stellt eine unaufhörliche Befragung der Sprache, der Wörter, der Metaphern dar. Seine Texte verfolgen die in einem gegebenen Minimum von »Sache« oder Signifikanten gelegenen Möglichkeiten mit der Folge, daß die Texte nicht als »poetische« Übersetzung eines irgend vorgegebenen Sinnsubstrats betrachtet werden können. Dennoch eignet ihnen eine Kohärenz von seltener Strenge. Der innere Dualismus, mit dem Kafka sich immer wieder quälte, dürfte nichts anderes sein als der Widerspruch, das Spiel mit höchstem unabgelenkten Ernst zu betreiben. In dieser Tätigkeit stellt sich Sinn als *Effekt* der Schrift ein, nicht als Vorgabe.

Die Formen des Selbstbezugs sind vielfältig. Keineswegs soll nun behauptet werden, alle Texte Kafkas meinten Schrift, Buchstabe und Papier. So häufig und so relevant diese Figur bei ihm ist: sie stellt nur eine der Möglichkeiten dar. Die Bewegung des Entzugs der Referenz und der gleichzeitigen Verweisung auf den Schriftprozeß selbst entfaltet sich vielmehr immer wieder anders aus dem Wortmaterial – bald aus den Metaphern des Ritts, der Pferde, Landschaft, bald aus der Metapher der Stadt, der Straßen, Bahnungen und Bahnhöfe; einmal in Verfolgung etymologischer Zusammenhänge, einmal durch das Wörtlichnehmen abgedroschener Wendungen, die auf diese Weise, durch die »pedantische Durchleuchtung der Alltagssprache« (Klaus Wagenbach) wieder zu Leben kommen. Die Bereiche Buch, Schrift, Druck, Schreibvorgang, Papier bieten ebensoviele »kabbalistische« Ansätze wie die Spiele der Namen und Initialen, denen Kafka eine besonders intensive Aufmerksamkeit schenkte.

Die Lektüre des gesamten Œuvres Kafkas unter diesem Aspekt würde eine wohl einzig dastehende Insistenz des Autors auf der körperlichen und geistigen Realität des Schreib-Akts enthüllen. Möglich wäre freilich diese Lektüre allein, wenn man sich den Wunschtraum realisiert dächte, daß alle Kafka-Leser alle Anspielungen, Wortspiele, Etymologien, Strukturen, die ihnen auffielen, zusammentrügen: ein Spiel von riesigen Ausmaßen, das doch dem Ernst von Kafkas Unternehmen durchaus angemessen wäre. Solche Lektüre müßte per definitionem auf jede autoritative und totalitäre Deutung verzichten, denn:

Wenn alles Bedeuten bei Kafkas Texten durch das Spiel der konkreten Signifikanten vermittelt ist, die auf sich selbst verweisen durch Wortspiel, Etymologie, Doppelsinn, »dissémination« der Namen usw., dann kann es keine globale Interpretation geben. Jedesmal ist die Logik des Textes determiniert von der im strengen Sinn »zufälligen« Beschaffenheit des Wortmaterials, das im Sinne unserer Terminologie zum Ab-bau freigegeben wird. Unübersehbar ist die Zahl der Brücken und Querverbindungen des Zeichenmaterials, wenn das Spiel der Laute und Buchstaben einmal freigesetzt wird. Wie beim Mallarméschen Würfelwurf spielt der Zufall mit. Unter diesen Bedingungen kann Interpretation nur bedeuten: die Zeichenbewegung des jeweils einzelnen Textes zu »lesen« – ohne auf den verallgemeinernden Begriff zu rekurrieren.

Insofern stellt Kafkas Werk insgesamt etwas dar, was in dem »Kommentar« *Gibs auf* mitzuhören ist: einen Kommentar über die Verfassung einer Literatur, die die Aufgabe der Interpretation verlangt.

## *Anmerkungen*

1 Den Hinweis auf diese Lesart verdanke ich Bernd Schnarr.
2 Vgl. W. Benjamin, *Die Aufgabe des Übersetzers*, in: Charles Baudelaire, *Tableaux Parisiens*, deutsch und mit einem Vorwort von Walter Benjamin, Frankfurt a. M. 1963, S. 21.
3 Zit. nach: Klaus Wagenbach, *Kafka*, Reinbek 1964, S. 85.
4 Vgl. J. Kristeva, *La révolution du langage poétique*, Paris 1974, deutsch (gekürzt) Frankfurt a. M. 1978 (*Die Revolution der poetischen Sprache*).
5 Vgl. G. Scholem, *Über einige Begriffe des Judentums*, Frankfurt a. M. 1970, S. 108.
6 Coda Press, Madison/Wisconsin, 1979.
7 Ebd., S. 2.
8 Ebd., S. 171.

*Hans-Gerd Koch*

# Chronik zum jungen Kafka im Umkreis des kulturellen Lebens von Prag

In den hier zu skizzierenden Lebensabschnitt Franz Kafkas fällt die Tschechisierung Prags, in deren Folge die deutschsprachige Bevölkerung in die Position einer nationalen Minderheit geriet. Neben den großen politischen und sozialen Unruhen führte diese Entwicklung im kulturellen Leben der Stadt, das von zahlreichen Vereinen und Gesellschaften geprägt wurde, dessen Exponenten aber die Universität und das ›Deutsche Landestheater‹ waren, zum Wettbewerb mit den auch auf diesem Gebiet aufstrebenden Tschechen. So wurden die Teilung der Universität und die Gründung des ›Tschechischen Nationaltheaters‹ mit dem Bau des ›Neuen Deutschen Theaters‹ (1886-87) und der Berufung Angelo Neumanns zum Leiter der beiden deutschen Bühnen beantwortet (1885/88). Zur Kennzeichnung des damit einsetzenden Aufschwungs genügt es, beim Musiktheater die Namen der von Neumann engagierten Dirigenten Gustav Mahler, Karl Muck und Otto Klemperer anzuführen; die Qualität des Schauspiels bestimmten die alljährlich gastierenden großen Wiener und Berliner Ensembles mit Namen wie Josef Kainz, Alexander Moissi und Max Reinhardt. Die Aufführungen der Prager Bühnen blieben nicht ohne Einfluß auf das literarische Geschehen; die im folgenden in einer Auswahl wiedergegebenen Veranstaltungen prägten das kulturelle Leben der Stadt und sicherten Prag ein den deutschen Metropolen nahezu ebenbürtiges Niveau.

1883 3. Juli: Franz Kafka wird im Haus Ecke Maislgasse/Karpfengasse am Rand der Josefstadt, dem ehemaligen Ghetto, geboren. (Seine Eltern, Hermann und Julie, geb. Löwy, sind deutschsprachige Juden. Der Aufbau des ein Jahr zuvor gegründeten Galanteriewarengeschäftes nimmt ihre Zeit voll in Anspruch, so daß der Sohn unter der Obhut einer Amme aufwächst.)

1885 Mai: Umzug der Familie Kafka zum Wenzelsplatz 56.
11. September: Der erste Bruder, Georg, wird geboren.

Dezember: Umzug in die Geistgasse V/187.

1886 Mitte Dezember: Georg stirbt an Masern.

1887 27. September: Der zweite Bruder, Heinrich, wird geboren.
Herbst: Umzug in die Niklasstraße 6.

1888 5. und 6. Januar: Eröffnung des ›Neuen Deutschen Theaters‹.
April: Heinrich stirbt an den Folgen einer Mittelohrentzündung.
Im Lauf des Jahres: Umzug in die Zeltnergasse 2.

1889 Anfang Juni: Umzug zum Altstädter Ring 2.
16. September: Erster Schultag in der ›Deutschen Knabenschule am Fleischmarkt‹. (Bezugspersonen sind in dieser Zeit die französische Gouvernante Bailly, die Köchin und das Kindermädchen.)
22. September: Die älteste Schwester, Gabriele (Elli), wird geboren.

1890 25. September: Die zweite Schwester, Valerie (Valli), wird geboren.

1892 29. Oktober: Ottilie (Ottla), die jüngste Schwester, wird geboren.

1893 20. September: Erster Schultag am ›Altstädter Deutschen Gymnasium‹. (In den ersten Jahren besteht eine enge Freundschaft zu dem tiefreligiösen Hugo Bergmann, ab 1898/99 zu Oskar Pollak, der die sich in dieser Zeit entwikkelnden atheistischen und darwinistischen Interessen Kafkas teilt. Diesen Interessen nachgehend, liest Kafka während der Gymnasialzeit Spinoza, Darwin, Haeckel, Nietzsche; ferner die Zeitschrift ›Der Kunstwart‹, auf die ihn Pollak aufmerksam macht und die er bis etwa 1904 abonniert. Zur weitgehend vom Deutschunterricht angeregten Lektüre der Gymnasialjahre gehören neben Schiller und Goethe Eichendorff, J. P. Hebel, Grillparzer und Stifter. Noch als Schüler beginnt er ernsthaft zu schreiben und Aufführungen der Prager Bühnen zu besuchen.)
Spielzeit 1894/95: Aufführung des *Demetrius* im Rahmen eines Hebbel-Zyklus'; ferner die österreichische Erstaufführung von Halbes *Jugend* durch ein Berliner Ensemble, zu dem u. a. Max Reinhardt gehört; Halbe kommt zur ersten Wiederholung und wird von der Prager Jugend gefeiert.

Spielzeit 1895/96: Erstaufführung von Schnitzlers *Liebelei*; ferner Hebbels *Nibelungen* und Sudermanns *Glück im Winkel.*

1896 13. Juni: Kafkas »Confirmation« (Bar-Mizwah).
September: Umzug in die Zeltnergasse 3.
Spielzeit 1896/97: Aufführung von Hauptmanns *Die versunkene Glocke*, Ibsens *John Gabriel Borkman* und eines Schiller-Zyklus'.
Spielzeit 1897/98: Erstes Gastspiel des Berliner ›Deutschen Theaters‹; zur Aufführung kommen Ibsens *Frau vom Meere* und *Gespenster*, Hauptmanns *Vor Sonnenaufgang*, Wildenbruchs *Haubenlerche* und Hirschfelds *Mütter.*
Spielzeit 1898/99: Aufführungen von Hauptmanns *Fuhrmann Henschel* und *Der Biberpelz* sowie Schnitzlers *Vermächtnis* und Bahrs *Der Star.*
Spielzeit 1899/1900: Pfitzner dirigiert die Erstaufführung seiner Oper *Der arme Heinrich*; ferner werden Ibsens *Hedda Gabler*, Shakespeares *Hamlet* mit Josef Kainz, Lessings *Nathan* und Goethes *Götz von Berlichingen* aufgeführt.

1900 Juni: Hofmannsthals *Der Tod des Tizian* erscheint im ›Kunstwart‹.
Sommer: Kafka verbringt die Ferien bei seinem Onkel, dem Landarzt Siegfried Löwy, in Triesch sowie in Roztok, wo er Selma Kohn kennenlernt.
Spielzeit 1900/01: Aufführungen von Schillers *Die Räuber* und Sudermanns *Morituri* mit Josef Kainz; das ›Deutsche Theater‹ gastiert u. a. mit Tolstois *Macht der Finsternis*; Hauptmanns *Die Weber*, deren Aufführung die Zensur untersagt, werden in einer Matinee gelesen.

1901 Juli: Kafka besteht die Reifeprüfung.
August: Er fährt allein zur Erholung nach Norderney und Helgoland.
November: Der Achtzehnjährige beginnt das Studium an der Prager ›Ferdinand-Karls-Universität‹. (Zunächst belegt er zwei Wochen lang Chemie, dann Jura. Er wird Mitglied der ›Lese- und Redehalle der deutschen Studenten‹ – kurz ›Halle‹ –, deren Veranstaltungen er bis etwa 1905/06 regelmäßig besucht. Zu den Autoren, die während der Stu-

dienzeit Kafkas Beachtung finden, zählen Hamsun, Hardt, Maeterlinck, Tolstoi und Wassermann; er zeigt großes Interesse an biographischen und autobiographischen Schriften; so liest er z. B. die Tagebücher und Briefe von Hebbel, Byron, Stendhal, Marc Aurel, Grabbe und Grillparzer. Die Beschäftigung mit Goethe setzt er u. a. mit Eckermanns *Gespräche mit Goethe* fort. Gemeinsam mit Max Brod liest er Plato sowie Flaubert im Originaltext. Hofmannsthal und Emil Strauß hat er bereits durch den ›Kunstwart‹ kennengelernt; auf Thomas Mann wird er durch ›Die Neue Rundschau‹ aufmerksam, deren Lektüre er in den ersten Studienjahren beginnt und die er später, wie auch Franz Bleis Zeitschriften ›Der Amethyst‹ und ›Die Opale‹, abonniert.)

Spielzeit 1901/02: Alexander Moissi wird in Prag engagiert und debütiert in Björnsons *Über unsere Kraft*; Richard Strauß und Arthur Nikisch sind Gastdirigenten der Maifestspiele, bei denen erstmals Leo Slezak gastiert.

1902 Frühjahr: Von der Rechtsgeschichte abgestoßen, belegt Kafka im Sommersemester Germanistik und Kunstgeschichte.

Oktober: Kurze Reise nach München. (Er plant, dort mit Paul Kisch das Germanistikstudium fortzusetzen; vermutlich entsprechen die Verhältnisse nicht seinen Erwartungen.)

23. Oktober: Vortrag Max Brods über Schopenhauer in der ›Halle‹. (Wegen der Angriffe auf Nietzsche spricht Kafka ihn nach der Veranstaltung an; aus dem Gespräch entwickelt sich eine freundschaftliche Beziehung.)

November: Vom Germanistikstudium enttäuscht, nimmt Kafka das Jurastudium wieder auf.

14. Dezember: Oskar Wiener liest in der ›Halle‹.

Spielzeit 1902/03: Aufführungen von Raimunds *Alpenkönig und Menschenfeind*, Maeterlincks *Monna Vanna*, Grillparzers *Jüdin von Toledo*; das Berliner ›Kleine Theater‹ gastiert mit Gorkis *Nachtasyl*; Roda-Rodas erstes Drama *Dana Petrovitsch* wird uraufgeführt.

1903 Februar: Thomas Manns *Tonio Kröger* erscheint in der ›Neuen Rundschau‹.

28. Juni: In der ›Halle‹ spricht Ferd. Schneider über Viktor Hadwiger.

18. Juli: Kafka besteht die rechtshistorische Staatsprüfung. (Wenige Tage später fährt er ins Naturheilsanatorium ›Weißer Hirsch‹ bei Dresden.)
Sommer: Während der Ferien in Salesel bei Aussig lernt er Stella kennen.
4. November: Kafka besucht im ›Deutschen Kasino‹ Paul Schultze-Naumburgs Vortrag *Frauenschönheit und Frauentracht.*

Spielzeit 1903/04: Aufführungen von Hauptmanns *Der arme Heinrich* und *Rose Bernd*, Hofmannsthals *Der Tor und der Tod*, Grillparzers *Weh' dem, der lügt* und Hebbels *Gyges und sein Ring* mit Josef Kainz; während der Maifestspiele gastiert Enrico Caruso in Verdis *Rigoletto* und Donizettis *Liebestrank*.

1904 Januar: Th. Manns *Ein Glück* erscheint in der ›Neuen Rundschau‹.
24. Januar: Max Brod liest in der ›Halle‹ aus ungedruckten und weniger bekannten Werken Gustav Meyrinks.
Februar: Hofmannsthals *Über Gedichte* erscheint in der ›Neuen Rundschau‹.
Frühjahr: In der ›Halle‹ wird Kafka als Nachfolger Oskar Pollaks zunächst Kunst-, im Sommersemester dann Literaturberichterstatter.
18. April: Detlev von Liliencron liest in der ›Halle‹.
16. Juni: Max Brod spricht in der ›Halle‹ über Grillparzers Humor.
Herbst/Winter: Kafka beginnt vermutlich die erste Fassung von *Beschreibung eines Kampfes.*

Spielzeit 1904/05: Erstaufführungen von Wildes *Lady Windermeres Fächer*, Shaws *Der Schlachtenlenker*, Wedekinds *Der Kammersänger*; ferner Hofmannsthals *Elektra*, *Traumulus* von Holz, Tschechows *Der Bär*, Strindbergs *Fräulein Julie*; Schillers 100. Todestag wird mit einem vollständigen Zyklus seiner Werke begangen; Erstaufführung von Hauptmanns *Die Weber* am 30. Juli.

1905 6. Januar: In der ›Halle‹ spricht Richard Porges über Josef Kainz.
5. März: Ellen Key spricht im ›Deutschen Kasino‹ über Rainer Maria Rilke.
August: Kafka fährt zu einem Sanatoriumsaufenthalt nach

Zuckmantel in Schlesien. (Dort entwickelt sich eine Beziehung zu einer älteren Frau.)
22. Oktober: Richard Dehmel liest in der ›Halle‹.
25. Oktober: Im Spiegelsaal des ›Deutschen Kasinos‹ spricht Rainer Maria Rilke über Rodin.

Spielzeit 1905/06: Richard Strauß dirigiert *Salome*; das ›Deutsche Theater› gastiert mit Shakespeares *Ein Sommernachtstraum* und *Der Kaufmann von Venedig* unter der Regie von Reinhardt; ferner Aufführungen von Tschirikows *Die Juden*, Shaws *Helden*, Goethes *Torquato Tasso* und Schnitzlers *Zwischenspiel* mit Kainz.

1906 18. Juni: Promotion zum Dr. jur.
Sommer: Erneuter Aufenthalt in Zuckmantel. (Kafka nimmt die Beziehung vom Vorjahr wieder auf.)
1. Oktober: Beginn des einjährigen Rechtspraktikums.
20. Dezember: In der ›Halle‹ liest der Hofburgschauspieler Ferdinand Gregori u. a. Gedichte von Max Brod.

Spielzeit 1906/07: Aufführungen von Ibsens *Stützen der Gesellschaft*, Sudermanns *Stein unter Steinen* mit Albert Bassermann, Wedekinds *Frühlings Erwachen* mit Wedekind in der Rolle des vermummten Herrn, Schalom Aschs *Der Gott der Rache*.

1907 Frühjahr: Kafka beginnt mit der Niederschrift von *Hochzeitsvorbereitungen auf dem Lande* und trifft erstmals mit Franz Blei zusammen.
20. Juni: Umzug in die Niklasstraße 36.
August: Während der Ferien in Triesch lernt er Hedwig Weiler kennen.
1. Oktober: Kafka wird »Aushilfskraft« in der ›Assicurazioni Generali‹.

Spielzeit 1907/08: Aufführungen von Molnárs *Teufel* und Shaws *Frau Warrens Gewerbe*; während der ›Theaterolympiade‹ gastiert das Berliner ›Lessingtheater‹ mit Ibsens *Hedda Gabler*, Hauptmanns *Und Pippa tanzt*, Saltens *Vom anderen Ufer*; das ›Hofburgtheater‹ bringt Schönherrs *Karrnerleut'* und *Erde*.

1908 Anfang März: Im ersten Heft des von Franz Blei herausgegebenen ›Hyperion‹ erscheinen acht Prosastücke Kafkas unter dem Sammeltitel *Betrachtung*.
April: Brods Freund Max Bäuml stirbt. (Die engere Freund-

schaft zwischen Kafka und Brod beginnt wenig später.)
30. Juli: Kafka wird »Aushilfsbeamter« in der ›Arbeiter-Unfall-Versicherungs-Anstalt‹. (In den ersten Berufsjahren beschäftigt er sich weiterhin intensiv mit Goethe und Hebbel; er liest Kleists Jugendbriefe sowie Mörikes Selbstbiographie und beginnt mit der Dickens-Lektüre; die Flaubert-Lektüre setzt er fort. Zu den von ihm gelesenen neueren Autoren zählen neben Hauptmann Beradt, Wilhelm Schäfer, Stoessl und Werfel; auf Robert Walser wird er vermutlich frühzeitig durch ›Die Neue Rundschau‹ aufmerksam.)

Spielzeit 1908/09: Aufführung von Weinerts *Die stärkere Stunde*, das ›Berliner Theater‹ gastiert mit Hebbels *Herodes und Mariamne*.

1909 6. Februar: *Ein Damenbrevier*, Kafkas Rezension zu Bleis Buch *Die Puderquaste*, erscheint in der Zeitschrift ›Der neue Weg‹.
23. April: Kafka besucht eine Aufführung von Schnitzlers *Ruf des Lebens*.
Anfang Mai: Im ›Hyperion‹ erscheinen *Gespräch mit dem Beter* und *Gespräch mit dem Betrunkenen*.
24. oder 25. Mai: Kafka besucht ein Gastspiel des Petersburger ›Zarenballetts‹ mit Eugenie Eduardowa.
Später: Beginn der Aufzeichnungen in den überlieferten Tagebüchern.
4. bis 14. September: Gemeinsame Reise mit Max und Otto Brod nach Riva am Gardasee.
11. September: Besuch der Flugtage in Brescia.
29. September: Kafkas Bericht *Die Aeroplane in Brescia* erscheint in der Prager Tageszeitung ›Bohemia‹.

Spielzeit 1909/10: Die Dresdner ›Hofoper‹ gastiert mit *Elektra* von Strauß; zu den Schauspielaufführungen zählen Heinr. Manns *Der Tyrann*, Bahrs *Das Konzert*, Hardts *Tantris der Narr* in einer Aufführung des ›Hofburgtheaters‹, Hauptmanns *Der Biberpelz* und die *Römische Komödie* von Salus.

1910 16. Januar: *Ein Roman der Jugend*, Kafkas Rezension zu Felix Sternheims *Die Geschichte des jungen Oswald*, erscheint in der ›Bohemia‹.
27. März: In der Osterbeilage der ›Bohemia‹ erscheinen fünf Prosastücke Kafkas unter dem Sammeltitel *Betrachtungen*.

Anfang Mai: Auf Anregung Brods besucht er Aufführungen einer ostjüdischen Theatergruppe.
8. bis 17. Oktober: Gemeinsame Reise mit Max und Otto Brod nach Paris; Kafka erkrankt und kehrt allein vorzeitig nach Prag zurück.
6. November: Er hört einen Vortrag von Paul Wiegler über Hebbels Leben.
27. November: Er besucht eine Lesung Bernhard Kellermanns, der zwei ungedruckte Novellen vorträgt.
3. bis 9. Dezember: Kafka reist nach Berlin. (Er besucht dort Aufführungen von Molières *Heirat wider Willen,* Shakespeares *Komödie der Irrungen* und *Hamlet* mit Albert Bassermann sowie Schnitzlers *Anatol.*)
Dezember: Kafkas Schwester Elli heiratet Karl Hermann.

Spielzeit 1910/11: Erstaufführung von Schnitzlers *Der junge Medardus*; das Berliner ›Lessingtheater‹ gastiert mit Hauptmanns *Einsame Menschen*, das ›Deutsche Theater‹ mit Reinhardts *Ödipus*-Inszenierung.

1911 1. oder 5. Januar: Kafka sieht eine Aufführung von Schönherrs *Glaube und Heimat.*
30. Januar bis 12. Februar: Dienstreise nach Friedland und Umgebung. (Beginn des Reisetagebuchs. Wenige Tage später fährt Kafka erneut dienstlich nach Nordböhmen. In Reichenberg besucht er u. a. eine Aufführung von Grillparzers *Des Meeres und der Liebe Wellen.*)
15. März: Besuch des zweiten Prager Vortrags von Karl Kraus.
19. März: *Eine entschlafene Zeitschrift*, Kafkas Nachruf auf Bleis Zeitschrift ›Hyperion‹, erscheint in der ›Bohemia‹.
26./28. März: Er hört Rudolf Steiner im Haus Fanta und sucht ihn zu einem Gespräch im Hotel auf.
27. oder 28. Mai: Besuch einer Aufführung von Schnitzlers *Der junge Medardus.*
26. August bis 7. September: Kafka und Brod reisen über München nach Zürich, Luzern, Lugano, Mailand und Stresa am Lago Maggiore.
8. bis 12. September: Sie reisen von Italien aus nach Paris. (Aus der Idee, auf der Reise getrennte Tagebücher zu führen, resultiert der Plan, diese zur Grundlage eines gemeinsamen Romans – *Richard und Samuel* – zu machen. Wäh-

rend der Reise besuchen sie in Mailand Aufführungen des ›Teatro Fossati‹, in Paris Racines *Phädra* in der ›Comédie‹ und Bizets *Carmen* in der ›Opéra Comique‹.)
13. bis 19. September: Sanatoriumsaufenthalt in Erlenbach bei Zürich.
30. September: Begegnung Kafkas mit Kurt Tucholsky.
5. Oktober: Erster Besuch einer Aufführung der von Jizchak Löwy geleiteten ostjüdischen Theatergruppe. (Mindestens elf weitere folgen bis Februar des nächsten Jahres. Kafka schließt Freundschaft mit Löwy und beschäftigt sich in der Folgezeit intensiv mit dem Judentum und jüdischer Literatur.)
Herbst: Gemeinsame Arbeit mit Brod an *Richard und Samuel.*
11. November: Besuch einer Lesung Jean Richepins über Napoleon.
Dezember: Mit seinem Schwager Karl Hermann gründet Kafka die ›Prager Asbestwerke‹.
12. Dezember: Besuch einer Aufführung von Hauptmanns *Der Biberpelz.*
16. Dezember: Kafka sieht die Uraufführung von Vrchlickýs *Hippodamie* im ›Tschechischen Nationaltheater‹.
Winter: Kafka beginnt die erste (nicht überlieferte) Fassung des *Verschollenen.*

Spielzeit 1911/12: Zum 50. Geburtstag der Autoren wird je ein Schnitzler- und Hauptmann-Zyklus gegeben; das ›Lessingtheater‹ gastiert mit Hauptmanns *Die Ratten* und Ibsens *Peer Gynt*, das ›Deutsche Theater‹ mit Tolstois *Der lebende Leichnam* und Hofmannsthals *Jedermann* mit Moissi, das Berliner ›Kleine Theater‹ mit Tolstois *Und das Licht leuchtet in der Finsternis*; ferner werden Goethes *Faust*, Shaws *Pygmalion* und Wedekinds *Hidalla*, *Der Marquis von Keith*, *Liebestrank* und *Erdgeist* aufgeführt.

1912 22. Januar: Kafka sieht eine Aufführung von Schmidtbonns *Der Graf von Gleichen.*
31. Januar: Besuch des Gastspiels von Max Pallenberg in Offenbachs *Orpheus in der Unterwelt.*
1. Februar: Kafka sieht eine Aufführung von Wedekinds *Erdgeist*, in der der Autor und seine Frau Tilly mitwirken.

16. Februar: Kafka besucht eine Veranstaltung der Akademie der Herdervereinigung mit Oscar Bie, Grete Wiesenthal und Hofmannsthal, der aus eigenen Werken liest.
18. Februar: Rezitationsabend ostjüdischer Dichtung mit Jizchak Löwy. (Die Veranstaltung findet auf Initiative Kafkas statt; er leitet sie selbst mit einer *Rede über die jiddische Sprache* ein.)
28. Februar: Besuch eines Rezitationsabends des Schauspielers Alexander Moissi, der Goethe und Shakespeare liest.
3. März: Er sieht eine Aufführung von Freytags *Die Journalisten.*
7. März: Kafka hört den Vortrag *Plaudereien über das Theater* von Maximilian Harden.
23. März: Kafka sieht die Uraufführung der *Sternenbraut* von Ehrenfels.
Mai: In den ›Herder-Blättern‹ erscheint *Die erste lange Eisenbahnfahrt*, das erste Kapitel von *Richard und Samuel.*
7. Mai: Besuch einer Aufführung von Hauptmanns *Die Ratten.*
12. Mai: Kafka sieht eine Aufführung der *Jedermann*-Inszenierung von Reinhardt.
28. Juni bis 6. Juli: Kafka reist mit Brod über Leipzig nach Weimar. (In Leipzig begegnet Kafka dem Verleger Ernst Rowohlt, der ein Buch von ihm herausbringen will; in Weimar besuchen sie u. a. das ›Goethe-Schiller-Archiv‹ und treffen mit Paul Ernst und Johannes Schlaf zusammen. – Kafka verliebt sich in Margarethe Kirchner.)
7. bis 29. Juli: Kafka fährt von Weimar aus ins Naturheilsanatorium ›Just'sche Kuranstalt‹ nach Jungborn im Harz.
13. August: Er lernt bei Brod Felice Bauer kennen. (Er übergibt Brod die Texte für die *Betrachtung*; Brod schickt sie am nächsten Tag an den Rowohlt-Verlag.)
24. August: Besuch einer Lesung Franz Werfels im Café Arco.
20. September: Er schreibt den ersten Brief an Felice Bauer.
22./23. September: Während der Nacht schreibt er *Das Urteil.*
26. September: Er beginnt mit der Niederschrift des *Heizers.*

28. September: Kafka erhält den ersten Brief von Felice und antwortet sofort.

Oktober: *Großer Lärm* erscheint in den ›Herder-Blättern‹.

23. Oktober: Kafka erhält den zweiten Brief von Felice; der intensive Briefwechsel beginnt.

17. November: Er beginnt mit der Niederschrift der *Verwandlung*.

1. Dezember: Besuch einer Lesung Herbert Eulenbergs.

4. Dezember: Kafka liest beim ›Prager Autorenabend‹ der Herdervereinigung *Das Urteil.*

10. Dezember: Er erhält das erste gedruckte Exemplar der *Betrachtung* und schickt es mit einer Widmung an Felice Bauer.

## *Quellen*


Bezzel, Chris: *Kafka-Chronik*, München/Wien 1975.

Binder, Hartmut (Hg.): *Kafka-Handbuch*, Bd. 1: *Der Mensch und seine Zeit*, Stuttgart 1979.

Binder, Hartmut: *Kafka-Kommentar*, 2 Bde., München 1975/76.

Binder, Hartmut u. Jan Parik: *Kafka. Ein Leben in Prag*, München 1982.

Born, Jürgen u. a.: *Kafka-Symposion*, Berlin 1965.

Kafka, Franz: *Briefe 1902-1924*, Frankfurt/M. 1958.

Kafka, Franz: *Briefe an Felice*, Frankfurt/M. 1967.

Kafka, Franz: *Tagebücher 1910-1923*, Frankfurt/M. 1951.

Rosenheim, Richard: *Die Geschichte der Deutschen Bühnen in Prag 1883-1918*, Prag 1938.

Unseld, Joachim: *Franz Kafka. Ein Schriftstellerleben.* München/Wien 1982.

Wagenbach, Klaus: *Franz Kafka. Eine Biographie seiner Jugend*, Bern 1958.

Ferner: ›Die Neue Rundschau‹, ›Der Kunstwart‹, ›Prager Tagblatt‹.

# Verzeichnis der Autoren

Charles Bernheimer, geb. 1942; Associate Professor für Englische und Vergleichende Literaturwissenschaft, State University of New York at Buffalo.
Veröffentlichungen u. a.: *Flaubert and Kafka: Studies in psychopoetic structure*, 1982; *Brief an einen Freund in der Ferne: Kafkas ›Urteil‹. Eine strukturale Deutung*, in: *Psychoanalyse und das Unheimliche*, 1981.

Bernhard Böschenstein, geb. 1931; Ordinarius für deutsche Sprache und Literatur an der Universität Genf.
Veröffentlichungen u. a.: *Hölderlins Rheinhymne* (1959, ²1968); *Studien zur Dichtung des Absoluten* (1968); *Leuchttürme. Von Hölderlin zu Celan, Wirkung und Vergleich* (1977, ²1982); *Elf Söhne*, in: *Franz Kafka. Themen und Probleme* (1980); *Zu Robert Walsers Dichterporträts*, in: *Von Angesicht zu Angesicht* (1983); *Theatralische Miniaturen. Zur frühen Prosa Robert Walsers*, in: *Probleme der Moderne* (1983).

Wolf Kittler, geb. 1944; Wissenschaftlicher Assistent an der Universität Freiburg.
Aufsätze über Goethe, Brentano, Kafka und zu Problemen der Edition von Texten aus der neueren deutschen Literatur; Mitarbeiter an der Kritischen Kafka-Ausgabe.

Hans-Gerd Koch, geb. 1954; Wissenschaftlicher Mitarbeiter der Forschungsstelle ›Prager Deutsche Literatur‹ an der Universität – Gesamthochschule Wuppertal; Redaktor der Kritischen Kafka-Ausgabe.

Gerhard Kurz, geb. 1943; Professor für Neuere deutsche Sprache und Literatur an der Universität Amsterdam.
Veröffentlichungen u. a.: *Mittelbarkeit und Vereinigung. Zum Verhältnis von Poesie, Reflexion und Revolution bei Hölderlin*, 1975; *Materialien zur Philosophie des jungen Schelling*, 1975 (mit M. Frank); *Metapher. Theorie und Unterricht*, 1976 (mit Th. Pelster); *Traum-Schrecken. Kafkas literarische Existenzanalyse*, 1980; *Metapher, Allegorie, Symbol*, 1982.

Hans-Thies Lehmann, geb. 1944; Hochschulassistent an der Universität Gießen.
Veröffentlichungen u. a.: *Beiträge zu einer materialistischen Theorie der Literatur*, 1977; *Bertolt Brechts ›Hauspostille‹ – Text und kollektives Lesen*, 1978 (mit H. Lethen); *Das Subjekt als Schrift*, 1979.

James Lancelot Rolleston, geb. 1939; Associate Professor für Deutsche Sprache und Literatur und Chairman Comparative Literature Program, Duke University, North Carolina.
Veröffentlichungen u. a.: *Rilke in transition*, 1970; *Kafka's narrative theatre*, 1974; *Twentieth century interpretations of ›The Trial‹*, 1976.

Jost Schillemeit, geb. 1931, Ordinarius für Deutsche Literaturwissenschaft an der Technischen Universität Braunschweig.
Veröffentlichungen u. a.: *Theodor Fontane*, 1961; *Bonaventura. Der Verfasser der ›Nachtwachen‹*, 1973; Mitherausgeber der Kritischen Kafka-Ausgabe (*Der Verschollene*, 1983).

Walter H. Sokel, geb. 1917; Professor für deutsche Sprache und Literatur an der University of Virginia, Charlottesville.
Veröffentlichungen u. a.: *Der literarische Expressionismus*, 1960; *Franz Kafka – Tragik und Ironie*, 1964; *Franz Kafka*, 1966.

suhrkamp taschenbücher materialien

2001 Brechts »Leben des Galilei« (hg. Werner Hecht)
2002 Thomas Bernhard, Werkgeschichte (hg. Jens Dittmar)
2003 Martin Walser (hg. Klaus Siblewski)
2004 Peter Handke (hg. Raimund Fellinger)
2005 Ödön von Horváth (hg. Traugott Krischke)
2006 Geschichte als Schauspiel (hg. Walter Hinck)
2007 Ludwig Hohl (hg. Johannes Beringer)
2010 Rilkes »Duineser Elegien«, Bd. 2 (hg. Ulrich Fülleborn und Manfred Engel)
2011 Rilkes »Duineser Elegien«, Bd. 3 (hg. Ulrich Fülleborn und Manfred Engel)
2012 Literarische Utopie-Entwürfe (hg. Hiltrud Gnüg)
2013 Plenzdorfs »Neue Leiden des jungen W.« (hg. Peter J. Brenner)
2014 Horváths »Der Fall E.« oder Die Lehrerin von Regensburg (hg. Jürgen Schröder)
2015 Herbert Achternbusch (hg. Jörg Drews)
2016 Brechts »Mutter Courage und ihre Kinder« (hg. Klaus-Detlef Müller)
2017 Brechts »Gewehre der Frau Carrar« (hg. Klaus Bohnen)
2018 Weimars Ende (hg. Thomas Koebner)
2019 Horváths »Geschichten aus dem Wiener Wald« (hg. Traugott Krischke)

suhrkamp taschenbücher materialien

2020 Ernst Weiß
(hg. Peter Engel)
2021 Brechts »Guter Mensch von Sezuan«
(hg. Jan Knopf)
2022 E. Y. Meyer
(hg. Beatrice von Matt)
2023 Brechts »Mann ist Mann«
(hg. Carl Wege)
2024 Brasilianische Literatur
(hg. Mechtild Strausfeld)
2025 Karl May
(hg. Helmut Schmiedt)
2026 Kafka. Der Schaffensprozeß
von Hartmut Binder
2027 Horváths ›Jugend ohne Gott‹
(hg. Traugott Krischke)
2028 Frischs ›Homo faber‹
(hg. Walter Schmitz)
2029 Brechts ›Tage der Commune‹
(hg. Wolf Siegert)
2030 Die deutsche Kalendergeschichte
Ein Arbeitsbuch von Jan Knopf
2031 Brechts ›Aufhaltsamer Aufstieg des Arturo Ui‹
(hg. Raimund Gerz)